校企合作双元开发新形态信息化教材

高等职业教育农林牧渔类专业高素质人才培养系列教材

农旅商品设计与开发

主　编　蒋跃军　李文佳
副主编　杨　铱　韩慧丽　陈浩宇　杨子莹
　　　　柏　清　赵　欢　管永双

西南交通大学出版社
·成　都·

图书在版编目（CIP）数据

农旅商品设计与开发 / 蒋跃军，李文佳主编.

成都：西南交通大学出版社，2024. 10. -- ISBN 978-7-
5774-0197-3

Ⅰ. F592.6

中国国家版本馆 CIP 数据核字第 2024KH4115 号

Nonglü Shangpin Sheji yu Kaifa

农旅商品设计与开发

主　编／蒋跃军　李文佳

策划编辑／郭发仔　罗在伟

责任编辑／孟　媛

责任校对／左凌涛

封面设计／吴　兵

西南交通大学出版社出版发行

（四川省成都市金牛区二环路北一段 111 号西南交通大学创新大厦 21 楼　610031）

营销部电话：028-87600564　　028-87600533

网址：https://www.xnjdcbs.com

印刷：四川玖艺呈现印刷有限公司

成品尺寸　185 mm×260 mm

印张　18.25　　字数　456 千

版次　2024 年 10 月第 1 版　　印次　2024 年 10 月第 1 次

书号　ISBN 978-7-5774-0197-3

定价　56.00 元

前言 | PREFACE

本教材为校企合编教材，融合了五谷画（粮食画）、道明竹编、植物染（草木染）、荣昌陶制作等国家非遗项目。教师深入企业与行业专家深切交流，对相关技艺的代表性生产流程及技术要点进行总结汇编而成。教材所选产品案例大多由合作企业或师生提供，相关技术流程及要点由行业专家示范指导。本教材由认识农旅商品、种子艺术画农旅商品创意制作、竹编农旅商品设计开发、植物染农旅商品设计开发、陶艺农旅商品之茶具设计、农旅商品创意包装设计、农旅商品视觉品牌设计等模块组成。

模块"种子艺术画农旅商品创意制作"，以五谷种子为"点"，通过色彩技巧引介"五谷画（粮食画）"的非遗文创产品设计制作，以此为例帮助学生掌握"点"在农旅商品设计开发中的应用。

模块"竹编农旅商品设计开发"，以手工竹丝为"线"，通过编织技巧引介"道明竹编"的非遗文创产品设计制作，以此为例帮助学生掌握"线"在农旅商品设计开发中的应用。

模块"植物染农旅商品设计开发"，以扎染布料为"面"，通过肌理技巧引介"植物染（草木染）"的非遗文创产品设计制作，以此为例帮助学生掌握"面"在农旅商品设计开发中的应用。

模块"陶艺农旅商品之茶具设计"，以手工茶具为"体"，通过塑型造器引介"荣昌陶"的非遗文创产品设计制作，以此为例帮助学生掌握"体"在农旅商品设计开发中的应用。

另单设了"认识农旅商品""农旅商品创意包装设计""农旅商品视觉品牌设计"模块，总体介绍农旅商品的概况、创意包装设计及品牌打造等内容。

本教材每个产品模块，均以地方典型特色产品为例，融合相关非遗技艺及品牌，邀请非遗技艺大师指导完成，对农旅商品设计与开发具有较好的指导性和较强的实用性。通过概念构思、创意策划、设计开发、实践推广、拓展深化流程模块，对农旅商品从构思到制作，从生产到推广，从开发到深化，进行深入解读。通过对各模块的学习，能充分了解相关产品的开发过程，并掌握农旅商品设计制作技术要点，达到举一反三，学以致用的教学目的。

"背景案例"部分选用代表性非遗项目，让学生在学习设计制作的同时，了解中国优秀传统文化，树立民族自信心和自豪感，并立志成为乡村工匠传承人。

"学习情景"部分引入企业真实产品生产情景，通过实战项目，增强学生学习体验感，激发学生的学习热情；通过企业产品标准，培养学生精益求精的工匠精神。

教材中设计了各种表单，不仅可用于项目的学习练习，在未来工作中相关产品的设计制作可直接套用，具有较强实用性。

教材中分享了丰富的案例，具有较强参考性和启发性，有利于培养学生的创新能力。

本书编写过程中得到"西山雨"陶艺品牌（重庆市荣昌区西山雨陶坊）、杨隆梅非遗传承工作室等企业及四川长江职业学院柏清老师、四川传媒学院赵欢老师、设计师石丹沁、道明竹编非遗传承人张定娟及成都农业科技职业学院部分同学等人的大力支持，在此一并感谢。

书中难免有疏漏之处，望读者包容并不吝指教。

编　者
2024 年 1 月

目录

认识农旅商品

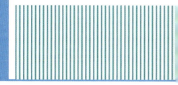

学习情景	模块一：认识农旅商品			
姓　名		学　号		班　级

背景案例

　　随着全球化和旅游业的快速发展，人们对旅游的需求逐渐从简单的观光游览转变为追求更深层次的文化体验和互动参与。同时，现代农业也在不断探索新的发展模式和增长点，以满足消费者对高品质、健康、环保的农产品的需求。

　　在这种背景下，农旅商品应运而生，它融合了农业和旅游业的元素，通过创新将农产品转化为具有旅游价值的商品，从而实现了农业和旅游业的互促共进。农旅商品类型分类则是为了更好地满足市场需求，促进农旅产业健康、有序地发展。影响农旅商品类型的因素是多样的，其中包括市场需求的变化、农业和旅游业的融合、创新和创意的推动以及可持续发展的要求等。这些因素共同推动了农旅产业的发展和壮大，也为农旅商品类型分类提供了重要的背景和支持。

学习情景　认识农旅商品

学习情景描述

　　按照农旅商品设计与开发的要求，对农旅商品的概念、类型等进行认识与了解。组织学习者参观当地的农业园区和旅游景区，实地观察农旅商品的设计、生产、加工、销售过程，了解农旅商品与农业、旅游业的紧密联系。学习者需要深入农旅商品市场，观察各类农旅商品的展示与销售情况，了解市场需求和消费者偏好。

学习目标

知识目标：

1. 学习农旅商品的概念；
2. 学习农旅商品的分类类型；
3. 学习农旅商品创意设计的意义；

4. 学习掌握农旅商品分类的依据及知识；

5. 深入研究不同类别农旅商品的特点、市场需求、消费者偏好等信息；

6. 探究农旅商品的创新和创意点。

能力目标：

1. 能掌握农旅商品类型的概念、分类方法；

2. 能够将所学的农旅商品理论知识应用到实践中去，实现理论和实践的有机结合；

3. 能根据农旅商品的分类，对相关的案例进行分析研究；

4. 能够独立进行市场调研，分析市场动态和消费者需求，为农旅商品的开发和营销提供数据支持。

素质目标：

1. 培养学生的探索精神和主动学习的意识；

2. 培养求真务实、严谨的从业价值观，培养善于沟通的职业素养；

3. 培养学生服务乡村振兴的责任感和使命感；

4. 培养爱岗敬业、精益求精的职业品格与工匠精神；

5. 培养学生的行动力和团队协作能力。

学习情景实施过程

项目一 农旅商品知多少

任务一 农旅商品的概念

🏠 **活动 1：思考讨论**

❓引导问题：为什么现在越来越多的人到乡村旅游？

_____

_____

_____

❓引导问题：乡村可以为游客提供什么活动？乡村里有哪些消费？

_____

_____

_____

❓引导问题：什么是农旅资源？什么是农旅商品？

_____

_____

_____

【知识储备】

农旅商品的概念

时下，快节奏且高强度的都市生活与工作使得人们在休闲之时将目光转向了慢节奏的乡村。乡村的宁静与自然使得都市的人们逃离城市的喧嚣，能够放松身心并感受乡村的生态环境与自然资源。自然环境是乡村旅游的核心，自然景观带来自然的美丽与舒适。人文历史是乡村旅游的重要内容，乡村地区自身的历史、村落文化、建筑文化、民俗特色、传统非遗工艺等可以为当地增添厚实的文化底蕴，增加乡村旅游的价值。农耕文化、农业文化是乡村旅游的重要方面，关注的是乡村当地的农业生产活动，游客可以参与其中，如农产品采摘、品尝等，增加游客对农村的认识。

1. 农旅融合

农旅融合是乡村旅游蓬勃发展的大趋势。农业与旅游业结合已成为产业融合的形式之一，农业与旅游业融合发展的成效会形成 1 + 1 > 2 的效果，两者的融合可以扩大农业生产规模，扩大农业产业的辐射范围，进而助推农业现代化与乡村振兴。从资源的角度出发，农旅融合就是利用当地资源发展乡村旅游，当地的自然和人文景观、名胜古迹、特色景点为农旅融合发展提供基础条件。从产业发展上看，农旅融合是农业与旅游业在发展中互惠互利，发挥各自资源、技术优势来改善对方的缺陷，从而促进两个产业共同成长，实现双赢进而催生的一种新业态。通过发展乡村旅游业优化两大产业的结构，拓宽两大产业的范围，使得农业和旅游业融会贯通，可实现产业的新发展。

2. 农旅资源

农旅资源是指将农业与旅游业相结合的过程中，利用和开发的各类资源。这些资源主要来源于农业生产和农村环境，具有独特的魅力和吸引力，能够吸引游客前来参观、体验、休闲和度假。农旅资源包括多个方面。

（1）自然资源：涵盖了农村地区丰富的自然环境和景观，如山川、河流、湖泊、森林、草原等。这些自然景观为游客提供了亲近自然、享受田园风光的绝佳场所。

（2）人文资源：包括农村地区的历史遗迹、古村落、民俗文化、传统手工艺等。这些人文历史资源反映了乡村的独特风情和深厚的文化底蕴，为游客提供了深入了解乡村文化的机会。

（3）农业资源：主要指农田、果园、农庄等农业景观，以及农事活动、农业技术等。游客可以参与农耕、采摘等农事活动，体验农业生产的乐趣，感受农村生活的魅力。

（4）农产品资源：包括当地特色农产品和土特产，如特色果蔬、食品等。

（5）特色文化资源：包括乡村地区的特色民俗、传统节日、民间工艺品等。这些特色文化资源是乡村旅游的重要组成部分，为游客提供了丰富多彩的文化体验。

（6）休闲度假资源：农村地区清新的空气、宁静的环境和丰富的休闲设施，使其成为理想的休闲度假胜地。游客可以在此放松身心，享受乡村的宁静与舒适。

综上所述，农旅资源涵盖了自然景观、人文历史、农业观光、特色文化和休闲度假等方面。这些资源不仅为游客提供了丰富多彩的旅游体验，也为农村地区的经济发展注入了新的活力。通过合理规划和开发农旅资源，可以实现农业与旅游业的良性互动，为农民增收和乡村振兴提供新路径，也可推动农村经济的可持续发展与文化传承。

3. 农旅商品的概念

农旅资源是农旅商品开发的基础和来源，而农旅商品则是农旅资源开发与利用的重要产物。农旅商品的开发过程也是对农旅资源的一种深度挖掘和加工。

农旅商品是指以农业资源和旅游资源为基础，结合当地的农产品加工、手工艺制作、农事体验等，开发生产具有农业特色和旅游体验的商品，并通过销售和推广，满足消费者对农业体验和乡村风情的需求，促进农业与旅游产业的融合发展。农旅商品的特点包括：

（1）具有农业特色，农旅商品往往具有浓厚的农业特色，如乡村传统手工艺品、特色农产品等。这些商品通常取材于当地，以当地特色原料为材料，通过传统手工技艺完成制作，开发具有地方特色和文化内涵的工艺产品和特产，如竹编制品、土布制品、木雕工艺品等。

（2）具有地方特色，农旅商品往往具有浓厚的地方特色，能够反映当地文化、传统、风土人情，如在提升当地特色农产品的附加值时，往往会在产品包装视觉上做文章，在插图、文案、风格设计上增加地方特色。

（3）具有旅游体验，农旅商品不仅仅是商品本身，更重要的是提供给消费者的一种农业体验和旅游体验。这些商品往往跟农旅资源紧密结合，使得消费者在购买商品时，感受农业和旅游带来的趣味。

总的来说，农旅商品是连接旅游者与乡村旅游地的重要桥梁，农旅商品不仅有经济价值，还承载着乡村文化内涵，通过购买和使用这些商品，旅游者能够更深入地了解和体验当地文化和特色。

【评价反馈】

各位同学完成评价表 1-1-1、1-1-2、1-1-3。

表 1-1-1　学生自评表

任　务	完成情况记录
任务是否按计划时间完成	
课前学习完成情况	
相关理论学习情况	
任务完成情况	
引导问题填写情况	
材料上交情况	
收获情况	
合计分值	

表 1-1-2　学生互评表

序　号	评价项目	小组互评	教师评价	总　评
1	任务是否按时完成			
2	材料完成上交情况			
3	任务完成质量情况			
4	小组成员合作面貌			
5	语言表达沟通能力			
6	创新点			
合计分值				

表 1-1-3　教师评价表

序　号	评价项目	教师评价	备　注
1	学习准备		
2	引导问题填写		
3	完成质量		
4	完成速度		
5	参与讨论主动性		
6	沟通协作配合性		
7	展示汇报表达性		
合计分值			
综合评价	自评 20%	互评 30%	教师评价 50%	综合评价

【习题与思考】

1. 调研查阅案例资料，举例说明有哪些农旅商品。
2. 农旅商品与农旅资源是什么关系？

【学习情景的相关知识点】

知识点 1：农旅资源的概念。

知识点 2：农旅商品的概念。

任务二　农旅商品创意设计的意义

🏠 活动 1：预学知识

❓引导问题：查阅相关资料，举例说明有哪些农旅商品。

_____

_____

_____

🏠 活动 2：获取信息

❓引导问题：思考为什么要进行农旅商品的创意设计开发。

_____

_____

_____

【知识储备】

农旅商品创意设计的意义

创意设计可为乡村旅游产业提供助力，设计师既要深入挖掘乡村资源，摸清乡村文化底色，提炼乡村文化精粹，也要在设计研发过程中利用农业景观、农业遗产、农村手工艺品、传统民俗曲艺等物质和精神文化资源，设计开发体现乡村文化特色的农旅商品，并融合现代创新思想，建立特色农旅品牌，加大弘扬特色乡村旅游文化的宣传力度。

农旅商品创意设计体现在以下两方面：

1. 凸显乡村本土地域资源

我国乡村地域广袤，拥有丰富的自然资源与文化资源，对于希望在乡村旅游中体验乡土文化、获得艺术审美认同的都市游客有着独特的魅力。作为乡村传统文化传承与传递的重要载体，乡村旅游文创产品应以此为核心，实现创新发展。

2. 丰富和拓展乡村文化内涵

设计人员应设计贴合当地乡村旅游文化特色的品牌，将创意产业和旅游产业融合，挖掘并推广核心理念和审美价值，以设计出优秀的农旅商品。同时，设计人员应重视在乡村本土旅游及其农旅产品中注入丰富的文化内涵和情感价值，以满足游客在物质和情感方面的消费需求。

农旅商品创意设计的思路：

第一，彰显地域文化。设计师在设计农旅商品时，首先要注意产品是否具有地方文化的特性，要从本地文脉中汲取养料，做到设计以地域农业特色为本。

第二，合理的创新性。设计师在剖析乡村传统农业文化基础上，选择适合传承的文化和技艺，并通过创意设计手段使其符合当代生活和审美，适合现代人的使用习惯，兼具美观和实用双重价值。

第三，通用的审美性。在乡村建设中，农旅商品的创意设计要符合广大游客的审美爱好。

第四，品牌的推广性。农旅商品创意设计要注重品牌建设和推广，通过打造独特的品牌形象，提升商品的知名度和美誉度，从而吸引更多游客购买。

农旅商品创意设计的意义主要体现在以下几个方面：

1. 提升乡村旅游的吸引力

通过创意设计，农旅商品可以将乡村的特色元素、文化内涵和自然景观融入产品中，使其更具独特性和个性。这样的商品不仅能够满足游客对乡村旅游的期待，还能够吸引更多游客前来体验，从而增加乡村旅游的客流量和收入。

2. 推动农产品的升级和转型

传统农产品往往缺乏市场竞争力，难以在激烈的市场竞争中脱颖而出。而通过创意设计，可以将农产品与创意元素相结合，提升产品的附加值和市场竞争力。例如，可以将农产品进行包装设计，打造出具有乡村特色的品牌形象，使产品在市场上更具辨识度。

3. 促进农村经济的发展

创意设计后的农旅商品能够增加农产品的附加值，提高农民收入。同时，农旅商品的销售也能够带动相关产业的发展，如包装、物流、旅游等，从而推动农村经济的多元化发展。

4. 传承和弘扬乡村文化

通过创意设计，可以将乡村的文化元素、传统工艺和民俗风情融入农旅商品中，使游客在购买和使用产品的过程中，能够更深入地了解和体验乡村文化。这有助于保护和传承乡村文化，同时也能够满足游客对文化体验的需求。

综上所述，农旅商品创意设计对于提升乡村旅游吸引力、推动农产品升级转型、促进农村经济发展和传承乡村文化都具有重要意义。因此，在乡村旅游发展过程中，应加强对农旅商品创意设计的重视和投入，以推动乡村旅游的可持续发展。

【评价反馈】

各位同学根据任务完成情况，完成评价表 1-1-4、1-1-5、1-1-6。

表 1-1-4　学生自评表

任　　务	完成情况记录
任务是否按计划时间完成	
课前学习完成情况	
相关理论学习情况	
任务完成情况	
引导问题填写情况	
材料上交情况	
收获情况	
合计分值	

表 1-1-5 学生互评表

序　号	评价项目	小组互评	教师评价	总　评
1	任务是否按时完成			
2	材料完成上交情况			
3	任务完成质量情况			
4	小组成员合作面貌			
5	语言表达沟通能力			
6	创新点			
合计分值				

表 1-1-6 教师评价表

序　号	评价项目	教师评价	备　注
1	学习准备		
2	引导问题填写		
3	完成质量		
4	完成速度		
5	参与讨论主动性		
6	沟通协作配合性		
7	展示汇报表达性		
合计分值			
综合评价	自评 20%	互评 30%	教师评价 50%	综合评价

【习题与思考】

1. 农旅商品有哪些类型？
2. 如何进行农旅商品的创意设计？

【学习情景的相关知识点】

知识点 1：农旅商品创意设计的思路。

知识点 2：农旅商品创意设计的意义。

任务一　按应用领域划分

🏠 活动1：获取信息

农旅商品是在乡村旅游过程中，游客可以购买到的与农业和旅游业紧密相关的商品。这些商品既体现了乡村地区的农业特色，又融入了旅游业的元素，因此具有独特的魅力和吸引力。

❓引导问题：观看图1-2-1，请说明目前市面上有哪些比较热门的农旅商品类型。

图1-2-1　农旅商品

_____

_____

_____

_____

【知识储备】

按应用领域划分

农旅商品按照不同的分类标准，可以划分为多种类型。从应用领域来看，可将农旅商品概括为衣、食、住、行、娱五个方面。不同角度的农旅商品都可呈现出不同的特点，也代表着不同的意义。

1. 衣

在农旅商品中，"衣"通常是指服饰以及与服饰、穿着相关的衍生品等，其中也包括具有当地文化特色的配饰等。这些产品可以是传统服饰的创新式设计，也可是融入当地文化元素的时尚设计。例如，在一些民族乡村地区，可购买到具有民族图案的围巾、帽子等；也有一些根据当地文化含义、文化特色所设计的服饰搭配相关的衍生品。

2. 食

"食"在农旅商品中主要表现为具有当地特色的食品、饮品、餐具以及与食物相关的衍生品等。这些食品可能具有独特的口味、形状或包装，如结合当地文化元素设计的糕点、糖果等。与食物相关的衍生品，则是指在餐具、茶具等产品中，添加了具有文化内涵的图案、文字、形状等元素，形成的创新设计农旅产品，充分融入了乡村元素和当地的传统文化，使游客能更好地感受到乡村文化和传统工艺。

3. 住

在产品设计领域中，"住"通常指的是与居住、住宿相关的设计概念，涵盖了从室内空间布局、家具设计到整个居住环境的创造。在农旅商品中，"住"则通常是通过在家居以及家居衍生品中，赋予图案、色彩、造型、文化等元素所形成的创新设计。不同的地域、民族、历史背景都会形成独特的文化特色，这些文化元素可以通过设计语言进行表达。以此让游客能更好地了解当地的文化特色，增加乡村旅游的趣味性和体验感。

4. 行

农旅商品中的"行"，多指"出行"或与"出行"相关的用品。该类产品不仅针对出行，与之相关的都涵盖在其中，如水壶、背包、登山产品等，能够为出行提供便利的产品，与当地的文化元素相融合，形成新的农旅产品。再如旅行途中的地图、导游书籍等产品，融入地方文化和历史元素，可更好地让游客更深入地了解当地的文化和风情。在"行"这一品类中，还有包括与出行相关的衍生品等，如相关的交通工具纪念品、车载挂件以及一些定制化的旅游纪念品，能够反映出当地地域文化特色、乡村旅游文化元素，能够让游客留下相关的回忆，也能够满足游客对当地文化和特色的了解与体验需求。与"行"相关的农旅商品，不仅具有实用性，还能作为旅游的纪念与回忆。

5. 娱

"娱"这一类产品主要是指用来"休闲""装饰"和"娱乐"的产品。这些产品可能以当地文化为题材，通过现代化的表现形式和手段进行创新和开发，为游客提供丰富的娱乐体验。例如，结合当地传统文化开发的互动性产品、以当地故事为背景的纪念产品、具有趣味性的互动产品等。对于乡村旅游的发展来说，这些具有"娱乐"特性的产品能够提升游客的体验感，也是提高乡村旅游品质和竞争力的重要途径之一。

🏠 **活动2：巩固任务**

以小组为单位，搜集不同种类的农旅商品案例，并对其进行分类和分析。

【进行决策】

（1）抽取同学代表阐述本小组的案例收集与分析情况；

（2）其他同学提出不同的看法，或提出应该增加的内容；

（3）教师结合大家完成的情况进行点评，查漏补缺，梳理要点。

引导问题：以小组形式进行研究与分析，并填写表 1-2-1。

表 1-2-1 "农旅商品的类型"任务分组及任务分配表

班级		组号		指导老师		
组长		学号		备注：根据每次任务情况适时划分任务分工内容		
组员		姓名	学号	姓名	学号	
任务分工						
现场记录						
任务分工						
现场记录						
任务分工						
现场记录						

【评价反馈】

各位同学完成评价表 1-2-2、1-2-3、1-2-4。评价内容包括：是否能够按照应用领域对农旅商品进行分类、是否能对相应的案例进行具体阐述、是否能完成分组任务等。

表 1-2-2 学生自评表

任 务	完成情况记录
任务是否按计划时间完成	
课前学习完成情况	
相关理论学习情况	
任务完成情况	
引导问题填写情况	
材料上交情况	
收获情况	
合计分值	

表 1-2-3　学生互评表

序　号	评价项目	小组互评	教师评价	总　评
1	任务是否按时完成			
2	材料完成上交情况			
3	任务完成质量情况			
4	小组成员合作面貌			
5	语言表达沟通能力			
6	创新点			
合计分值				

表 1-2-4　教师评价表

序　号	评价项目	教师评价	备　注
1	学习准备		
2	引导问题填写		
3	完成质量		
4	完成速度		
5	参与讨论主动性		
6	沟通协作配合性		
7	展示汇报表达性		
合计分值			
综合评价	自评 20%	互评 30%	教师评价 50%	综合评价

【习题与思考】

完成小组任务。

【学习情景的相关知识点】

知识点 1：了解农旅商品的不同类型。

知识点 2：掌握农旅商品有哪些应用领域。

知识点 3：能够分析各类型的农旅商品市场需求与发展趋势。

任务二 按材料与工艺划分

工艺与材料对农旅商品的意义是多方面的，它们不仅影响着农旅商品的品质和价值，还关乎其文化内涵、市场吸引力以及可持续性。

❓引导问题：农旅商品有哪些材料与工艺？

_____

_____

_____

【知识储备】

按材料与工艺划分

材料与工艺在农旅商品（以及其他商品）的制造和设计中是两个至关重要的方面。材料是指用于制造产品的基本物质。这些材料可以来自自然界，如木材、石头、金属等，也可以是人工合成的，如塑料、橡胶、玻璃等。工艺指的是制造或加工产品时所采用的技术、方法和步骤。它涵盖了从原材料到最终产品的整个生产流程，包括切割、打磨、雕刻、编织、印刷、涂漆、焊接、铸造、锻造、缝制等技术。工艺与材料在农旅商品的设计和制造中相互关联、相互影响。优秀的工艺能够充分展现材料的特性和美感，而合适的材料则能够支持工艺的发挥和创新。因此，在设计和制造农旅商品时，需要综合考虑工艺与材料的因素，以实现产品的最佳效果。

1. 木材类

农旅商品中的木材拥有多种种类和特性，木材的产地、纹理、颜色、硬度等都各不相同，能够适用于不同的农旅商品的开发。

木材的加工工艺是将原木通过锯割、刨削等加工技术，制成具有特定形状、尺寸和性能的木制品的过程。这些加工技术包括：割锯加工、刨削加工、凿削加工、木材表面装饰等加工工艺。在农旅商品中，木材的加工工艺应用得非常广泛，具有重要的应用价值。通过合理的选材和加工工艺技术，可以制造出既美观又实用的农旅商品，为游客提供更好的旅游体验，以展现乡村的独特魅力和文化价值。

2. 金属类

金属材料在农旅商品中的应用也十分广泛。常见的金属包括铁、铜、铝、不锈钢等，每种金属都有其独特的物理和化学性质，适用于不同的农旅商品。

金属加工工艺是将金属原材料通过一系列的加工技术，制成具有特定形状、尺寸和性能的金属制品的过程。常见的金属加工工艺包括铸造工艺、焊接工艺、切削工艺、压力工艺等。在农旅商品中，制作金属工艺品时，可能涉及铸造、锻造和切削等加工工艺。

3. 塑料类

塑料是一种由合成树脂、填充剂、增塑剂、稳定剂、润滑剂、色料等添加剂组成的高分子材料，具有质轻、防水、耐用、易加工成型、生产成本低等优点。在农旅商品中，塑料可被制作成多种形式的纪念品、装饰品等。例如，塑料可以制作成各种形状和颜色的钥匙扣、徽章、摆件等纪念品。此外，塑料还可以用于制作农旅商品中的实用品，如塑料餐具、塑料水杯等，这些产品轻便、易携带，方便游客在旅行中使用。

塑料加工工艺是指将塑料原料通过一系列加工技术，制成具有特定形状、尺寸和性能的塑料制品的过程。常见的塑料加工工艺包括注塑成型、挤出成型、压制成型、吹塑成型、热成型、延压成型、发泡成型等加工工艺。在农旅商品中，塑料加工工艺的应用非常广泛。例如，在制作塑料纪念品时，可能采用注塑或吹塑工艺；在制作塑料实用品时，可能采用压延或挤出工艺。这些加工工艺可以根据产品的具体需求进行选择和调整，以满足不同的生产要求。

4. 陶瓷类

陶瓷是陶器与瓷器的统称，同时也是我国的一种工艺美术品。陶与瓷的质地不同，性质各异。传统陶瓷多以黏土、长石、石英等矿物为原料，经过粉碎、成型、焙烧等过程而形成陶瓷制品。现代陶瓷则利用纯度较高的人工合成原料，利用传统陶瓷工艺方法制成新型陶瓷。

陶瓷的加工工艺可大致分为可塑成型、压制成型、注浆成型等。不同的加工工艺可适用于不同形式的陶瓷产品。陶瓷作为一种文化载体和艺术品，具有多种价值来源，主要包括文化历史价值、艺术观赏价值等。同时，陶瓷也因其独特的艺术魅力和文化内涵，成为传承和展示中国传统文化的重要载体。

5. 玻璃类

玻璃是一种非晶态固体材料，具有无定形排列的原子、分子或离子。玻璃主要由硅酸盐组成，其中最常见的是二氧化硅，然而，玻璃的组成并非只有二氧化硅，常常会添加其他化合物以改善其性能。例如，添加氧化钠和氧化钙可以降低玻璃的熔点，使其更容易加工。玻璃的特点包括坚硬、透明、不易燃烧、易碎、不导电等。玻璃有多种分类方式，常将其分为平板玻璃和特种玻璃两大类。

玻璃的加工工艺通常包括压制法、吹制法、拉制法、压延法、浇铸法、浮法成型等。总之，农旅商品中的玻璃以及玻璃的加工工艺具有其独特性和多样性。通过不同的加工工艺处理，可以使玻璃具有更多的功能和装饰效果，为农旅商品的开发提供了更多的可能性。

⌂ 活动 2：巩固任务

以材料与工艺为主题，不同材料工艺类型分别收集至少 5 个农旅产品，并进行材料与工艺的分析。

【进行决策】

（1）抽取同学代表阐述收集的产品，并对其类别进行分析；

（2）其他同学提出不同的看法，或提出应该增加的内容；

（3）教师结合大家完成的情况进行点评，查漏补缺，梳理要点。

【评价反馈】

各位同学完成评价表 1-2-5、1-2-6、1-2-7。评价内容包括：是否能够按照工艺与材料对农旅商品进行分类、是否能对相应的案例进行具体阐述、是否能从不同角度对产品的工艺与材料进行探讨分析。

表 1-2-5 学生自评表

任　　务	完成情况记录
任务是否按计划时间完成	
课前学习完成情况	
相关理论学习情况	
任务完成情况	
引导问题填写情况	
材料上交情况	
收获情况	
合计分值	

表 1-2-6 学生互评表

序　号	评价项目	小组互评	教师评价	总　评
1	任务是否按时完成			
2	材料完成上交情况			
3	任务完成质量情况			
4	语言表达沟通能力			
5	创新点			
合计分值				

表 1-2-7 教师评价表

序　号	评价项目	教师评价	备　注
1	学习准备		
2	引导问题填写		
3	完成质量		
4	完成速度		
5	参与讨论主动性		
6	沟通协作配合性		
7	展示汇报表达性		
合计分值			
综合评价	自评20%	互评30%	教师评价50%	综合评价

【习题与思考】

1. 工艺和材料的选择对农旅商品的实用性和美观性有何影响？

2. 在生产过程中，如何平衡传统工艺与现代技术的运用？

【学习情景的相关知识点】

知识点 1：了解农旅商品的不同工艺与材料的类型。

知识点 2：掌握农旅商品中不同材质的具体加工工艺。

任务三　按创意点划分

🏠 活动 1：课前学习

完成表 1-2-8 课前小测试任务单。

表 1-2-8　课前小测试任务单

课前小测试	
1. 除了应用领域、工艺与材料，农旅商品的类型还有哪些分类？	2. 在农旅商品的开发中，如何融入当地的文化特色？
3. 农旅商品如何提升自身价值？	4. 针对农旅商品，如何激发游客的兴趣？

🏠 活动 2：获取信息

农旅商品中的创意点是多种多样的，农旅商品的类型，按照创意点来进行划分，可以增强游客的兴趣，提升游客的旅游体验，并增强商品的文化价值和市场竞争力。

❓引导问题：农旅商品有哪些创意点？

_____

_____

_____

【知识储备】

按创意点划分

创意点是指一个想法、概念或设计的独特和新颖之处，它能够吸引人们的注意，提供独特的体验或价值，并在市场上脱颖而出。农旅商品按照创意点可以划分为多个类型，这些类型不仅体现了商品的独特性，也反映了农旅融合的深度和广度。

1. 造型创意

农旅商品中的造型创意是吸引游客和消费者的重要因素之一。农旅商品在造型层面可提炼相关的地域元素、文化特色、图案纹样等，对产品的造型进行创新设计。将不同的文化元素融入农旅商品的创意设计，也可使文创产品具有一定的差异性和特色化。例如，以农作物、动物、自然风光等为原型，通过夸张、抽象或具象的手法创作出有趣的形象。

2. 功能创意

功能性是产品设计的重要因素之一，越来越多的产品设计开发不仅注重造型创意，还需要具备相应的功能创意，使产品更具实用性。农旅商品的设计与开发需将传统文化元素与现代设计、科技应用相结合，创造出既具有文化价值又具备实用性和趣味性的产品。在设计开发农旅商品时，不仅要融入文化元素，还需考虑到产品的功能作用、互动体验性等。

3. 色彩创意

在农旅商品中，色彩创意扮演着至关重要的角色，它不仅能够吸引消费者的视觉注意力，良好的色彩创意搭配，还可以带给消费者不同的心理感受，也能给产品赋予更多的艺术审美价值。例如，温暖的色调可以传达出温馨、和谐的感觉，适合用于家庭用品或节日装饰品；而冷色调则能传达出清新、科技的感觉，适合用于科技类文创产品。再如，可从传统文化、地域特色文化中提取出具有代表性的色彩，与农旅商品设计相结合。

4. 结构创意

结构决定产品的功能，结构的优化与创新，可以使农旅商品更具功能性和实用性。在农旅商品的设计与开发中，通过独特的思考与创新，将传统文化元素与现代理念相结合，可以创造出具有新颖结构和功能的产品。例如，农旅商品可以采用模块化设计，使得产品可以拆卸、组合或重新配置，以适应不同的使用场景或满足个性化需求。

5. 材料创意

农旅商品中的材料涉及面十分广泛，可运用的材料也多种多样，产品的材料表达也是不同的。随着新材料的开发与应用，在产品设计和制作过程中，运用独特的材料或新式的材料组合方式，以突出产品的独特性、艺术性和实用性，可以让产品更具价值。从材料创意出发，可创新的形式也是多样的，包括跨界材料的创新融合、地域特色材料的运用、自然材料的应用、传统材料的创新应用等。

图 1-2-2　国风团扇（成都农业科技职业学院 花卉生产与花艺专业学生金惠作品）

这些创意点不仅丰富了农旅商品的类型和内涵，也提高了商品的附加值和市场竞争力。在设计和推广农旅商品时，应充分挖掘乡村文化和旅游资源，结合市场需求和消费者心理，不断创新和提升商品的创意性和吸引力。

🏠 活动 3：巩固任务

以小组为单位，以创意点为主题，收集 20 个农旅产品案例，并对其中所运用的创意点类型进行分析，形成分析研究报告。

【评价反馈】

各位同学展示小测试任务单，并阐述自己的测试情况，完成评价表 1-2-9、1-2-10、1-2-11。评价内容包括：是否能够按照创意点对农旅商品进行分类、是否能对相应的案例进行具体阐述、内容分析是否完整、分析报告是否具有独特性。

表 1-2-9　学生自评表

任　务	完成情况记录
任务是否按计划时间完成	
课前学习完成情况	
相关理论学习情况	
任务完成情况	
引导问题填写情况	
材料上交情况	
收获情况	
合计分值	

表 1-2-10　学生互评表

序　号	评价项目	小组互评	教师评价	总　评
1	任务是否按时完成			
2	材料完成上交情况			
3	任务完成质量情况			
4	小组成员合作面貌			
5	语言表达沟通能力			
6	创新点			
合计分值				

表 1-2-11　教师评价表

序　号	评价项目	教师评价	备　注
1	学习准备		
2	引导问题填写		
3	完成质量		
4	完成速度		
5	参与讨论主动性		
6	沟通协作配合性		
7	展示汇报表达性		
合计分值			
综合评价	自评 20%	互评 30%	教师评价 50%	综合评价

【习题与思考】

1. 如何结合当地的文化和旅游资源，创造出具有独特性的跨界融合产品？

2. 如何根据游客的喜好和兴趣，设计出具有个性化的农旅产品？

【学习情景的相关知识点】

知识点 1：了解农旅商品的创新创意点分类。

知识点 2：学习如何对农旅商品进行分类，了解不同类型商品的特点和市场需求。

知识点 3：如何将创新理念和创意点融入农旅商品的设计和生产中？

点之微著——种子艺术画
农旅商品创意制作

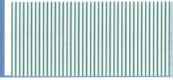

学习情景		模块二：点之微著——种子艺术画农旅商品创意制作			
姓　名		学　号		班　级	

背景案例

　　每年的秋分是一年一度的丰收节，秋收时刻，蜀乡大地分享着丰收的喜悦。在四川，当第六个"中国农民丰收节"到来之际，又是一年蜀乡好"丰"景，丰收的喜悦是最质朴的喜悦，看着仓里满满的粮食是喜悦的，吃着碗里当年的新米是喜悦的。希望的种子正在发芽，丰收的蜀乡从未停下脚步，天府之国续写着农业大省的责任与担当。而在这份喜悦与责任中，四川粮食画作为一种独特的文化艺术形式，正在悄然兴起，为乡村旅游业的发展注入了新的活力。

　　四川粮食画，以四川丰富的粮食资源为创作材料，经过艺术家的巧妙手法，将一颗颗普通的粮食变为一幅幅栩栩如生的画作。这不仅仅是对粮食的升值利用，更是对农耕文化的一种传承和创新。在丰收的季节，粮食画作为丰收的象征，更显得分外应景，吸引了无数游客的目光。随着乡村旅游的兴起，越来越多的游客渴望在旅途中体验到原汁原味的乡村文化。四川粮食画的出现，正好满足了这一需求。游客们可以在欣赏粮食画的同时，了解粮食的种植、收获和加工过程，感受农耕文化的魅力。粮食画的创作需要大量的粮食作为原材料，这就为当地的粮食生产提供了新的销路。同时，粮食画的制作、装裱、销售等环节也创造了大量的就业机会，让更多的农民能够在家门口实现增收致富。在乡村振兴的背景下，四川粮食画已经成为乡村旅游业的一张新名片。通过举办粮食画展览、开展粮食画体验活动、开发粮食画文创产品等方式，四川粮食画正助力乡村旅游业实现高质量发展，让更多的人走进蜀乡，感受丰收的喜悦和农耕文化的魅力。

学习情景

学习情景描述

　　某村在打造乡村生活新场景，需要利用二十四节气种子粮食画布置场景，以下是种子画的制作设计需求。

1. 主题与内容

作品需以二十四节气为主题，每个节气为 1 幅，共计 24 幅。画面内容要紧密结合各节气的气候特点、农耕活动以及代表性的农作物或花卉等。

2. 材料要求

主要使用各类种子和粮食作为绘画材料，如稻谷、小麦、玉米、豆类、芝麻等。材料的选择应注重环保与可持续性，同时考虑到画面的色彩搭配和层次感。

3. 制作要求

画面大小：每幅作品的画面大小需为 A2 尺寸（420 mm×594 mm），确保足够的细节展示空间。

排版方式：作品需采用竖版排版，以更好地呈现节气景象的纵深感和动态美。

工艺要求：制作过程中应注重细节处理，确保种子和粮食粘贴平整、无脱落现象。同时，可适当运用其他辅助材料（如胶水、木板等）以增强作品的稳固性和观赏性。

4. 展示与传播

完成后的作品将进行集中展示，并通过线上线下渠道进行广泛传播，以推广农耕文化和传统节气知识。希望各位创意人才积极参与，共同创作出具有艺术价值和教育意义的种子粮食画佳作。

📚 学习目标

知识目标：

1. 学习种子画工艺的历史发展，了解种子画工艺文化；
2. 学习掌握代表性地域的种子画工艺知识；
3. 学习种子画类农旅商品设计开发的工作流程和方法；
4. 学习种子画制作所需的材料、工具、工艺；
5. 学习不同类型如平面种子画、立体种子画的制作流程与差异；
6. 学习作品提案汇报及宣传的内容要求与方法技巧。

能力目标：

1. 能掌握种子画工艺技法名称与特点，掌握多种种子画制作技法；
2. 能够完成种子画农旅商品创意设计方案；
3. 能完成种子画农旅商品设计开发的作品效果图及排版图；
4. 能够根据设计开发要求，协调分工，对接种子画手工艺人，完成种子画农旅商品的开发实践；
5. 能够完成商品的互联网推广宣传发布；
6. 能够通过提案汇报工作流程步骤及内容要求，制作产品提案汇报 ppt。

素质目标：

1. 激发学生的探索欲望，培育其自主学习的意识；

2. 塑造学生求真务实、细致入微的职业价值观，并锤炼其卓越的沟通技巧与职业素养；

3. 增强学生的乡村振兴服务意识，激发其深厚的责任感与使命感；

4. 铸就学生爱岗敬业、追求卓越的职业品质与精益求精的工匠精神。

学习情景实施过程

------- 项目一　种子画农旅商品的概念构思 -------

任务一　种子艺术画传统意蕴探究

🏠 活动1：课前学习

请根据课前学习资料，完成表 2-1-1 课前小测试任务单。

表 2-1-1　种子艺术画文化课前小测试任务单

课前学习资料	
1. 中国传统种子画文化预学视频资料。	2. 五谷的识别与寓意。
课前小测试	
1. 中华五谷粮食画起源于哪个朝代？	2. 五谷粮食画与什么样的传统文明息息相关？
3. 四川种子画的兴起与四川历史中的哪个事件有关？	4. 种子画的特点是什么？
5. 种子画在中国传统文化中的寓意是什么？	6. 种子画有哪些常用的材料？

🏠 活动2：获取信息

种子艺术画的起源和发展

❓引导问题：在我国，种子艺术画所蕴含的最为大众接受的寓意是什么？

_____

_____

_____

？引导问题：种子艺术画的起源揭示了传统华夏文明的什么特征？

_____

_____

_____

【知识储备】

一、种子艺术画的起源和发展

1. 种子艺术画名称

种子艺术画，一种深深扎根于我国民间的艺术形式，因其丰富多彩的创作材料和千变万化的艺术表现，在流传的过程中衍生出众多的名称。依照民间传统，人们常称其为"五谷粮食画"，这不仅直接描绘了其主要材料——五谷杂粮，更代表着五谷丰登、年年有余的美好愿望。同时，它也被美化命名为"五谷艺术"和"种子艺术"，这些名称都旨在突出其以种子为媒介、展现艺术之美的特性。在我国广袤的西北地区，特别是那些崇山峻岭间的山区地带，人们又有特别的称谓，如"粮艺""谷艺"。这些名称与地域文化紧密相连，传达出人们对于粮食、谷物的深厚情感。而在某些地方，根据其使用的具体材料，人们又称其为"豆塑画"，强调了以豆类为主要材料塑造画面的特点；或是"百米图""米画"，这些则是强调了画面规模的宏大，以及用米作为绘制材料的独特性；或是"福籽绘"，寓意着以种子为媒介，绘制出福运满满的美好生活。

历经千百年的传承与发展，粮食画艺术在我国各地不断开花结果，形成了丰富多样的艺术风格。受到各地自然环境、文化传统和民俗习惯等因素的影响，粮画艺术逐渐演变出了众多的流派，在名称上也因地而异、各有千秋。但无论是在我国的哪一个区域，使用哪一种名称，种子艺术画的内涵都是一样的。

2. 种子艺术画的含义

种子艺术画是一种深受人们喜爱的独特艺术形式，以丰富多彩的植物种子和五谷杂粮作为创作的基础材料。艺术家们通过粘、贴、拼等手法，将这些种子和粮食粘贴在画板上，形成一幅幅生动而形象的山水、人物、花鸟、卡通等画面。在粮食画的创作过程中，可运用各种造型手法，对画面进行精心设计和处理，通过巧妙的组合和搭配，使得这些普通的种子和粮食在画面上焕发出新的生命力和美感。而五谷粮食画，作为粮食画的一种，更是将各种粮食、植物或中草药的种子进行了深度的加工和处理，这些种子在经过配约、加热、晾晒或烘干、染制、定色以及防虫、防腐处理等一系列复杂的工序后，才能被粘贴到画板上，形成一幅幅精美的五谷粮食画。这种画作不仅具有极高的艺术价值，同时也体现了人们对自然的敬畏和对生活的热爱。

3. 种子艺术画的历史渊源

种子艺术画的历史可追溯至盛唐时期，清代达到鼎盛。盛唐时期，国家繁荣昌盛，五谷丰登，百姓安居乐业，文化文明高度发展。在这样的时代背景下，五谷粮食画应运而生，成为民间庆祝丰收、祈求平安的重要表达方式。"五谷"作为粮食的总称，在不同地区流传的具体种类略有差异。民间常将米、芝麻等粘贴到石板上，立于门庭中，寓意丰收、平安、多福。之后，为了减轻其重量，逐渐以木板代替石板，如今其粘贴载体已由新型材料制作的画板代替。

随着时间的推移，种子艺术画逐渐从单纯的祭祀用品演变为具有审美价值的艺术品。其形成与广泛流传的前提始终是"五谷丰登，国泰民安"。

关于四川种子艺术画的起源，流传着一则清朝时期的故事。清乾隆元年，江浙大旱后波及全国半数以上省份，刘墉的父亲刘统勋曾将所见绘成《千里饿殍图》呈报乾隆，乾隆下令，从天府之国成都平原运粮救急，可运粮赈灾过程中，下级官员中饱私囊、朝廷大员、州县衙门与地方势力勾结、欺压百姓、克扣国粮，全国上下粮食再次紧缺。乾隆皇帝十分愤怒，派钦差大臣前去调查，老百姓得知后，便向钦差申诉官员如何克扣官粮、欺压百姓。钦差闻言大怒，便想出一法，叫老百姓写万言书由他转呈乾隆皇帝，为了更加体现粮食的金贵和引起皇帝对粮食问题的深度重视，钦差让民间艺人用五谷杂粮做成万言书。这份特殊的万言书转呈皇帝后，皇帝惩办贪官、开仓济民，并将此万言书妥善保存。

种子艺术画是农耕文明时代的产物，它的产生伴随农耕文化的兴衰而不断演变，本身就是农业文化特征的缩影，在五谷粮食画背后，隐藏的便是最深厚的粮食文化：一个种子或果实在不同时代的形态、质感和功用皆可以通过一幅种子艺术画以不同的方式进行体现和演绎。同时，种子艺术画是中国五谷文化的一个缩影，其源远流长的历史与丰富多彩的内涵充分展示了人们对于五谷的认识程度和价值辨别的提升。在漫长的历史演变中，五谷粮食画已经从单纯的民间习俗发展为具有高度审美价值的艺术品，成为中华民族传统文化宝库中的璀璨明珠。

🏠 **活动 3：获取信息**

"五谷"在我国历史与文化中的发展。

❓引导问题：你知道五谷的哪些文化含义？

_____

_____

_____

【知识储备】

二、"五谷"的内容含义

1. "五谷"的内容

种子艺术画最初是由"五谷"所构成的，"五谷"在中国传统文化中有其独特的意蕴。首先，"五谷"因流传区域不同，其具体种类也略有不同，但皆为粮食的总称。想要了解种子艺术画背后的传统文化，首先就必须了解何为"五谷"。随着全球气候的逐渐变暖，人类为了在变幻莫测的自然环境中谋求生存，开始探索并发展农业这一全新的生存方式。在这个过程中，黍和粟的"野生"祖先凭借其卓越的抗逆性以及相对较短的生长周期，脱颖而出，成为中华民族早期农业实践中首选的栽培作物。粟和黍的广泛种植，不仅滋养了无数先民，更标志着中国北方原始农业文明的重要开端。此后，以"五谷"为代表的传统农业生产方式，历经数千年的传承与发展，逐渐成为华夏大地上不可或缺的经济支柱。这种生产方式不仅满足了人们日益增长的食物需求，更为华夏文明的孕育、发展和繁荣做出了基础性、决定性的贡献。

关于五谷的具体品类，历史文献中的记载纷繁复杂、各不相同。《黄帝内经》认为五谷包括"粳米、小豆、麦、大豆和黄黍"，这一记载反映了当时人们对粮食作物的基本认识。而《孟子·滕文公》则将五谷定义为"稻、黍、稷、麦、菽"，这一说法在后世得到了广泛的传播和接受。到了明代著名医学家李时珍的《本草纲目》中，更是详细记载了多达 33 种谷类和 14 种豆类，共计 47 种不同的粮食作物，充分展现了我国古代粮食作物的丰富多样性。因此可以说，五谷已经成为粮食的泛称，其概念在漫长的历史长河中逐渐形成并得以确立。关于五谷具体包含哪些作物的问题，历史上存在两种主要的说法：一种说法认为五谷包括黍、稷、麦、菽、麻；而另一种说法则将稻也纳入其中，形成了黍、稷、麦、菽和稻的组合。这两种说法都反映了不同时期、不同地域人们对粮食作物的不同认识和分类方式。

由于古代的经济文化中心主要位于黄河流域一带，而稻类作物则主要产于南方地区，因此在五谷的原始定义中并未包含稻这一作物。然而随着时间的推移和历史的变迁，南方地区的人口逐渐增多，稻类作物的地位也随之提升并受到越来越多的重视。本教材在探讨五谷的概念和范围时，将不仅包括传统的黍、稷、麦、菽等作物，还将稻和麻也纳入其中进行讨论和分析，以期更全面地展现我国古代粮食作物的丰富多样性和独特魅力。

- 黍

黍即现代北方的黍子，去皮后又叫黄米，状似小米，煮熟后带黏性，是禾本科一类种子形小的饲料作物和谷物。一般株高 0.3 ~ 1.3 m（珍珠黍可高达 1.5 ~ 3 m）。除珍珠黍外，种子脱粒后谷壳不脱落，去皮后常呈奶油白色。黍类在亚洲很多地区、俄罗斯和西非是重要的粮食作物。《说文》称"黍，禾属而黏者也"。

- 稷

稷是古代一种粮食作物，指粟或黍属。文献中常稷黍连用，如赵岐《蓝赋并序》："余就医偃师，道经陈留。此境人皆以种蓝染绀为业。蓝田弥望，黍稷不植。"《史记·礼书》记载："食先黍稷而饭稻粱。"古代稷的地位很高，被称为百谷之长，帝王奉祀其为谷神；社稷亦指国家。

关于稷指哪种作物，从古至今分歧很大。一说是粟，《尔雅·释草》曰："稷，粟也。"一说是不黏的黍，《本草纲目》就说"黏者为黍，不黏者为稷"。有学者认为古代的稷即粟，也就是小米，北方称其作物为谷子。本教材以稷为粟，即谷子来介绍。

- 麦

麦是一年生或两年生的草本植物，是我国北方重要的粮食作物，子实可食用，也可酿酒、制糖。麦主要有大麦和小麦两种。

- 菽（豆）

菽先是豆类的总名，后演化变为大豆的专称。笔者还是比较赞同将菽作为豆的总称，它包含黄豆、绿豆、红豆、黑豆和青豆等。均是一年生草本植物，其中大豆易于栽种，产量较高，在我国东北、华北和华东地区栽植面积较大，古代常用来救济灾年。

- 稻

稻是草本类稻属植物粳、糯等谷物的统称。一般所说的稻是指需要在水田种植的庄稼的总称，而本草上的稻专指糯米。稻按其种类可分为籼稻、粳稻、旱稻和糯稻等品种。现在是我国重要的粮食作物，在长江以南栽培较多，历来有"湖广熟，天下足"的谚语，有一年两季和一年三季稻；东北地区也有栽植，一般是一年一季。

- 麻

麻是桑科植物，一年生草本，雌雄异株。茎部韧皮纤维长坚韧，可供纺织。也有学者指出古代食用之麻为芝麻，而不是大麻子（即苴麻）。因为作为食物列入"五谷"，本教材采用后者说法，以麻专指芝麻。

芝麻，又名胡麻，是胡麻的籽种，一年生直立草本植物，高 60～150 cm。它遍布世界上的热带地区以及部分温带地区。芝麻是中国主要油料作物之一，具有较高的营养价值和经济效益。

2. 五谷的功能

五谷在中国文化中扮演着举足轻重的角色，它们不仅是滋养人体的营养之源，更是拥有深厚医疗保健功能的自然瑰宝。除此之外，五谷还承载着丰富的象征意义，被视为农耕文化的代表，彰显着中国人民对土地的深厚情意和对农业文明的传承坚守。在古代礼仪文化中，五谷常被尊为祭祀、祈福仪式的供品，寄托着人们对丰收和幸福生活的美好期盼。同时，五谷也被赋予了仁、义、礼、智、信五种品质的象征，如稻谷象征着仁爱，小麦象征着义气等，进一步丰富了五谷的文化内涵。

《孟子·滕文公上》中深刻阐述了五谷的功用："树艺五谷，五谷熟而民人育。"这句话道出了五谷对于人类生存的重要性。五谷的生长依赖于天时地利，尤其在农耕文明时代，人类往往无法完全掌控其生长过程。因此，从宫廷到民间，各种祭祀活动应运而生，旨在祈求五谷丰登、国泰民安，所以就有从宫廷到民间的祭祀活动："春时东耕于藉田，引诗先农，则神农也"（《汉仪》）；"坛于田，以祀先农"（《五经要议》）。

然而，五谷种子艺术画的形成与流传并非易事。它的前提条件是"五谷丰登，国泰民安"，只有在这样的社会背景下，五谷种子艺术画才能得到广泛的认可和传播。因此，民间五谷种子艺术画的形成与发展相对较为缓慢，远不及寺庙中的五谷种子艺术画那般强大和盛行。尽管如此，五谷种子艺术画依然以其独特的艺术魅力和深厚的文化内涵，在民间扎根生长，传承着五谷文化的精髓。

🏠 **活动 4：获取信息**

种子艺术画的艺术价值。

💡引导问题：开发种子艺术画的经济价值。

_____

_____

_____

三、种子艺术画的艺术价值

1. 审美之魅：自然与艺术的交融

种子艺术画，其价值远超过表面所见的艺术形式。其背后蕴含的深厚底蕴，展现了高度的审美性。作为中国古老的民间艺术，其以五谷杂粮的种子为媒介，创作出立体感强、视觉冲击力极大的画作，让人在震撼中感受到人与自然和谐相处的美感。

2. 文化之光：五谷文化的传承与弘扬

种子艺术画不仅是审美的表现，更是五谷文化的重要载体。五谷杂粮孕育了丰富的文化内涵，而种子艺术画正是这一文化的艺术体现。通过画面的形式，种子艺术画将五谷文化的精髓传递给更多的人，实现了对五谷文化的尊重和弘扬。

3. 地区之韵：文化交流的桥梁与名片

在地区文化的传播和交流中，种子艺术画发挥了不可或缺的作用。历史上，作为敬献给皇帝的贡品，种子艺术画代表了地方特色和精湛技艺。如今，种子艺术画更是成为一张名片，展示着地区的文化魅力和深厚底蕴，促进了不同文化间的交流与理解。

4. 历史之镜：五谷文化的见证与研究

种子艺术画的历史价值不容忽视。起源于唐代，盛于清代的种子艺术画，是研究中华传统五谷文化的重要历史资料。通过对这些古老画作的研究，我们可以深入了解当时的社会风貌和文化背景，为各地地方志的研究提供动态的历史见证。

5. 社会之力：和谐社会的象征与愿景

种子艺术画在当代社会中扮演着重要角色，其不仅是五谷艺术的体现，更成为和谐社会的象征。种子艺术画的兴起反映了现代社会的繁荣与昌盛，传递着民族统一、欣欣向荣的美好愿景，增强了人们对美好生活的向往和追求。

6. 精神之粮：寄托与升华的精神世界

在精神层面上，种子艺术画为人们提供了宝贵的精神支柱。作为"精神食粮"，种子艺术画以独特的艺术形式和深刻的文化内涵满足着人们的精神需求。五谷孕育生命，而种子艺术画则滋养着人的精神世界，传递着文化的传承和精神的信念。

7. 经济之翼：价值与市场的共赢发展

种子艺术画不仅具有文化和审美价值，还带来了巨大的经济效益。种子艺术画提升了种子的经济价值，为艺术家们创造了新的创作领域和收入来源。同时，种子艺术画的市场化也推动了传统文化的传承和发展，实现了价值与市场的共赢。

【评价反馈】

各位同学展示小测试任务单，并阐述自己的测试情况。完成评价表 2-1-2、2-1-3、2-1-4。

表 2-1-2　学生自评表

任　务	完成情况记录
任务是否按计划时间完成	
课前学习完成情况	
相关理论学习情况	
任务完成情况	
引导问题填写情况	
材料上交情况	
收获情况	
合计分值	

表 2-1-3　学生互评表

序　号	评价项目	小组互评	教师评价	总　评
1	任务是否按时完成			
2	材料完成上交情况			
3	任务完成质量情况			
4	小组成员合作面貌			
5	语言表达沟通能力			
6	创新点			
合计分值				

表 2-1-4　教师评价表

序　号	评价项目	教师评价	备　注
1	学习准备		
2	引导问题填写		
3	完成质量		
4	完成速度		
5	参与讨论主动性		
6	沟通协作配合性		
7	展示汇报表达性		
合计分值			
综合评价	自评 20%	互评 30%	教师评价 50%	综合评价

感悟种子艺术画的历史文化底蕴，思考种子艺术画在不同地域的传承过程中表现出什么样的特点。

【学习情景的相关知识点】

知识点 1：种子艺术画的起源和发展。

知识点 2："五谷"在我国历史与文化中的发展。

知识点 3：种子艺术画的艺术价值。

任务二　种子艺术画设计情境分析

🏠 活动：工作计划与实施

分析种子画的开发需求，与发布方沟通了解产品开发策划要求。

❓引导问题：为充分了解设计需求，应该提前做什么准备？

❓引导问题：在了解设计需求时，应该注意哪些要素点？罗列出需沟通了解的问题。

❓引导问题：分组讨论设计开发要求，填写分析表。

表 2-1-5 "种子画农旅商品开发"任务分组及任务分配表

班级		组号		指导老师		
组长		学号		备注：根据每次任务情况适时划分任务分工内容		
组员		姓名	学号	姓名	学号	

任务分工	
任务分工	
任务分工	
任务分工	
任务分工	
任务分工	
任务分工	

表 2-1-6　种子画农旅商品开发情景分析表

组号： 名称：	组长： 学号：	企业人员：	指导老师：	备注
1. 企业具体的开发设计要求：	2. 企业现有的技术资源情况：	3. 设计针对哪些消费人群及如何定价？	4. 设计是否有必需的文化元素、材料元素？	5. 作品要求完成时间：

【知识储备】

一、设计沟通的要点

（1）在着手种子画农旅商品开发设计项目之前，需深入理解设计要求，这包括但不限于：明确要创作的农旅商品类型、目标受众群体、产品的定价策略、市场定位、是否存在类似竞品、是完全创新设计还是对现有产品的优化升级、是否有必须融入的设计元素、是否接受以种子艺术画为主辅以其他材料进行创新融合、种子艺术画农旅商品的开发完成时间等。设计开发团队在沟通初期，应预设各种问题，以收集更全面的信息。

（2）在实际的设计开发过程中，委托方提出的设计要求往往具有多样性、不明确性和非专业性等特点。因此，可以采用图文并茂的方式，引导他们将设计需求具体化、明确化。

（3）在理解种子艺术画农旅商品开发设计要求的过程中，如果涉及针对不同消费人群的设计需求，那么对应的产品定位和定价策略也会有所不同。这些都需要详细记录，以便在后续的方案设计中起到指导性作用。

（4）整理并分析设计要求表单，详细梳理各项设计要求，这是为后续开发设计工作流程奠定坚实基础的关键步骤，也是确保种子艺术画农旅商品设计开发成果符合预期要求的重要环节。此分析表单可以与企业进行双向核对，以便及时发现并补充遗漏之处。

二、设计沟通的技巧

设计沟通是设计团队中至关重要的一环，以下是一些有效的设计沟通技巧。

1. 明确表达

在沟通中要尽量清晰、简洁地表达自己的想法和意见，避免使用模糊的术语或表达方式，以免造成误解或混淆。

2. 倾听和理解

重视倾听和理解他人的观点和意见，确保每个人都有机会表达自己的想法，并尊重彼此的意见和观点。

3. 使用视觉辅助工具

在设计沟通中，使用图像、图表、示意图等视觉辅助工具可以更清晰地传达设计理念和概念，这有助于确保所有人都对设计方案有清晰的理解。

4. 建立共同的语言

确保团队成员之间有共同的语言和术语，以避免沟通误解。在沟通过程中可以建立术语表或词汇表，以便统一理解。

5. 善用反馈

在沟通过程中及时提供反馈和意见，以便及时调整和改进设计方案，这有助于确保设计团队在项目进展中保持一致性和方向性。

6. 尊重他人意见

尊重团队成员的意见和观点，避免过度批评或抨击。建立积极的沟通氛围，鼓励团队成员畅所欲言。

7. 适时沟通

及时沟通项目进展和问题解决情况，避免信息滞后或传达不及时。定期举行团队会议或进度更新会议，确保所有人都了解项目的最新情况。

8. 持续学习

不断学习和提升沟通技巧，探索新的沟通方式和工具。与团队成员分享沟通经验和技巧，共同进步。

【评价反馈】

各位同学根据任务完成情况，完成评价表 2-1-7、2-1-8、2-1-9。评价内容包括：是否能够完成种子画文化的学习，是否能独立讲述我国种子画工艺发展概况，是否能准确说出种子画的经济开发价值，是否能完成分组任务，是否完成设计开发情景分析表。

表 2-1-7　学生自评表

任　　务	完成情况记录
任务是否按计划时间完成	
课前学习完成情况	
相关理论学习情况	
任务完成情况	
引导问题填写情况	
材料上交情况	
收获情况	
合计分值	

表 2-1-8　学生互评表

序　号	评价项目	小组互评	教师评价	总　评
1	任务是否按时完成			
2	材料完成上交情况			
3	任务完成质量情况			
4	小组成员合作面貌			
5	语言表达沟通能力			
6	创新点			
合计分值				

表 2-1-9　教师评价表

序　号	评价项目	教师评价	备　注
1	学习准备		
2	引导问题填写		
3	完成质量		
4	完成速度		
5	参与讨论主动性		
6	沟通协作配合性		
7	展示汇报表达性		
合计分值			
综合评价	自评 20%	互评 30%	教师评价 50%	综合评价

思考如何进行种子画农旅商品的设计沟通。

【学习情景的相关知识点】

知识点 1：设计沟通的要点。

知识点 2：设计沟通的技巧。

项目二　种子画农旅商品的创意策划

任务一　种子画竞品产品市场调研

🏠 活动 1：调研结果分享汇报

抽取小组代表阐述调研情况。

❓引导问题：各小组是怎么调研的？从哪些方面调研的？

_____

_____

_____

❓引导问题：如何对种子画竞品商品开展市场调研？

_____

_____

_____

【知识储备】

种子画农旅商品设计开发的前期调研

1. 什么是竞品商品

竞品商品指的是与你的产品或服务在同一市场上竞争的其他公司或品牌的产品或服务。这些竞争对手的产品通常有着类似的功能、特点或定位，因此它们可以被视为你的产品的替代品或直接竞争对手。

竞品商品的存在对于企业非常重要，因为它们可以帮助企业了解市场的竞争格局、消费者偏好以及自身产品的优势和劣势。通过研究竞品商品，企业可以更好地了解市场动态，制定更有效的营销策略和产品优化方案。

竞品商品的研究通常包括以下方面：

（1）产品特征比较：分析竞争对手的产品特征、功能、性能等方面与自身产品的异同，以便了解市场上的产品差异和竞争优势。

（2）定价策略比较：比较竞争对手的定价策略，包括价格水平、促销活动等，以确定自身产品的定价策略。

（3）市场份额分析：了解竞争对手在市场上的份额和地位，以及它们的市场渗透率和增长趋势。

（4）消费者反馈收集：收集消费者对竞品商品的评价和反馈，了解市场需求和消费者偏好，为产品优化和市场定位提供参考。

（5）营销策略比较：分析竞争对手的营销策略和推广活动，包括广告、促销、渠道分销等，以制定自身的市场营销策略。

2. 种子画竞品商品的调研

由于种子画属于平面类商品，商品之间特征的不同主要体现在种子的应用、工艺的细致、画面的风格、画面的大小等方面，这些商品特征也同时决定了种子画的售价的高低，因此在进行种子画市场调研之前需要先明确如何搭建平面艺术画类作品的市场调研框架。

（1）明确研究目的：确定进行调研的目的，是了解市场上种子画农旅商品的种类、特征、竞争情况，还是为了更深入地了解消费者需求和行为。

（2）制定研究框架：建立一个清晰的框架来组织研究，可以是一个分类系统，涵盖各种类型的旅游商品，如旅游目的地、旅游方式、旅游主题等。

（3）收集数据：收集市场上销售的旅游商品的相关信息。可以通过各种渠道进行，包括市场调查、互联网搜索、行业报告、采访旅行社或供应商等。

（4）分类分析：根据研究框架，对收集到的数据进行分类分析。这可能涉及将旅游商品按照目的地、类型、价格、特色等进行分类，并了解每个类别的特点和竞争情况。

形成调研报告：将你收集到的信息，以图文并茂的方式进行呈现，以便更清晰地确定产品设计开发的方向。

🏠 活动 2：巩固任务

根据学生调研反馈情况，教师提出意见建议，以学生小组为单位再次完善补充调研资料。

❓引导问题：本小组的调研还缺少什么内容？

_____

_____

_____

❓引导问题：小组分工合作完善调研内容和信息。

_____

_____

_____

【评价反馈】

各位同学根据任务完成情况，完成评价表 2-2-1、2-2-2、2-2-3。

表 2-2-1　学生自评表

任 务	完成情况记录
任务是否按计划时间完成	
课前学习完成情况	
相关理论学习情况	
任务完成情况	
引导问题填写情况	
材料上交情况	
收获情况	
合计分值	

表 2-2-2　学生互评表

序 号	评价项目	小组互评	教师评价	总 评
1	任务是否按时完成			
2	材料完成上交情况			
3	任务完成质量情况			
4	小组成员合作面貌			
5	语言表达沟通能力			
6	创新点			
合计分值				

表 2-2-3　教师评价表

序 号	评价项目	教师评价	备 注
1	学习准备		
2	引导问题填写		
3	完成质量		
4	完成速度		
5	参与讨论主动性		
6	沟通协作配合性		
7	展示汇报表达性		
合计分值			
综合评价	自评 20%	互评 30%	教师评价 50%	综合评价

学生以小组为单位完成市场调研内容，并以 ppt 形式完成调研报告。

【学习情景的相关知识点】

知识点 1：什么是竞品商品？

知识点 2：如何进行种子画农旅商品的竞品调研？

任务二　种子画产品市场用户调研

🏠　活动 1：用户调研

❓引导问题：如何进行种子画产品的用户调研？

_____

_____

_____

【知识储备】

一、种子画用户调研的基本流程

设计类商品的用户调研是为了了解目标用户的需求、偏好和行为，从而指导产品设计和改进。用户调研的流程可以概括为：明确调研要素→设计调研工具→收集分析数据→提出设计洞见。

1. 明确调研要素

种子画类用户调研的要素一般包括：性别、年纪、工作、对种子画作品的喜好风格、随身物品、习惯购买渠道、购买目的和用途、可接受的产品价格等方面。

2. 设计调研工具

根据调研方法设计调研工具，例如访谈提纲、问卷调查表等，确保调研工具能够全面收集到你所需的信息。

3. 收集分析数据

数据的收集可以采用面对面访谈、组织焦点小组讨论、发送问卷调查等方式。

4. 提出设计洞见

数据收集完成后，对收集到的数据进行分析，归纳总结用户的需求、偏好和行为。可以使用统计分析软件或数据分析工具进行数据处理和分析。

在种子画用户调研的方法上，建议采用定性定量结合的方式进行调研，数据的分析可以采用 spss、spssau、spsspro 等线上数据分析软件，找出影响用户购买种子画的因素，以更好地为设计策划服务。有一定研究基础的同学可以利用结构方程模型进行更深度的研究。

🏠 活动 2：用户画像

根据前面的用户调研信息，可以形成不同的种子画农旅商品用户画像。

❓引导问题：种子画的用户画像包括哪些步骤？

_____

_____

❓引导问题：种子画的用户画像包括哪些信息？

_____

_____

【知识储备】

二、种子画农旅商品设计开发的用户画像

1. 种子画用户画像的步骤

用户画像是一种将用户调研数据整合和概括的方法，以便更好地理解目标用户群体。分为以下步骤：

（1）整理和分析数据：对收集到的用户调研数据进行整理和分析，归纳总结出用户的主要特征、需求和行为模式。可以使用统计分析方法或数据可视化工具来处理和分析数据。

（2）确定关键特征：从数据分析中确定出用户的关键特征和特点，例如年龄、性别、职业、兴趣爱好、购买偏好等，这些特征有助于更好地理解用户群体。

（3）创建用户画像：根据用户调研数据和确定的关键特征，创建具体的用户画像。用户画像可以是一个虚拟的代表性用户形象，包括用户的姓名、年龄、职业、兴趣爱好、购买行为等信息。

（4）细化用户画像：对用户画像进行进一步细化和详细描述，包括用户的生活方式、价值观念、痛点和期望等，这有助于更深入地理解用户的需求和行为动机。

（5）验证和修正：将创建的用户画像与实际用户进行验证和对比，确保用户画像的准确性和有效性。根据需要，对用户画像进行修正和调整，以确保其与实际用户群体的匹配度。

（6）应用用户画像：将创建的用户画像应用于产品设计、营销策略、服务提供等方面。确保产品和服务能够满足用户画像描述的用户需求和偏好，提升用户体验和满意度。

2. 种子画用户画像的可视化数据表达

创建用户画像通常包括将用户调研数据可视化成图表或图形的过程，以便更直观地理解目标用户群体，以下是一些常见的关于用户画像的图示。

（1）人物头像：可以为每个用户画像添加一个代表性的人物头像，以便更生动地展现用户的形象。

（2）柱状图/条形图：用于展示用户的关键特征统计数据，如年龄分布、性别比例、职业分布等。

（3）饼图：适用于展示用户在不同类别下的占比情况，如兴趣爱好、购买偏好等。

（4）雷达图：用于比较用户在多个维度上的特征，例如用户的生活方式、购买偏好等。

（5）散点图：用于展示用户在两个或多个特征之间的关系和分布情况，帮助发现用户群体的特点和规律。

（6）词云图：用于展示用户常用的关键词或术语，帮助理解用户的兴趣爱好、痛点等。

（7）用户旅程地图：用于展示用户在使用产品或服务过程中的行为路径和关键节点，帮助理解用户体验和需求。

（8）用户情感地图：用于展示用户在使用产品或服务过程中的情感变化，例如满意度、失望感等。

🏠 活动3：共享用户画像信息

在设计探索、方案呈现阶段，种子画农旅商品用户画像对于了解目标群体具有重要意义，帮助设计创意团队多维度了解消费者、理解其需求和期待。

❓引导问题：各小组汇报完成的种子画农旅商品用户画像。

_____

_____

_____

❓引导问题：各小组总结出哪些典型用户？

_____

_____

_____

🏠 活动4：提出设计洞见

❓引导问题：设计洞见的意义。

_____

_____

_____

引导问题：按照下面的思路，填写"种子画农旅商品开发设计"设计洞见画布。

"种子画农旅商品开发设计"设计洞见画布			
用户群体： ● 定义目标客户群体。 ● 描述客户的关键特征和特点。	用户需求： ● 收集客户的功能需求、情感需求和隐含需求。 ● 描述客户对产品或服务的期望和期待。	用户行为模式： ● 分析客户在使用产品或服务时的行为模式和习惯。 ● 描述客户的操作流程、偏好设置、使用频率等。	用户痛点： ● 识别用户在使用现有产品或服务时遇到的问题和障碍。 ● 描述用户的不满意之处和改进建议。
市场机会： ● 发现市场上的空白点和未被满足的需求。 ● 描述市场趋势和竞争情况，寻找创新和差异化的机会。		技术趋势： ● 分析当前和未来的技术趋势和发展方向。 ● 描述技术支持和可能性，为产品设计和创新提供技术基础。	
关键发现： ● 总结并展示关键的设计洞见和发现。 ● 强调对产品设计和创新的指导意义。			
行动计划： ● 根据设计洞见制定行动计划。 ● 行动计划包括产品设计和改进的具体措施和时间表。			

设计洞见画布可以根据团队的具体需求和项目背景进行定制和扩展，帮助团队更系统地收集和分析设计洞见，并据此指导产品设计的实施。

【知识储备】

设计洞见是指在产品设计过程中通过深入的用户调研和分析，发现的关键性见解或意见。这些见解可以帮助设计团队更好地理解用户需求、痛点和行为模式，指导他们设计出更具创新性、实用性和用户满意度的产品。

【评价反馈】

各位同学根据任务完成情况，完成评价表 2-2-4、2-2-5、2-2-6。

表 2-2-4　学生自评表

任　务	完成情况记录
任务是否按计划时间完成	
课前学习完成情况	
相关理论学习情况	
任务完成情况	
引导问题填写情况	
材料上交情况	
收获情况	
合计分值	

表 2-2-5　学生互评表

序　号	评价项目	小组互评	教师评价	总　评
1	任务是否按时完成			
2	材料完成上交情况			
3	任务完成质量情况			
4	小组成员合作面貌			
5	语言表达沟通能力			
6	创新点			
合计分值				

表 2-2-6　教师评价表

序　号	评价项目	教师评价	备　注
1	学习准备		
2	引导问题填写		
3	完成质量		
4	完成速度		
5	参与讨论主动性		
6	沟通协作配合性		
7	展示汇报表达性		
合计分值			
综合评价	自评 20%	互评 30%	教师评价 50%	综合评价

【习题与思考】

查阅种子画产品相关设计案例和资料，为种子画农旅商品方案设计做准备。

【学习情景的相关知识点】

知识点 1：种子画农旅商品用户调研的方式。

知识点 2：设计洞见的实施。

项目三　种子画农旅商品的设计开发

任务一　种子画农旅商品方案设计

活动 1：方案构思

小组分工，从不同角度对种子画农旅商品设计进行构思。

？引导问题：各组在进行方案设计时进行了哪些多角度探索？

_____

_____

？引导问题：如何体现方案设计的差异化？

_____

_____

_____

【知识储备】

一、巧用语义联想

方案设计需要综合考虑多个要点，包括主题选择、构图设计、色彩搭配等方面。由于种子画为平面类创意作品，因此方案设计应主要从设计主题入手考虑画面的构成，下文介绍"语义分析法"，帮助确定设计主题元素。

语义分析法是一种通过分析语言、词汇和符号的含义，以理解其背后的概念、情感和意义的方法。在设计领域，语义分析法常常用于解读和理解设计作品中的符号、图形和文字，以及它们所传达的信息和情感。语义分析法脱胎于"共通感觉"（synesthesia）的研究，所谓"共通感觉"就是人们在感觉方面常有的一种现象：当我们某项感官受到刺激时，会获得另一感官在承受刺激时所产生的感觉，这在心理学上被称为"联觉"现象。如：红色——温暖；黑色——寒冷；声音响亮——大的；声音柔和——小的；好的——光明的、温暖的、快乐的；不好的——黑暗的、寒冷的、地下的。通过语义分析法，设计师可以更深入地理解设计元素的含义和情感，从而设计出能够准确传达品牌理念和情感的作品。语义分析法帮助设计师选择合适的视觉元素和语言表达方式，使设计作品更加具有说服力和吸引力。

【案例分析】

假设设计师正在设计一家咖啡馆的品牌标识，想要传达舒适、温馨和亲切的感觉。

● 分析颜色：设计师选择了棕色作为品牌标识的主要颜色。通过语义分析，棕色常常与温暖、自然、舒适的感觉联系在一起，适合表达咖啡馆所追求的舒适和温馨的氛围。

● 分析图形：设计师设计了一个温暖的杯子形状作为品牌标识的图形元素。杯子是咖啡馆的象征，与咖啡文化紧密相连。通过语义分析，杯子可以传达出温暖、舒适和亲切的情感，与品牌标识所要表达的情感相符。

● 分析字体：设计师选择了圆润、柔和的字体作为品牌标识的文字样式。这种字体风格与温馨、亲切的氛围相契合，传达出轻松愉悦的感觉。

小组分工，针对前期构思的不同方案，进行种子画农旅商品设计方案的语义联想思维导图及细节资料图文补充。

❓引导问题：种子画农旅商品设计方案应该包含哪些内容？

_____

_____

_____

❓引导问题：表达时应该注意哪些细节？

_____

_____

_____

【知识储备】

二、方案设计草图表达

种子画的设计草图表达需充分考虑种子画的造型特征和色彩特征。

1. 造型特征

绘制草图时首先应该考虑充分发挥五谷粮食这一材料的主要优势问题，尽量避免这一材料的缺点或因材料导致的画面安排的不足。目前以粘贴为主要形式的粮食艺术制作面临的主要问题有：大颗粮食不宜防腐导致的后期腐败变质、颜色种类单一造成的画面变化不丰富、画面粘贴不牢靠导致的后期粮食脱落等。因此在绘制画面草图时就应尽量避免过多地安排大颗粒粮食。五谷粮食大多为圆形或椭圆形，且大小不一，在进行画面的构成安排时首先要考虑的是远近安排，或大小安排，根据传统焦点透视近大远小规律和画面的构成关系，尽量把小而细密的粮食放在画面的远景处以及主要物体的轮廓线和单个物体的底部处，也可以大数量重复放置于画面大色块处用来强调整体的构成关系，较大或稍大的豆子用来突出主要物体或者放置在画面构成的最近景处，或用来代表画面中稀松的位置。

这样的整体安排可以突出画面的节奏感和韵律感，这种方法最后呈现出的画面效果显得节奏有序且统一，画面的骨架坚实，极富构成感和韵律美。

2. 色彩特征

虽然粮食的颜色相较于颜料来说仍是饱和度较低且不丰富的，但是仍可以将其转换为粮食画的优势。在安排画面色彩时，首先要考虑到的是如何在现有材料的基础上丰富画面，在构思时可以借鉴中国传统古文人画的色彩构成形式，比如降低画面的饱和度，突出粮食的原始颜色所带来的朴素、沉寂和生命力。对于个别粮食无法达到的颜色，如在画面中高明度、高调的位置，可以谨慎地进行颜色染制，在染制中应尽量选用质地坚硬、颗体较小的粮食，这样的粮食或种子在水染后颗体较为完整，不易破碎，易粘贴且不易脱落。

【进行决策】

（1）各小组进行讨论，针对本组的构思方案做内容完善，并组内预选最佳方案。

（2）各小组分享汇报本组的种子画农旅商品设计方案，其他小组针对其方案提出问题与建议。

（3）师生讨论共同决定各组最佳方案，以便进行深化。

【案例分享】

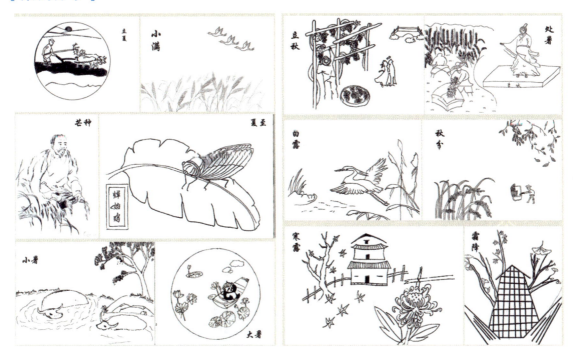

图 2-3-1　方案草图（成都农业科技职业学院 15 级休闲农业经营与管理专业学生作品）

🏠　**活动 3：方案深化设计**

小组分工，将最佳方案进行深化设计。

❓引导问题：在对方案进行深化设计时应该注意哪些细节？

_____

_____

_____

小组讨论，查漏补缺进行修正，对设计方案进行调整。

❓引导问题：各小组的种子画农旅商品方案设计进度。

_____

_____

_____

【评价反馈】

各位同学根据任务完成情况，完成评价表 2-3-1、2-3-2、2-3-3。

表 2-3-1　学生自评表

任　务	完成情况记录
任务是否按计划时间完成	
课前学习完成情况	
相关理论学习情况	
任务完成情况	
引导问题填写情况	
材料上交情况	
收获情况	
合计分值	

表 2-3-2　学生互评表

序　号	评价项目	小组互评	教师评价	总　评
1	任务是否按时完成			
2	材料完成上交情况			
3	任务完成质量情况			
4	小组成员合作面貌			
5	语言表达沟通能力			
6	创新点			
合计分值				

表 2-3-3　教师评价表

序　号	评价项目	教师评价	备　注		
1	学习准备				
2	引导问题填写				
3	完成质量				
4	完成速度				
5	参与讨论主动性				
6	沟通协作配合性				
7	展示汇报表达性				
合计分值					
综合评价	自评 20%	互评 30%	教师评价 50%	综合评价	

【习题与思考】

1. 小组协作，完善种子画产品方案设计。
2. 查找版式参考案例，为种子画农旅商品设计底图整理做准备。

【学习情景的相关知识点】

知识点 1：种子画农旅商品语义联想法的使用。

知识点 2：种子画农旅商品方案深化设计的要点。

任务二　种子画农旅产品底图打样

🏠 活动 1：底图整理

完成种子画农旅商品的作品底图整理。

❓引导问题：种子画农旅商品设计作品底图整理应注意哪些问题？

_____

_____

_____

【知识储备】

设计底图整理

在种子画的制作过程中，有不同的载体呈现艺术形式，一种方法是将白色棉布粘贴至标准尺寸的木板或铝板表面，干燥后在其表面绘制画面轮廓，最后将五谷粘贴至表面，干燥后装框。另一种方法是将五谷粘贴至如葫芦等本身承载有一定形式符号或图像意义的载体上，完成系列作品后作为装置或陈列艺术进行展览。这两种载体下的五谷粮食艺术最后都会呈现出与传统绘画形式上的相似但又能给人面貌一新的感受。在天府文化影响下的天府种子画的制作，则惯于先设计出种子画的方案底稿，进行打印之后，跟着底稿进行粘贴，因此设计底图的整理和输出非常重要，直接影响着种子画的最终呈现效果。

在整理底图的过程中，使用电脑作图时以下几个方面值得注意。

（1）清晰度和分辨率：底图应该具有足够的清晰度和分辨率，以确保最终输出的设计作品在不同尺寸下都能保持清晰可见。避免使用低分辨率的图像，以免在放大或打印时出现模糊或失真。

（2）色彩模式和色彩空间：根据设计作品的输出需求，选择合适的色彩模式和色彩空间。例如，对于打印作品，应使用 CMYK 色彩模式。

（3）版心和边界：设计底图的版心和边界应该清晰明确，以便在设计过程中进行布局和排版。版心应该与最终设计作品的尺寸和比例相匹配，边界可以标记出设计的可视范围，以便在设计时进行参考和调整。

（4）图层和分组：根据设计的复杂程度，合理地组织和管理底图的图层和分组。将相关的元素分组或整理到单独的图层中，以便在设计过程中进行调整和编辑。命名和标注图层以方便识别和管理。

（5）版权和授权：确保底图中使用的所有素材都具有合法的版权和授权。避免使用未经授权的素材，以免侵犯他人的知识产权。如果使用了他人的作品，务必注明出处和授权情况。

（6）导出格式和设置：根据设计作品的最终输出需求，选择合适的导出格式和设置。对于打印作品，可以选择 PDF/JPG 格式，并设置正确的打印参数。

（7）对于手绘作品，则只需要按照作品需要的尺寸大小进行手绘设计即可。

🏠 活动 2：小组协作，完成任务

完成种子画农旅商品样品制作。

小组汇报样品制作情况，查漏补缺进行修正。

❓引导问题：各小组的种子画农旅商品底图整理情况如何？

_____

_____

_____

【评价反馈】

各位同学根据任务完成情况，完成评价表 2-3-4、2-3-5、2-3-6。

表 2-3-4　学生自评表

任　　务	完成情况记录
任务是否按计划时间完成	
课前学习完成情况	
相关理论学习情况	
任务完成情况	
引导问题填写情况	
材料上交情况	
收获情况	
合计分值	

表 2-3-5　学生互评表

序　号	评价项目	小组互评	教师评价	总　评
1	任务是否按时完成			
2	材料完成上交情况			
3	任务完成质量情况			
4	小组成员合作面貌			
5	语言表达沟通能力			
6	创新点			
合计分值				

表 2-3-6　教师评价表

序　号	评价项目	教师评价	备　　注
1	学习准备		
2	引导问题填写		
3	完成质量		
4	完成速度		
5	参与讨论主动性		
6	沟通协作配合性		
7	展示汇报表达性		
合计分值			
综合评价	自评 20%	互评 30%	教师评价 50%	综合评价

【习题与思考】

1. 提交底图。
2. 提前计算并准备制作材料，开始进行成品制作。

【学习情景的相关知识点】

知识点：种子画农旅商品的底图整理要求。

项目四　种子画农旅商品的实践推广

任务一　种子画农旅商品制作实践

🏠 活动 1：制作流程

熟悉种子画制作流程。

❓引导问题：如何制备种子画的种子？

_____

_____

_____

❓引导问题：种子画农旅产品生产制作要诀是什么？

_____

_____

_____

_____

【知识储备】

一、种子画农旅商品制作流程

粮食画不仅是一门技艺，更是农业与美学的跨界融合，是农村手工艺者精神文化的载体。它也是四川农业文化遗产的重要组成部分，川西平原自都江堰水利兴起之日起，水旱从人，不知饥馑，是中国重要的粮食产地，因此才有多余的粮制作粮食画这样的艺术品。在今天，学习粮食画的设计与制作，用传统的手法搭载新时代的表达内容，意在保护与传承川蜀农业文化遗产，让传统文化发扬光大。

种子画的设计制作共分为 4 个步骤：准备材料及用具→制备原料→制作种子画→防腐装裱。在前面的章节中，已经对如何确定种子画主题及方案设计进行了讲述，接下来的章节将对制作流程中的 4 个重点步骤及其关键内容进行详解。

🏠 **活动2：准备材料及用具**

❓引导问题：想想制作种子画需要的材料和工具有哪些？

_____

_____

_____

【知识储备】

二、准备材料和用具

1. 制作材料：设计定稿、种子粮食、粘贴底板、丙烯颜料

（1）设计定稿：整理完成的底图，项目三任务二中已完成输出打样。

（2）种子粮食。

在种子画的制作中，任何种子都可以被用于制作种子画，但从染色、形态和利于制作的角度出发，较常使用的有：大米、小米、芝麻（黑、白）这三种类型。

图 2-4-1　常用的种子粮食

（3）种子画底板的选用。

种子画的底板可以选用木板、纸板、透明亚克力板等材料，经过笔者数十余年的制作经验，建议选择厚度为 2 mm ~ 4 mm 的高透明亚克力板作为底板材料，进行种子画的粘贴。

高透明亚克力板是一种常见的塑料板材，具有优异的透明性、耐候性、轻质坚固、易加工等特点，高透明亚克力板具有极好的透明性，能够透过高达 92% 的光线，比玻璃更加透明清晰。这使得它成为制作种子画此类需要高透明度的场景的理想选择。此外，亚克力板具有良好的耐候性和耐老化性能，不易受到紫外线、气候变化和化学物质的影响。因此，它能够在室内外环境下长时间保持透明度和外观。由于它表面光滑平整，不易产生划痕和气泡，具有良好的视觉效果和触感。亚力克板在环保方面也符合可持续发展的要求，它是一种可回收利用的环保材料，可以降低对自然资源的消耗。

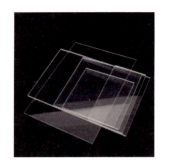

图 2-4-2　高透明亚克力板

（4）丙烯颜料。

丙烯颜料是一种水性颜料，通常用于绘画、装饰和手工艺等领域。它是由丙烯酸聚合物和颜料颗粒组成的，具有快干、不易褪色、艳丽鲜明的特点。丙烯颜料通常以乳液或胶体的形式存在，可以与水或其他介质混合，调整颜色的浓度和透明度。丙烯颜料可以应用于多种表面，如纸张、画布、木材、布料、玻璃等，具有较强的黏着力和耐久性，具有快干、不褪色、色彩艳丽等优点。在种子画的制作过程中，主要用于种子画的染色。

2. 制作工具：胶黏剂、镊子、纸杯、搅拌棒

（1）胶黏剂。

胶黏剂指的是用于黏合材料的物质，通常是液体或半固体，可以在施加压力后黏合各种材料。在种子画的制作中，主要选用水性胶黏剂中的聚乙烯胶乳或聚丙烯酸乳液，日常生活中的胶水、手工白胶都是较好的选择。

（2）镊子。

现在市面上的手工镊子有尖头镊子、弯头镊子和平头镊子，建议初学者选择防静电的平头镊子，弯头镊子适合熟练掌握粘贴技巧的工艺师，而尖头镊子则不适宜用作种子画的粘黏。

图 2-4-3　弯头镊子　　　　　　　　　　　图 2-4-4　平头镊子

（3）纸杯、搅拌棒。

由于彩色种子画需要染色，而进行染料的调制需要可供装载的容器，因此可以就地取材，使用旧纸杯或塑料盒子作为容器。搅拌棒的主要作用是染色时将染料和种子粮食充分染色，因此可以选择随手可捡的小木棍或者一次性的筷子来充当搅拌棒。

❓引导问题：彩色种子画原料制备的要点是什么？

_____

_____

_____

【知识储备】

三、制备原料

1. 种子染色

种子染色是种子画农旅商品制作的关键环节，彩色种子画原料制备的流程是：根据画面确定颜色→放入空纸杯→顺时针搅拌 10 圈→倒出来散开→阴干（微课视频中有详细的流程）。

放入空纸杯

顺时针搅拌 10 圈

倒出来散开

图 2-4-5　种子染色（图片来源：杨铱拍摄）

需要注意的是，制作者应对照设计方案对种子染剂进行调色处理，在调色的时候可使用调色盘进行调色，通过混合不同颜色的颜料，可以获得更多的色彩变化。颜色的混合可以参照色环来完成。

如果种子画的粘贴不需要采用染色方式，则直接进行到下一步：种子干燥处理。

2. 种子干燥处理

由于种子本身含有较多的水分，进行种子干燥处理可以有效地防止制作好的粮食画出现虫蛀、发霉的情况，最大限度地保留粮食画画面本身的颜色和肌理。如果不进行干燥处理，在潮湿的环境中种子画的保存时间将不会超过 2 周。

常用的种子干燥处理方法有：日光暴晒、通风干燥、太阳能干燥、机械干燥、微波干燥等。对于初学者来说，较常采用的是日光暴晒、通风干燥及微波干燥相结合的方法。处理完成的彩色种子需要放到玻璃瓶或塑料瓶中封装处理，如果使其暴露在自然环境中，有受潮坏掉的风险。

❓引导问题：种子画制作的口诀是什么？

_____

_____

_____

【知识储备】

四、制作种子画

首先再次检查种子画粘贴的工具，胶黏剂、底稿、高透明亚克力板、镊子。接着，对已经完成干燥处理的彩色种子进行筛选，选择"样貌好、不残缺、颜色鲜"的种子进行粘贴。然后，开始正式的种子画制作工作，按照种子画制作的基本方法进行粘贴。先上后下，先易后难，将种子依照形状有序地进行排列、粘贴。粘贴的时候注意要稳、准、快。稳指手稳；准指粘贴的部位要准确；快指动作要快。在粘贴的过程中，对于点的表达要用回转式的方式，对于线的表达要随线而走，对于色块的表达则分具体情况，对于横向的图形，将种子横着粘，同理竖向或者斜向的图形就竖着或者斜着粘，注意种子一定要大小一致、排列整齐，这样做出来的种子画才更具有形式感。

图 2-4-6　种子画制作技巧（图片来源：杨铱拍摄）

🏠　**活动 5：种子画的防虫及装裱**

❓引导问题：为什么要进行种子画的防虫？

_____

_____

_____

【知识储备】

五、防虫及装裱

1. 种子画的防虫

种子画的防虫是种子画保存的关键，本书介绍一种高效、便捷、利于上手的保存方式，即喷洒防虫剂。防虫剂的主要作用是有效地杀死害虫，防止它们在种子中繁殖，这有助于保持画面的品质和延长其保存期限。一般来说，在潮湿地区至少 2 个月需要喷洒一次，非潮湿地方半年一次即可。

2. 种子画的装裱

装裱粮食画是保护和展示画作的重要步骤，以下是一般的装裱流程及需要注意的要点。

（1）准备材料：画框——选择适合画作尺寸的画框，可以是木制、金属或塑料框架。画框背板——通常是硬纸板或木板，用于支撑画布。装裱背景纸——用于将画布固定在画框内，一般选择与画作颜色相协调的背景纸。

（2）清洁画作：在装裱前，确保画作表面干净无尘，可以使用软刷或吹风机轻轻清除灰尘。

（3）裱贴画作：将画布与背板对齐，用胶水或胶带轻轻裱贴在背板上。注意使画布表面平整，避免出现皱褶或波纹。

（4）修整画框：如果画框尺寸不符合画作尺寸，需要修整画框尺寸，确保画作可以完整放入画框内。

（5）装入画作：将裱贴好的画作放入画框内，确保画作与画框边缘平齐。

（6）固定画作：使用背景纸或胶带将画作固定在画框内，确保画作不会移动或晃动。

（7）安装吊钩：在画框背板上安装吊钩或挂钉，以便挂在墙上展示。

（8）检查修整：检查画作是否牢固固定在画框内，以及画框是否完整和整洁。

其他需要注意的要点：

（1）保护画作：在装裱过程中要小心操作，确保不会对画作造成损坏或污损。

（2）选择适当的材料：选择质量好、环保的装裱材料，以保护画作长期保存。

（3）保持清洁环境：装裱画作时要保持工作环境清洁，避免灰尘或杂物附着在画作表面。

（4）避免阳光直射：展示画作时要避免阳光直接照射，以防画作褪色或变色。

（5）定期保养：定期检查画作装裱情况，如有松动或损坏应及时修复，以保护画作长久保存。

🏠 活动 6：巩固任务

再次完成种子画小测试任务单。

表 2-4-1 种子画小测试任务单

种子画农旅商品制作要点小测试	
1. 种子画农旅商品制作流程是什么？	2. 制作种子画应该选择什么材料的底板？
3. 彩色种子染色选用的是什么染剂？	4. 常用的种子干燥处理的方式有哪些？
5. 种子画的制作口诀是什么？	6. 进行种子画防虫的原因是什么？

引导问题：各小组完成本组种子画作品制作，保存实践记录。

_____

_____

_____

活动 7：产品拍照

引导问题：各小组完成本组作品摄影照片。

【评价反馈】

各位同学根据任务完成情况，完成评价表 2-4-2、2-4-3、2-4-4。

表 2-4-2　学生自评表

任　务	完成情况记录
任务是否按计划时间完成	
课前学习完成情况	
相关理论学习情况	
任务完成情况	
引导问题填写情况	
材料上交情况	
收获情况	
合计分值	

表 2-4-3　学生互评表

序　号	评价项目	小组互评	教师评价	总　评
1	任务是否按时完成			
2	材料完成上交情况			
3	任务完成质量情况			
4	小组成员合作面貌			
5	语言表达沟通能力			
6	创新点			
合计分值				

表 2-4-4　教师评价表

序　号	评价项目	教师评价	备　注
1	学习准备		
2	引导问题填写		
3	完成质量		
4	完成速度		
5	参与讨论主动性		
6	沟通协作配合性		
7	展示汇报表达性		
合计分值			
综合评价	自评 20%	互评 30%	教师评价 50%	综合评价

【习题与思考】

完成作品的生产制作。

粮食画制作视频

【学习情景的相关知识点】

知识点 1：种子画农旅商品的生产制作流程。

知识点 2：制作种子画所需的材料和工具。

知识点 3：彩色种子画的制备要点。

知识点 4：种子画干燥的途径。

知识点 5：种子画制作口诀。

任务二　种子画农旅商品评价推广

活动 1：种子画农旅商品的产品评价

❓引导问题：种子画农旅商品的评价标准有哪些？

_____

_____

_____

【知识储备】

一、种子画农旅商品的产品评价

种子画农旅商品的评价可以参考旅游纪念品的评价标准，主要包括质量、美观度、文化代表性、价格合理性等。

1. 质量

商品的制作工艺和材料质量是评价种子画农旅商品的重要标准之一。优质的商品应该经得起使用和保存，不易损坏或褪色，具有持久的价值。

2. 美观度

商品的外观设计是否吸引人，是否符合当地文化特色和审美标准也是一个重要的评价标准。美观的设计可以增加商品的吸引力，让人愿意购买和收藏。

3. 文化代表性

种子画农旅商品通常代表着当地的文化和历史，优质的商品应该能够准确地反映当地的文化特色和传统，让人们能够通过商品了解当地的历史和风土人情。

4. 价格合理性

商品的价格应该与其品质和价值相匹配，价格过高或过低都可能影响到人们的购买意愿，优质的商品应该能够提供合理的价格和良好的性价比。

❓引导问题：种子画农旅商品的推广方式有哪些？

_____

_____

_____

❓引导问题：种子画农旅商品的推广应包括哪些内容？

_____

_____

_____

【知识储备】

二、种子画农旅商品的推广方式

种子画农旅商品的推广方式可以多样化，根据目标受众、市场需求和预算等因素选择适合的方式，包括但不限于线下活动推广、线上推广、合作推广、品牌宣传及口碑营销。

1. 线下活动

■ 农场开放日：定期举办农场开放日，向游客展示种子画制作过程和农场生活，吸引更多游客。

■ 农产品市集：参加当地或区域性的农产品市集，展示和销售种子画农旅商品，增加品牌曝光和销售机会。

■ 农庄体验活动：提供种子画制作体验、农业体验等活动，吸引游客参与并购买商品。

2. 线上推广

■ 社交媒体营销：通过社交平台如微博、小红书、抖音、微信公众号等展示种子画农旅商品的照片和制作过程，增加品牌知名度和粉丝互动。

■ 电子商务平台：在电商平台如淘宝、京东等开设在线店铺，展示和销售种子画农旅商品，扩大销售渠道。

■ 网络广告：通过谷歌广告、百度推广等网络广告平台进行定向广告投放，吸引潜在客户关注和购买商品。

3. 合作推广

■ 地方政府支持：与地方政府合作举办农旅节、农产品展览等活动，获得政府资源和宣传支持。

■ 旅游景点合作：与当地旅游景点合作，将种子画农旅商品引入景区礼品店或主题商店，增加商品曝光和销售机会。

■ 农业合作社合作：与当地农业合作社或农场合作，共同推广农旅商品，互惠互利。

4. 品牌宣传

■ 品牌故事讲述：通过网站、社交媒体等渠道，讲述种子画农旅商品的品牌故事、制作工艺和背后的价值理念，吸引消费者关注。

■ 品牌形象塑造：打造独特的品牌形象和风格，通过品牌标识、包装设计等方式提升品牌知名度和辨识度。

5. 口碑营销

■ 用户评价分享：鼓励顾客在社交媒体上分享使用体验和购买感受，增加口碑传播和信任度。

■ 客户服务优化：提供优质的客户服务和售后支持，建立良好的客户关系，促进复购和口碑传播。

【评价反馈】

各位同学完成评价表 2-4-5、2-4-6、2-4-7。

表 2-4-5　学生自评表

任　务	完成情况记录
任务是否按计划时间完成	
课前学习完成情况	
相关理论学习情况	
任务完成情况	
引导问题填写情况	
材料上交情况	
收获情况	
合计分值	

表 2-4-6　学生互评表

序　号	评价项目	小组互评	教师评价	总　评
1	任务是否按时完成			
2	材料完成上交情况			
3	任务完成质量情况			
4	小组成员合作面貌			
5	语言表达沟通能力			
6	创新点			
合计分值				

表 2-4-7　教师评价表

序　号	评价项目	教师评价	备　注
1	学习准备		
2	引导问题填写		
3	完成质量		
4	完成速度		
5	参与讨论主动性		
6	沟通协作配合性		
7	展示汇报表达性		
合计分值			
综合评价	自评 20%	互评 30%	教师评价 50%	综合评价

【习题与思考】

　　1. 各小组完成互联网平台上的种子画农旅商品发布推广任务。

　　2. 各小组完成种子画农旅商品开发设计的作品提案 ppt。

【学习情景的相关知识点】

　　知识点 1：种子画农旅商品的推广方式。

　　知识点 2：种子画农旅商品的推广内容。

任务一　种子画设计作品案例赏析

图 2-5-1　种子画二十四节气系列作品（成都农业科技职业学院　李文佳拍摄）

种子画二十四节气系列作品

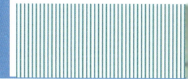

线之流畅——竹编农旅商品设计开发

学习情景	模块三：线之流畅——竹编农旅商品设计开发			
姓 名		学 号		班 级	

背景案例

重庆路贯穿四川省崇州市南北，全长 42 千米，穿越平原、丘陵，玉带一般镶嵌在崇州腰部。每年 3 至 5 月，道路旁总是春花烂漫，吸引着络绎不绝的游客，因此这里有着"最美乡村公路"之称。沿着重庆路一路向前，道明竹艺村就坐落在一侧。作为近年来乡村振兴的一个典范，道明竹艺村将特色农业、竹编产业、休闲体验、文化创意及美丽新村建设相结合，打开了一条崭新的文旅之路。竹艺村衍生了住宿、旅游、文化手工体验等相关业态，众多人才也纷纷受到招募加入竹艺村，为这座川西平坝村落增添丰富的体验感和文化魅力。

在当地，道明竹编已拥有 2000 多年的编织历史，竹编手工艺也是过去当地匠人谋生的主要技艺，然而因设计和创新不足，竹编产业发展一度停滞。2013 年开始，本着产业升级助力乡村振兴的目的，竹艺村为将乡村竹编文化深度融合，将竹编艺人聚集，将竹编产业艺术化，结合越来越多当地年轻人返乡创业，逐渐将竹艺村打造成特色村落，也孕育出一批像"红梅竹编""丁知竹"等年轻知名的竹编创意品牌，而当地以竹为元素的竹编农旅商品需求也大幅增加，具有创意设计感的竹编农旅小商品和竹编装置艺术受到游客和客户的喜爱。结合文化创意产业而形成的"农旅文创竹产品"等注重改变产品的实用性和附加值而获得较好的市场利润，给当地村民带来良好的社会文化与经济收益，古老的道明竹编技艺得以传承和复兴。

学习情景 竹编农旅商品开发

学习情景描述

按照竹艺村乡村政府平台公司的要求，需针对游客设计开发一款（或一套）具有非遗文化的创意竹编农旅商品。需要构思竹编农旅商品的概念，创意策划竹编农旅商品方案，深度完成竹编农旅商品设计，实践落地竹编农旅商品的制作，并进行相关宣传推广。

 **学习目标**

知识目标：

1. 学习竹编工艺的历史发展，了解竹编工艺文化；

2. 学习掌握代表性地域的竹编工艺知识；

3. 学习竹编农旅商品设计开发的工作流程和方法；

4. 学习竹编制作所必需的材料、工具、工艺；

5. 学习平面竹编、立体竹编、瓷胎竹编的制作流程与差异；

6. 学习作品提案汇报及宣传的内容要求与方法技巧。

能力目标：

1. 能掌握竹编工艺技法名称与特点，掌握多种竹编编织技法；

2. 能够完成竹编农旅商品创意设计方案；

3. 能完成竹编农旅商品设计开发的作品效果图及排版图；

4. 能够根据设计开发要求，协调分工，对接竹编手艺人，完成竹编农旅商品的开发实践；

5. 能够完成商品的互联网推广宣传发布；

6. 能够通过提案汇报工作流程步骤及内容要求，制作产品提案汇报 ppt。

素质目标：

1. 培养学生的探索精神和主动学习的意识；

2. 培养求真务实、严谨的从业价值观，培养沟通优良的职业素养；

3. 培养学生服务乡村振兴的责任感和使命感；

4. 培养爱岗敬业、精益求精的职业品格与工匠精神。

学习情景实施过程

项目一　竹编农旅商品的概念构思

任务一　竹编工艺文化与设计情景分析

🏠 活动1：课前学习

请根据课前学习资料，完成表 3-1-1 课前小测试任务单。

表 3-1-1　竹编文化课前小测试任务单

课前学习资料	
1. 竹编工艺文化预学视频资料： A. 系列微纪录片《艺中人》 B. 国家非遗《瓷胎竹编》纪录片 C. 海派百工【指尖藏技】第 2 集	
课前小测试	
1. 竹编的历史有多长时间？	2. 我国竹编常用的竹材有哪些？
3. 瓷胎竹编的竹丝原料主要选择什么竹子？	4. 我国有哪些国家级竹编非遗？
5. 我国哪些地区在做竹编并延续到今天？	6. 请说说我国不同地区的竹编特色。
7. 有哪些赞美竹的诗句？	8. 竹在我国常有哪些文化意蕴？

🏠 活动 2：获取信息

竹编工艺在不同历史时期的发展，竹编传统非遗工艺的文化知识。

❓引导问题：查看以下图片，说说我国竹编在不同时期的发展状况。

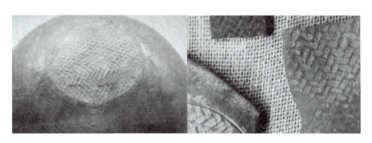

一、我国竹编工艺的发展概况

1. 竹编工艺在我国不同时期的发展情况

我国是世界竹子种类最多、产量最大的国家之一，竹编工艺是中华民族一门古老的艺术。从战国到秦汉，从唐宋到明清，竹编艺术越来越多姿，越来越风雅，特别是 20 世纪 70 年代以后，终于成了中国工艺美术百花苑中的一朵奇葩。根据考古资料，人类开始定居生活后，便从事简单的农业和畜牧业生产，所获的米粟和猎取的食物已稍稍有了盈余。为了不时之需，人们就把食物及饮水等保存下来，为储存之便就地取材，使用各种石刀、石斧等工具砍来植物的枝条，编成篮、筐等器皿。在编织实践中，竹子干脆利落，开裂性强，富有弹性和韧性，而且能编易织，坚固耐用，因此，便成了当时器皿编织的主要材料。

中国陶器的起源也在新石器时代，它的形成是和竹藤的编织密切相关的。先人们在无意中发现涂有黏土的竹藤容器经过火烧以后，不易透水，可以盛放液体。他们便以竹藤编织的篮筐作为胎模，再在篮筐的里外两面涂上黏土，制成竹藤胎的陶坯，然后在火上烘烧制得器具。后来，人们直接利用黏土制成各种器皿胎胚，不再使用竹藤编织作为胎模，但对这种简洁质朴的竹藤几何形编织纹样却依然喜欢，便在陶坯呈半干状态时，在其表面拍印上模仿篮、筐、席等编织物的各种编织纹样作为装饰，所谓"篮纹""绳纹""席纹"的模制陶器就是这样发展起来的。

殷商时期，竹藤的编织纹样开始丰富起来，在陶器上出现了方格纹、米字纹、回纹、波纹等纹饰。到了春秋战国时期，竹的利用率得到提高，竹子的编织逐步向工艺方面发展，竹编图案的装饰意味越来越浓，编织也日渐精细。值得注意的是，战国时期出现了一个致力于竹编技艺研究的人，他就是被竹编行业尊奉为祖师的泰山，浙江一带至今还流传着关于泰山的传说。

战国时期楚国的竹编技艺已达到相当高的水平，在编织技法上也呈现千姿百态的景象，竹席主要用人字编织法，竹篓主要用六角眼编织法，竹篮主要用圆形盘旋编，技艺精美。

秦汉时期的竹编沿袭了楚国的竹编技艺，其编织技法和纹样与楚国竹编完全一样。楚文化哺育出来的竹编编制方法对后世影响很大。当时用染色的竹篾来编制器皿开创了竹编染色的先河。独具一格的竹扇在当时是实用和欣赏兼备的生活用品，其编织方式在今天仍被沿用。

东晋时期嵊州竹编就以编织精细出名了。唐宋时期的竹编席做工精美，编织光洁，质软似锦，折叠如布，堪称一绝。南宋漳州的竹篮编织工艺已相当精细，并出现了竹碗、竹床、竹筷等竹子工艺品，这门手艺在漳州不断地得到完善和发展，使漳州成了竹编、竹制工艺兴旺发达之地。

明清时期是中国竹编工艺的成熟期，竹编日用品得到普及并向工艺方面发展，精致的竹编品成了人们生活的追求，特别是乾隆时期以后，江浙一带出现了编织相当考究的传统工艺竹篮，成为江南一道醒目的民俗风情。明代初叶，江南一带从事竹编的艺人不断增加，他们游乡穿街，上门加工，使一些生活日常用品也披上了精致的竹编服饰。竹席、竹篮、竹箱及竹编的轿篷等，都是编织相当讲究的工艺竹编品，其中尤以竹席最为著名。明代中期以后，竹编的用途进一步扩大，不仅编织越来越精巧，而且还和漆器工艺相结合，创制了不少上档次的竹编器皿，如珍藏书画的画盒、存放首饰的小圆盒、安置食品的大圆盒等。乾隆时期以后，竹编工艺得到全面发展。江浙一带出现了编织精致的传统民间工艺竹篮，如托篮、盘罐、赴京赶考时考生用的考篮、针线圆盒，还有香篮、食篮、花篮等都是编织相当讲究的工艺品。

清代初期，从事竹编行业的艺人与经营者逐年增多，他们游乡串巷，上门加工、经营，服务于城乡，方便了百姓。针对用户的需求，竹编艺人们创制了鱼篓、发篓、针线篓、水壶、取暖篮、竹箱、帽筒、藏画盒、竹夫人等竹编器皿。

19 世纪末至 20 世纪 30 年代，中国南方各地的工艺竹编蓬勃兴起。历经几千年的传统竹编技法基本上得到完善，其中编织图案汇集起来已达 150 余种，技艺高超的竹编艺人能运用这些编织法，得心应手地编织各种器具，创制的品种有篮、盘、箱、盒、屏风、灯笼、窗帘、罐、轿篷、扇子等十余个大类。

随着我国对外贸易的发展，海外客商需求量的增加，再加上竹编工艺和科学技术的结合，许多传统的工艺得到更新，新技术、新工艺不断涌现，新品种、新花色日益丰富，竹编的地方特色更为多姿多彩。普通的竹丝篾片发出了神奇的光彩，它为加强中外人民之间的友谊做出了有力的贡献。

进入 21 世纪后，随着现代生活水平的提高，先进的科学技术开始冲击传统的手工艺品，再加上大量廉价产品的进口及员工工资的提高，使竹编企业难以发展，许多竹编艺人相继转行，显现竹编工艺实力的大型工艺竹编精品难以创作，竹编工艺渐渐失去竞争力而开始走下坡路，其编织技艺成了"非物质文化遗产"。然而，也有不少竹编艺术家仍在孜孜不倦追求新的艺术，新的精品在缓缓出现。社会上一些有识之士想方设法在积极扶持，竹艺博物馆的相继建立，向人们展示了中国竹编艺术品的风采，同时文化复兴、中华优秀传统技艺的推广及乡村振兴的需要，使得中国竹编艺术焕发出新的生命力。

2. 竹编工艺常用的竹材

我国竹材较多，根据工艺竹编的制作特点，目前经常选用的是毛竹、早竹、水竹、清篱竹、慈竹和青皮竹。竹编的用材主要是竹丝篾片，把竹材制成竹丝篾片需经过卷竹、剖竹、起间、开间、劈篾、劈丝、抽篾、刮篾等加工步骤。

编织是竹编品成型的主要工艺流程。竹编艺人们运用不同规格的竹丝篾片，采用多种多样的编织方法，形成各式各样的纹样，把中国竹编技艺升华到一个新高度。

🏠 **活动 3：获取信息**

我国竹编工艺既包括竹文化也包括工艺文化。

❓引导问题：在我国"竹"所蕴含的人文品质有哪些？对竹、竹艺的赞美词句有哪些？

_____

_____

_____

二、我国竹编工艺的文化

1. 竹之风韵

竹子，挺拔秀丽，四季苍翠，挺立在群山众谷，相依在湖畔江岸，把祖国的山河大地装扮得风雅锦绣，多姿多彩。我国地域辽阔，各地区的气候和自然地理条件不同，竹子的生长情况和种类也有差异。

一般北方气候干旱，能适应生长的竹种不多，大多是散生型和混生型竹种。从北到南，温度渐增，雨量渐多，竹子的种类和数量亦在不断增多，竹林的组成和结构也相应地在变化。从散生到丛生，从稀疏到密集，形形色色的竹子呈现多种多样的风姿。

翠竹四季常绿，傲寒而立外，还有一种质朴无华、宁折不弯的高风亮节。它不管受到多大的磨难，甚至斩去竹竿，掘掉竹鞭，只要还有深深埋在地下的竹根，在吮吸着大地的乳汁，待到来春，它的新笋就会冲开冻石，破土而出，抽枝舒叶，依然是葱郁苍翠，显示出勃勃生机。

竹，象征中华民族的一种道德观念，一种文化素质，是中国文人雅士的追求。唐代诗人白居易有过简练的概括："竹质固，固以树德。竹性直，直以立身。竹心空，空以体道。竹节贞，贞以立志。"根基牢固，秉性正直，虚心向学，志节坚贞，这正是中国人民所追求、所赞美的道德品质。

2. 竹之精雅

能体现竹子最大价值的当数竹的艺术品。中国的竹艺巧匠们根据竹子本身的气质和特性，通过自己的慧眼和巧手，创制了一系列的精雅艺术品：从精巧细雅的竹编工艺品到色相天然的竹子建筑装饰；从巧夺天工的竹节、竹筒造型到鬼斧神工的竹雕、竹刻，无不体现竹子清雅的材质美，给人以形象的启迪和美的享受。纵观中国的竹制艺术品，大致分成两类，一类是竹编艺品，一类是竹节竹筒的雕刻艺品。将竹子解体成竹丝篾片后，能编织成篮、瓶、盘、罐、盒、箱、屏风、家具、灯具、玩具、动物、建筑物和人物等竹编艺术品。这些竹编艺术品除满足国内浪费需求外，还出口到美国、日本、意大利、德国、澳大利亚等国家，其价值一般是未加工竹子的 10 倍甚至数十倍。

不同地区的竹编，有着不同的风格，显示着不同的风雅，竹的精神、竹的风韵、竹的艺术，显示了中国光辉灿烂的文化，也显示了中华民族的情操和风采。

🏠 **活动 4：拓展内容**

❓引导问题：阅读以下乡村非遗故事，思考乡村竹编非遗技艺可以怎么发展？乡村竹编技艺是怎么带动当地乡村发展的？

【乡村非遗故事】

杨隆梅：匠心坚守产业创新 让非遗文化焕发新生

有着 2000 多年历史的国家级非物质文化遗产与 90 后碰撞，会产生什么样的火花？出生于 1991 年的崇州人杨隆梅，是国家级非物质文化遗产道明竹编传承人。她积极发扬年轻党员敢为人先的创新精神，以非遗竹编为魂，以工匠艺品为媒，大力实践"企业＋农民合作社＋农户"非遗传承保护与可持续发展特色路径。杨隆梅出生于道明镇传统的竹编世家，完成学业后，她来到一家民航公司就职当起了空姐。然而，2013年的一场意外改变了她的人生轨迹。因为火灾，爷爷创立的竹编厂连同父母苦心经营的一切尽毁。杨隆梅毅然辞去了工作返回家乡。"和家人一起渡过难关，让根植于我血脉中的竹编焕发生机。"杨隆梅以新时代青年的视角和审美，为传统竹编注入了崭新元素。或项链或耳环，或平面装饰画，或样式新潮的背包……各式各样与竹编相结合的文创产品在杨隆梅的巧思下呈现。

这些年，崇州市促进文化创意、精品民宿、乡村旅游等跨界融合，将道明镇竹艺村打造成为展示田园景观、民间传统技艺和乡村旅游的亮丽名片。杨隆梅带着竹编技艺走进大家的视野，曾经的竹编工坊如今实现了与文创、旅游、教育等领域的跨界合作。为了进一步扩大道明竹编文化的影响力，杨隆梅不断奔走在各个国家和城市，她和团队带着道明竹编参加非遗文化交流会，将道明竹编带上国际舞台；走进校园、社区，弘扬非遗文化，提供免费竹编培训；在网络平台开启道明竹编"线上教学"模式，对外展示竹编作品、竹编工艺。

多年来，杨隆梅为当地妇女、留守老人、残疾人提供免费技术培训，提供工作岗位，带动当地3000余人实现居家灵活就业，年产值600多万元。"隆梅不仅带着大家致富，还让我们的老手艺名气越来越大，我们打心里感谢她。"竹编手工艺人倪建群说。现在，道明竹编产品远销日本、韩国、英国等国家和地区。

在杨隆梅的带领下，道明竹编不断创新，传统技艺与现代设计的完美结合重新赋予其新的文化内涵。"企业＋农民合作社＋农户"的非遗传承保护与可持续发展的特色路径，为当地乡村振兴注入了极具特色的文化资源，打造出非遗技艺助力乡村振兴的典型样板，为其他非遗项目的可持续发展和当地乡村振兴提供了有价值的参考经验。

🏠 **活动5：获取信息**

代表性竹编的认知。

❓引导问题：我国有哪些代表性竹编？各地代表性竹编是如何发展的？

_____

_____

_____

【知识储备】

三、我国的代表性竹编

我国的代表性竹编主要有浙江竹编、福建竹编、四川竹编、云南竹编、台湾竹编，除了这几个重要特色外，我国的竹编还遍及安徽、湖南、湖北、江西、广东、广西、贵州等地。这些地区大多在长江以南，气候宜人，雨量丰沛，盛产各种竹子。这些竹子大多质地坚韧、纤维细长、竹竿平直光滑，是编制各种工艺品的理想材料。

这些地区的竹编，有着悠久的历史和丰富的经验，根据自身条件，创出了自己的特色和风格。竹编品种也千姿百态，主要有篮、篓、盘、盒、瓶、筒、屏风、花钵套、席、帘、帽家具、动物等，花色品种累计突破万种，大多是欣赏加实用的工艺美术品，在国内外市场上享有盛誉。

1. 四川竹编

四川盛产竹子，竹子漫山遍野，素有"蜀江竹海"之誉。最常见的是慈竹，它的竹质细腻，篾料柔韧，是编织的极好材料。其他如毛竹、斑竹、硬头黄竹等，分布也很广泛，竹材质坚，宜于劈篾编织。四川民间竹编，传统技艺深厚，主要分布在川西、川中、川南的平原和丘陵地区。著名产地有四川的成都、自贡、渠县、江安、安岳，生产各类花瓶、盘、茶具、竹扇、竹篮、竹帘、竹席及家具等，是中国竹编重要产区。

成都的瓷胎竹编创始于清光绪三年（1877年），它以江西景德镇瓷器为胎，以邛崃山脉的壮健慈竹为材料，经过刮青、选料、烤色、刮片、抽丝、染色等十余道精巧工艺，加工成粗细一致、轻薄柔软、色泽光亮的竹丝。编织时，竹丝紧扣瓷胎，不露丝头，没有叠丝，天衣无缝，既保护了器物，又可供人欣赏。近年来，成都瓷胎竹编在花色品种、编织技艺、装饰纹样等方面都有很大的发展和提高。

除了瓷胎竹编，平面竹编也呈现图案之美、肌理之美感。四川竹编中较有名气的包括自贡贡扇竹编、渠县刘氏竹编、崇州道明竹编、眉山青神竹编。

2. 道明竹编

崇州市道明镇地处川西平原，自古就是产竹之乡，竹资源丰富，该镇竹编历史悠久，编制材料、工艺独特，被称为"中国民间艺术（竹编）之乡"。所产竹编造型别致，精巧细腻，经久耐用。道明从清朝初年就有平面竹编、瓷胎竹编。道明竹编品种繁多，如竹筐、竹篓、竹椅、竹扇……造型新颖别致，工艺精细。道明竹编更是四川省崇州市道明镇的特产，同时也是国家级非物质文化遗产，国家地理标志性产品。

道明竹编所使用材料竹节长、慈软柔和、工艺独特，穿插各种技法，具有鲜明风格，分为平面竹编和立体竹编，图案清晰，色彩丰富，工艺精美，具有较强的实用性和观赏性。道明竹编是竹编艺人精心选择生长两至三年的慈竹，去头弃尾，选用中间几节色泽一致、无斑点、节长质细的部分，下料成竹筒，然后刮青去节，破成粗细均匀、厚薄一致的竹片和竹丝。

道明竹编：
刮青去节

图 3-1-1　刮青去节（图片来源：李文佳拍摄）

道明竹编编制产品时大体按起底、编织、锁口三道工序循序渐进。在编织过程中，以经纬编织为主。在经纬编织的基础上，还穿插各种技法，如疏编、插、穿、削、锁、钉、扎、套等，使编出的图案变化多样。需要配以其他色彩的制品，就将竹片或竹丝用天然植物草木染色后互相穿插，形成各种色彩对比强烈、鲜艳明快的花纹。

在风格特质上，道明竹编特殊的工艺，使产品形成了一个共同风格：平面竹编和立体竹编经纬比例恰当、图案清晰、色彩丰富、工艺精美。瓷胎竹编选料精、竹篾细、紧贴胎、藏头密。

在实用特质上，平面竹编的扇子、晒簟、凉席、枕席和瓷胎竹编的茶具、器皿等被广泛应用于日常生活，立体竹编的筐、笼、箩、篮等则是经久耐用的生产用品。以字画为主的平面竹编深受文人雅士欣赏，供装饰、包装用或具有艺术造型供摆设用的立体竹编，还有旅游小商品等则具有生活和工艺品的双重价值。

3. 青神竹编

《蚕丛氏的故乡》载：早在5000多年前新石器时代，青神县的先民便开始用竹编簸箕养蚕、编竹器用于生活。青神县地处四川平原西南边缘地带，气候温润，雨量充沛，适合竹材的生长。青神县的竹材种类丰富，其中以慈竹分布最广，硬头黄竹、水竹、斑竹、楠竹等紧随其后。早期青神最为有名的竹编制品为竹编扇子，如"东坡宫扇"，其制作精美，技艺高超，使得青神竹编扇闻名遐迩，竹编产业快速发展，随后民间竹编用品也渐渐增多。得天独厚的物质资源加上竹编制品的多样化，使得青神竹编产业以蓬勃之势发展。

青神竹编按编织维度分为平面竹编、立体竹编、混合竹编三种。平面竹编主要是将书画文字、飞鸟走兽、山水鱼虫等风景编织于挂屏、台屏、横幅、扇席之中，精美的平面竹编字画是青神竹编工艺品代表。立体竹编主要是餐具、鞋帽、箱包、灯罩等日常生活用品或仿生动物、人物工艺品。混合竹编常用于生活日用品之中，既有立体竹编的轮廓感，又有平面竹编的质感，粗细并重，柔中带刚，用途繁多。青神竹编按用途分主要有日常用品和工艺品两大类，日常用品包括生活用的碗、杯、罐、盒、篮等，学习用的文具类产品，出行用的竹帽、竹编箱包等，劳作用的箩筐、簸箕、筛子等。

青神竹编主要使用的竹材为慈竹、单竹、绵竹、青皮竹四种，其中慈竹和单竹最好，选取长在土壤肥沃的背阴处、一年生的无疤痕嫩青竹，经过锯竹、刮青、分块、启篾、三防、染色、分丝、编织、装裱等步骤，便可变成竹编制品。所用到的工具有钩针、排针、染料、压铁、分层刀、刮青刀等。青神平面竹编发展至今，一共经历了四个阶段：仿编、心编、坐标填格编织、看图编织。平面编织的传统编织技法主要有十字编、人字编、斜纹编、六角编等，青神竹编工艺家在此基础上进行创新，创作了绞纹菱形、花星、坐标、描图等编织技法，还增加了彩色竹编，使平面竹编变得更华丽。

四川地区竹编工艺品具有深厚的文化意蕴，制作工艺精湛，具有浓郁的当地特色，若能将其深厚的文化底蕴、民族特色与当代时尚潮流元素、信息科技结合，使竹编工艺品转变为实用美观、方便耐用的消费品，并加大宣传力度，拓展更为广阔的国内外市场的同时，借助当代的先进制造技术，设计、制造针对竹编产品加工的现代设备，改变竹编产品手工式、作坊式的生产，推动竹编产品的加工向工业化、智能化模式升级；竹编产业的转型升级不仅能够让具有深厚文化底蕴的特色竹编闻名于世，而且能够带动竹产业的发展。

竹编农旅商品设计开发项目的情景分析，与企业沟通了解开发设计要求。

❓引导问题：为充分了解竹编农旅商品的设计需求，应该提前做什么准备？

_____

_____

_____

❓引导问题：在了解设计需求时，应该注意哪些要素点？罗列出需沟通了解的问题。

_____

_____

_____

❓引导问题：分组讨论设计开发要求，填写下表。

表 3-1-2　竹编农旅商品开发任务分组及任务分配表

班级		组号		指导老师	
组长		学号		备注：根据每次任务情况适时划分任务分工内容	
组员		姓名	学号	姓名	学号
任务分工					
任务分工					
任务分工					

表 3-1-3　竹编农旅商品开发情景分析表

组号： 名称：	组长： 学号：	企业人员：	指导老师：	备注
1. 企业具体的开发设计要求：	2. 企业现有的技术资源情况：	3. 设计针对哪些消费人群及如何定价？	4. 设计是否有必需的文化元素、材料元素？	5. 作品要求完成时间？

四、竹编农旅商品设计开发项目分析

分析竹编农旅商品开发设计项目，需要充分了解设计要求，包括：具体要做什么类型的农旅小商品、针对的人群是谁、产品定价区间是多少、产品定位是什么、是否有现成的类似产品、是完全新开发还是产品提档升级、是否有设计必含内容、是否能接受竹编材料为主其他材料做融合、竹编农旅商品开发完成时间，等等。设计开发小组在沟通之前，提前预设各种问题，以便掌握更多信息。

在真实的设计开发情景中，委托方的设计要求往往具有多元化、模糊性、非专业性等特点，可以利用图文并茂的方式引导其设计需求变得具体化、明确化。

在了解竹编农旅商品开发设计要求的过程中，若有针对不同消费人群的设计要求，必有对应的不同产品定位和产品定价，都需要做好详细记录以便后续进行方案设计时，有指导性作用。

整理设计要求的分析表单，梳理设计要求明细，目的是为后续开发设计工作流程打好基础，是保证竹编农旅商品设计开发成果符合要求的重要环节。此分析表单可以与企业进行双向检测，以便查漏补缺。

🏠 **活动 7：巩固任务**

再次完成竹编文化小测试任务单。

表 3-1-4　竹编文化小测试任务单

竹编文化小测试	
1. 竹编的历史有多长时间？	2. 我国竹编常用的竹材有哪些？
3. 瓷胎竹编的竹丝原料主要选择什么竹子？	4. 我国有哪些国家级非遗竹编？
5. 我国哪些地区在做竹编并延续到今天？	6. 请你说说我国不同地区的竹编特色。
7. 有哪些赞美竹的诗句？	8. 竹在我国常有哪些文化意蕴？

【评价反馈】

各位同学展示小测试任务单，并阐述自己的测试情况。完成评价表 3-1-5、3-1-6、3-1-7。评价内容包括：是否能够完成竹编文化的学习，是否能独立讲述我国竹编工艺发展概况，是否能准确说出四川地区的代表性竹编，是否能独立讲述道明竹编内容，是否能完成分组任务，是否完成设计开发情景分析表。

表 3-1-5　学生自评表

任　　务	完成情况记录
任务是否按计划时间完成	
课前学习完成情况	
相关理论学习情况	
任务完成情况	
引导问题填写情况	
材料上交情况	
收获情况	
合计分值	

表 3-1-6　学生互评表

序　号	评价项目	小组互评	教师评价	总　评
1	任务是否按时完成			
2	材料完成上交情况			
3	任务完成质量情况			
4	小组成员合作面貌			
5	语言表达沟通能力			
6	创新点			
合计分值				

表 3-1-7　教师评价表

序　号	评价项目	教师评价	备　注
1	学习准备		
2	引导问题填写		
3	完成质量		
4	完成速度		
5	参与讨论主动性		
6	沟通协作配合性		
7	展示汇报表达性		
合计分值			
综合评价	自评 20%	互评 30%	教师评价 50%	综合评价

【习题与思考】

自学"竹编技艺"小程序中竹编技艺板块内容，初步了解竹编技法的内容。

【学习情景的相关知识点】

知识点 1：我国竹编工艺在不同历史时期的发展情况。

知识点 2：竹编的文化内涵。

知识点 3：四川地区的代表性竹编工艺。

知识点 4：道明竹编、青神竹编的内容。

知识点 5：学习制作和梳理工作任务单。

竹编介绍

任务二　工艺材料选用与竹编技法解析

🏠 活动 1：预学知识

完成课前学习任务。

❓引导问题：查阅相关资料，了解竹编工艺有哪些常用工具材料。

_____

_____

❓引导问题：查阅相关资料，了解竹编工艺有哪些技法。

_____

_____

❓引导问题：自主学习竹编技法，在尝试练习后，遇到过什么问题？

_____

_____

_____

🏠 活动 2：分享汇报

抽取小组代表阐述课前自学情况。

_____

_____

_____

？引导问题：请填写下面的表格。

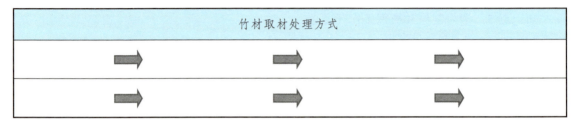

【知识储备】

一、竹编工艺的竹材及处理

竹子由地下茎、竹竿、竹枝和竹叶组成。竹竿是竹的主体部分，也是竹编的主要用材，它的构造及其物理性质和竹编有着密切的关系。竹竿可分为地下和地上两部分，地下部分由秆柄和秆基组成；地上部分则称为竹茎，是竹编的主要用材。

秆茎，人们一般称其为竹竿。整个秆茎端正通直，呈中空有节的圆筒形，上部秆茎分枝着叶，秆上有节，每节有两环：上环为秆环，下环为箨环。两环之间称为节内，两节之间称为节间，相邻两节间有一木质横隔，称为竹隔，着生于节内。节的形成和节间的长度因竹种的不同而有差异。竹竿周围的竹材称为竹壁，竹壁由竹青、竹黄、竹膜三部分组成。在竹材的横截面上，呈现的排列整齐的深色斑点是竹纤维和维束管的横断面，它们在节间排列和走向平行而整齐，纹理一致，因此，可以劈成有规则的条状篾片和篾丝。

竹青是竹壁的外层，也是竹子的保护层，它具有弹性大、表面光滑的特点，常呈绿色，抗拉、抗压能力比其他各层要好得多，其强度可达到钢材的一半。"皮筋吊千斤"，这里的皮筋就是竹青层，以前建筑物的脚手架都用竹青层进行结扎加固。竹膜是竹壁内层，组织疏松脆弱，呈淡黄色。竹青和竹膜之间称为竹黄，也称竹肉，由纤维、维管束等构成。此外，在竹膜的内侧有一层薄膜，附着于竹膜上，称为竹衣或笛膜。

1. 取制材料的处理方式

选择竹节—下料成筒—刮青去节—破竹匀竹—成片成丝—刮光使用，方可用于编织。处理竹材所需工具包括：砍竹刀、篾刀、匀刀、夹子、锯子、剪刀、锥子、篾尺、尺子等。

图 3-1-2 破竹、匀竹

图 3-1-3 处理竹材所需工具

2. 竹篾条、篾丝的处理

篾条与篾丝的质量取决于篾匠人的功夫。砍、锯、切、剖、拉、撬、编、织、削、磨都是篾匠的基本功，篾条、篾丝的厚薄在于篾匠工艺是否精细，越薄越精细，作品越好。

3. 青篾与黄篾的区别

竹子最外面一层带竹子表皮的叫青篾，不带表皮的叫黄篾。黄篾又以离竹皮远近层次的不同，分为头黄篾和二黄篾。青篾韧劲足，可任意弯曲；青篾要刮平，黄篾要去节。

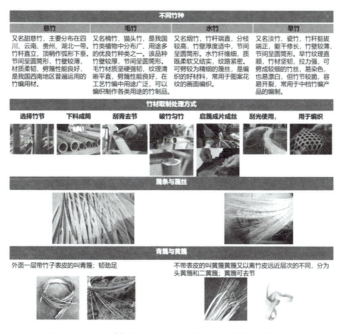

图 3-1-4 竹材对比（图片来源：李文佳绘制）

竹编的编织纹样。

❓引导问题：道明竹编的编织技法是以什么方式为基础的？

_____

_____

_____

❓引导问题：有哪些常见的道明竹编编织纹样？

_____

_____

_____

❓引导问题：道明竹编工艺技法是否有初级、中级、高级难度之分？

_____

_____

_____

【知识储备】

二、竹编工艺的编织技法

编织是竹编品成型的主要工艺流程，竹编在用料上可分为篾丝编织和篾片编织两大类。篾丝编织主要用于篮、瓶、罐及模拟动物的外层；篾片编织则大多用于箱、钵、盘、包的外层和内层。也有的是篾丝和篾片的交叉编织。

1. 道明竹编的编织形式

可分为平面编织、立体编织和瓷胎竹编。平面编织的编织对象是一个平面，如席、帘扇及建筑中的墙面装饰等；立体编织的对象是有形体的，如篮、盘、罐、瓶以及模型动物、人物等；瓷胎竹编是以瓷器为胎体依托，沿瓷器外壁包裹编织竹编的形式。平面竹编、立体竹编、瓷胎竹编的制作处理流程略有差异，详见图 3-1-5、3-1-6、3-1-7。

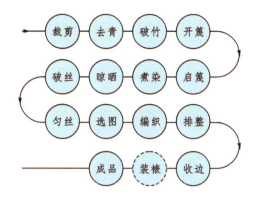

图 3-1-5 平面竹编处理流程（李文佳绘制）

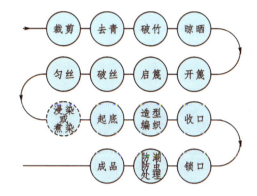

图 3-1-6 立体竹编处理流程（李文佳绘制）

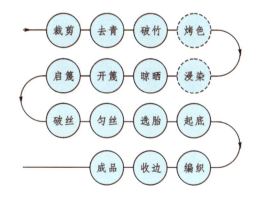

图 3-1-7 瓷胎竹编的制作处理流程（李文佳绘制）

2. 以挑压编为基础的竹编技法

编织就是在互相垂直的篾或丝相互做挑和压的交织中来完成。纵向篾一般为篾片，称为"经"或"经篾"（精细产品也常用丝）；横向篾（丝）称为"纬"或"纬篾"（纬丝或编丝）。

以道明平面竹编为例，虽竹编工艺技法具有难易之分，但都可以从基础编织纹样中逐步深入以拓展更多的编织纹样。常见的道明平面竹编纹样如下：

（1）十字纹编。十字纹编是挑压编的基础，因编织纹路呈十字交叉而得名。该法编织简单，用途广泛，是竹编的基础编织法，就是最基础的"挑一压一"的关系。

竹编技法：
十字编纹样

图 3-1-8　十字编纹样（成都农业科技职业学院李文佳拍摄）

（2）人字纹编。人字纹编以编织纹路呈人字形而得名，常见的有挑二压二人字编和挑三压三人字编。人字编的经篾和纬篾均做密编，经篾和经篾之间、纬篾和纬篾之间均紧紧相扣。

竹编技法：
人字编纹样

图 3-1-9　人字编纹样（成都农业科技职业学院李文佳拍摄）

（3）三角纹编。又称三角眼，编织出的纹样，呈现镂空的三角形。

（4）六角纹编。六角纹编又称为六编孔，六角编是编织中的一个大类，篾呈三向交叉编织，不分经篾和纬篾。编织的形式有密编，也有疏编，用的篾越宽，六角形就越大，用的篾越窄，六角形也相应缩小。

（5）米字纹编。该编法是从六角纹编法中衍生出来的，起头与六角纹一样。但是每个六角边形中会穿插三个不同方向的三根篾条，这样六角孔中间就呈现"米"字纹样。中间穿插的篾条可以采用颜色、粗细不同的篾条，呈现出的层次和颜色会更丰富。

（6）圆口编。圆口编是多向篾进行交织之后编成的一个圆形口。这个圆形口由篾片的交织而互相制约着，篾与篾之间交织的各个夹角都相等，圆口整齐且美观。

（7）无序编。又称为乱编法，将篾条随意相互穿插，以形成一个无序规则的编织纹样面。

（8）创意穿花编。创意穿花编是在一些基础编织纹样基础上，叠加基础编法重新创意的编织纹样。

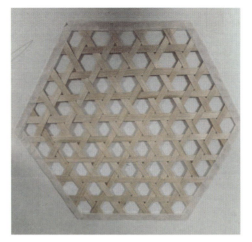

竹编技法：
六角编纹样

图 3-1-10　六角编纹样（成都农业科技职业学院李文佳拍摄）

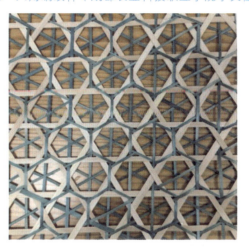

竹编技法：
米字编纹样

图 3-1-11　米字编纹样（成都农业科技职业学院李文佳拍摄）

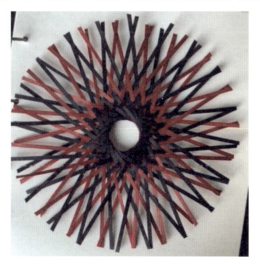

图 3-1-12　圆口编纹样（成都农业科技职业学院李文佳拍摄）

竹编技法：
创意穿花纹样

图 3-1-13　创意穿花纹样（成都农业科技职业学院李文佳拍摄）

　　为了使得竹篾条韧性强不易折断，可提前将竹篾材料在水中浸泡 1~2 天，在编织过程中也可以随时使用小喷壶喷湿竹篾，以保持其湿润，使其在编织时更柔软更好编。天气越热越要保持竹篾材料湿润。

3. 竹编纹样编织所需工具

　　常备的工具材料包括处理好的竹篾条、纸胶带、篾尺、直尺、小喷壶、手工剪刀、湿毛巾。纸胶带是为了固定经篾，使之不滑动，在编织完成后纸胶带也更容易撕取；篾尺是为了在编织过程中方便挑压篾条的工具，是做平面编织的好帮手；小喷壶是为了方便在编织过程中，随时喷洒以保持竹篾材料湿润，更易编织；直尺是为了量裁竹篾条；手工剪刀是为修剪竹篾条；湿毛巾是为方便擦拭竹编片。

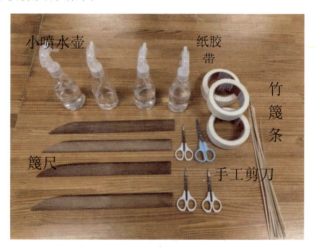

图 3-1-14　平面竹编编织常用工具（图片来源：学生王玲）

活动 4：巩固任务

　　学生小组讨论竹编各技法的规律，写下关键词。
　　分组整理不同编法的竹编记忆口诀。

？引导问题：道明竹编的常见平面编织纹都有什么特征？

_____

_____

_____

【评价反馈】

各位同学根据任务完成情况，完成评价表 3-1-8、3-1-9、3-1-10。

表 3-1-8　学生自评表

任　务	完成情况记录
任务是否按计划时间完成	
课前学习完成情况	
相关理论学习情况	
任务完成情况	
引导问题填写情况	
材料上交情况	
收获情况	
合计分值	

表 3-1-9　学生互评表

序　号	评价项目	小组互评	教师评价	总　评
1	任务是否按时完成			
2	材料完成上交情况			
3	任务完成质量情况			
4	小组成员合作面貌			
5	语言表达沟通能力			
6	创新点			
合计分值				

表 3-1-10　教师评价表

序　号	评价项目	教师评价	备　注	
1	学习准备			
2	引导问题填写			
3	完成质量			
4	完成速度			
5	参与讨论主动性			
6	沟通协作配合性			
7	展示汇报表达性			
合计分值				
综合评价	自评 20%	互评 30%	教师评价 50%	综合评价

【习题与思考】

1. 选择 2 ~ 3 种竹编技法完成 10 × 10 cm 大小的平面编织纹。
2. 小组对竹编农旅商品发展情况以及市场情况做调研，完成实践调研 ppt。

【学习情景的相关知识点】

知识点 1：道明竹编用竹情况、取制材料的处理方式。
知识点 2：道明竹编常见的平面竹编技法。
知识点 3：不同编织技法的特点。

竹编编织技法-人字纹　　竹编编织技法-十字编　　竹编编织技法-六角编　　竹编编织技法-圆口编

项目二　竹编农旅商品的创意策划

任务一　竹编同类商品对比与市场调研

🏠 **活动 1：调研结果分享汇报**

抽取小组代表阐述调研情况。

❓引导问题：各组对竹编农旅商品的市场调研情况如何？

💬引导问题：各小组是怎么调研的？从哪些方面调研的？

【知识储备】

一、竹编农旅商品设计开发的前期调研

一个设计项目或设计任务可以顺利进行的前提是进行了正确的评估和理性选择。一个新产品或者新项目的重要组成部分至少包含两个元素：技术可行性与市场需求。这两者缺一不可，且两者之间的平衡关系至关重要。设计创意团队想要成功地完成设计，不仅需要具备巧妙的创意，而且需要制订周密、详尽的市场调研计划并实施，从而进行严谨的开发。

1. 市场调研的方式

市场调研阶段可通过实地与网络调研，充分掌握目标设计产品所属企业与竞品品牌的各项要素，如功能、使用、制造、成本、环境、产品生产标准、分销等因素。不同的信息内容和不同的信息源，往往需要不同的收集方法。常用方法归纳起来有以下几种：

（1）访谈法。访谈法是一种以拜访、交谈、询问的方式进行信息资料收集的方法。

（2）观察法。观察法是由调查人员直接到现场，通过观察来收集信息的方式。

（3）实验法。实验法首先要确定实验对象，然后以某种方式来体验或试验某一实验对象，得出对实验对象的评价。

（4）购买法。通过购买方式获取资料与信息的方法，在目前是很常用的方法。

（5）交换法。通过自己所占有的资料、样品等与其他人进行交换，以获得自己所需要的信息与资料。

（6）问卷法。问卷法也称书面调查法，是把所需要的信息以问答的形式（一般设有多个选择答案，以便于回答）预先归纳成若干问题，然后通过公共传媒或邮寄送传到被调查人手中，并以某种方式反馈到调查人手中的调查方法。一般调查对象人数众多、范围广泛时，适于采用此法。

（7）资料查阅法。通过查阅有关资料来获取资料与信息是非常常用而有效的方法。

2. 竹编农旅商品市场调研的要素

一是竹编农旅产品，了解当下市场中有哪些竹编农旅商品，销量如何，即确保自己的产品相对于其他竞争对手来说具有清晰的特点和优势。

二是价格，产品在市场上的销售价格由产品开发、制造和营销成本，以及产品对于消费者的潜在价值共同决定，因此要到竹艺企业了解每一环节的成本价格。此外还要了解同类竹编农旅商品的销售价格。

三是地点，即消费者可以从哪里购买竹编农旅商品，销售场所所处的公共环境、产品的展示空间和零售店环境，会带给消费者积极或者消极的印象。

四是促销，即如何让潜在的消费者和用户意识到竹编农旅商品开发的价值，如何吸引他们关注新的产品。了解当下市场中的竹编农旅商品或者是非遗农旅商品是如何促销的，文案广告怎么样。

五是消费者，竹编农旅商品的消费者忠诚度如何？形象如何？购买心理如何？购买竹编农旅商品的目的是什么？需要周密的用户调研。

六是工艺制作流程，即竹编农旅商品设计与制造过程中使用的方法与工艺技术。

总而言之，围绕竹编农旅商品的调研需从计划、构思、开发到销售一系列环节中开展。

活动 2：企业调研与竞品调研

❓引导问题：针对发布竹编农旅商品设计开发任务的企业应该如何调研？

_____

_____

_____

❓引导问题：如何对竞品商品开展市场调研？

_____

_____

_____

【知识储备】

二、企业调研与竞品调研方式

1. 企业调研

为更好地完成企业发布的竹编农旅商品设计任务，创意设计团队在开始设计之初，就需要对竹艺企业进行"品牌—企业—市场策略"调研，详细了解企业的发展史、企业的经典产品与畅销产品、品牌的 Logo 与信条、企业产品的特征提取与"传承 DNA"、企业的线上和线下销售模式、品牌的忠实用户和目标用户群体等信息。如表 3-2-1 所示的竹艺企业调研模板，其所提示的各项内容可以将企业调研收集到的资料快速进行整理并分类填入模板上的标题之中。竹艺产品企业调研是连接企业所开发的产品与消费者的核心部分，在市场调研过程中往往将产品属性逐渐细化，把消费者需要的、想要的和渴望的产品信息具体化，可为支持设计创意团队对概念产品进行开发奠定基础。

表 3-2-1　竹艺企业调研模板 1

竹艺企业调研——企业名称：		
发展史	经典产品	
口号	标志	品牌特征（DNA）
	目标用户	
营销模式		

还可以表 3-2-2 为调研模板完成竹艺产品设计公司的调研。例如针对四川道明竹艺产业有限公司进行调研，首先，可将企业发展史以时间为轴线进行展示；其次，根据时间轴线介绍其主流竹编农旅商品、经典竹编农旅商品及畅销产品，对照罗列不同产品的目标用户群体特征；最后，经过以上调研，将企业的产品特征用关键词加以总结。

表 3-2-2　竹艺企业调研模板 2

2. 竞品调研

通过竞品企业调研与评估，可以有效制定新产品开发的战略方针。企业内部调研与外部竞品调研往往同时进行，用于归纳总结企业针对竹编农旅商品开发设计任务的当前形势。针对外部的竹编农旅竞争商品调研则可帮助设计创意团队认清潜在市场机会和外在的各种威胁。

可以利用知觉地图（见图 3-2-1）来对比当下市场中竹编农旅商品的各项优势和劣势。知觉地图可以反映消费者对同类产品的感受，设计团队可以据此了解各竹编农旅产品的相关属性。该方法可用于现有产品和品牌，也适用于潜在的新产品和品牌。此外，该方法可以反馈某产品和品牌是否需要被重新定位，并在图中找到重新定位的坐标位置。

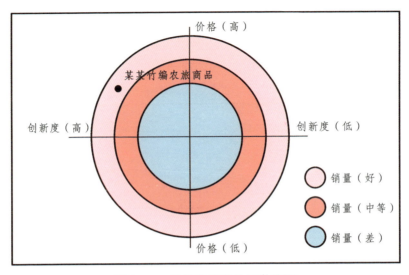

图 3-2-1　竹编农旅商品知觉地图

🏠 **活动3：巩固任务**

根据学生调研反馈情况，教师提出意见建议，以学生小组为单位再次完善调研资料。
❓引导问题：小组分工合作，完善调研内容和信息。

_____

_____

_____

【评价反馈】

各位同学根据任务完成情况，完成评价表 3-2-3、3-2-4、3-2-5。

表 3-2-3　学生自评表

任　　务	完成情况记录
任务是否按计划时间完成	
课前学习完成情况	
相关理论学习情况	
任务完成情况	
引导问题填写情况	
材料上交情况	
收获情况	
合计分值	

表 3-2-4　学生互评表

序　号	评价项目	小组互评	教师评价	总　评
1	任务是否按时完成			
2	材料完成上交情况			
3	任务完成质量情况			
4	小组成员合作面貌			
5	语言表达沟通能力			
6	创新点			
合计分值				

表 3-2-5　教师评价表

序　号	评价项目	教师评价	备　注
1	学习准备		
2	引导问题填写		
3	完成质量		
4	完成速度		
5	参与讨论主动性		
6	沟通协作配合性		
7	展示汇报表达性		
合计分值			
综合评价	自评 20%	互评 30%	教师评价 50%	综合评价

【习题与思考】

以学生小组为单位完成市场调研内容，并以 ppt 形式完成调研报告。

【学习情景的相关知识点】

知识点 1：市场调研的原因与方式。

知识点 2：竹编农旅商品市场调研的要素。

知识点 3：如何进行企业调研与竞品调研。

任务二　明确设计用户画像与目标定位

活动1：用户调研

?引导问题：如何进行竹编产品的用户调研？

_____

_____

_____

【知识储备】

一、竹编农旅商品设计开发的用户调研

1. 用户调研

用户（需求）会随着内外部场景的变化而变化。用户调研主要调研用户、客户及任何参与产品设计与开发的相关人员的信息，细化其内容，可以涵盖用户的欲望、需求和潜在需求，以及竞争对手的产品分析与评估。用户调研的方法包括用户观察、用户访谈等。

2. 用户观察

为了更好地了解竹编农旅商品的受众群体，可以通过实地调研、游客采访等方式帮助创意设计团队观察用户的真实生活、行为举止。这些直观的资料可以通过与用户密切接触获得，而不是通过用户口述信息获取。

观察消费者与竹编农旅商品的互动，能够帮助设计师理解什么是好的竹编农旅产品和服务体验，以及观察消费者在购买竹编农旅商品时的倾向。通过用户观察，设计师可研究本次竹编农旅商品的目标用户在特定情境下的行为，进而深入挖掘用户的真实体验。

基于用户观察法，可以建立一个竹编产品用户清单（Personal Inventories），见表3-2-6。

表3-2-6　竹编产品用户清单

个人					购买的竹编产品			
性别	年纪	工作	喜好风格	随身物品	产品类型	购买渠道	目的用途	产品价格
男								
女								

竹编用户清单可以让设计人员从参与者的角度了解竹编产品与用户生活之间的联系，激发灵感，产生设计主题，获得对用户群体和行为的深入理解。研究小组通过了解每一位用户的个人物品来洞察这些物品被用户需求的背后原因，挖掘用户所需的产品在用户生活中发挥的作用，从中获得启发，进而根据用户的真正需求和价值观来设计相关产品。

3. 用户访谈

用户访谈是直接接触用户的基本研究方法，通过面对面进行访问，可以在谈话中观察到用户的个人表情和身体语言的种种细节，是收集一手用户资料的典型方法。而且，用户访谈可以使用电话或者社交媒体进行远程访谈，通过用户叙述的经历及其观点、态度来洞察用户信息。用户访谈可以分为结构式访谈和非结构式访谈两种形式。结构式访谈需要制订访谈计划和问题清单，并向用户介绍谈话的流程和准备好的访谈清单（详见表 3-2-7）。

表 3-2-7　竹编产品用户访谈表

题目		对竹编产品的认识与理解
时间		
地点		
问题清单 1. 对竹编农旅商品了解吗？知道有哪些竹编农旅商品？ 2. 平时购买竹编农旅商品吗？自用还是送人？ 3. 希望市场上出现哪种类型的竹编农旅商品？ ……		对竹编产品的喜好
用户信息		对竹编产品的期待

设计团队应注意选择有一定代表性的访谈用户，力求每个用户可以从不同的角度抒发自己对竹编农旅商品的观点。同时，避免用户背景信息有过多重复而造成访谈内容过度相似，影响信息总结和分析结果。每一位受访人员都应来自不同领域，并讲出对竹编农旅商品的看法或者自身经历。针对不同的受访人员，访谈中的问题清单也应进行相应的调整。

🏠 **活动 2：用户画像**

根据前面的用户调研信息，可以形成不同的竹编农旅商品用户画像。

❓引导问题：用户画像可以起什么作用，对后面的设计方案构思具有什么意义？

_____

_____

❓引导问题：用户画像包括哪些信息？

_____

_____

_____

❓引导问题：用户画像可以怎么绘制？

_____

_____

_____

【知识储备】

二、竹编农旅商品设计开发的用户画像

1. 用户画像的作用

用户画像可以用来分析对应目标群体的原型，描述并勾画目标群体行为、价值观及需求。在设计团队完成竹编农旅商品用户调研的前期工作之后，可以使用用户画像总结和交流团队所得到的各项结论。在竹编农旅商品方案设计过程中，在与设计团队成员及其他利益相关者讨论设计概念时，同样可以使用用户画像。用户画像能够帮助设计师持续性地分享对用户价值和需求的理解和体会。总之，竹编农旅商品用户画像是竹编农旅商品开发设计过程中对应目标群体的重要信息库。

2. 用户画像中包含的信息

用户画像中应该包括人物姓名、年龄、性别等基本信息，也需要包含兴趣爱好、教育背景、工作经历、个人照片。针对设计项目主题，还该包括对主题对象的看法，如针对竹编农旅商品设计项目相关事件的经历描述，对于竹编农旅商品的看法和观点、需求和目标、机会和挑战以及关键信息总结等。

根据前期用户调研信息，依据相似点将收集的用户进行分类，并为每种用户类型建立用户画像。当用户画像所代表的性格特征变得清晰时，可以使用虚拟名字、照片、职业等将其形象化。一般情况下，制作竹编农旅商品需要使用 4~5 个用户画像，既能保证信息充足又方便管理。

表 3-2-8　竹编农旅商品设计开发项目用户画像模板

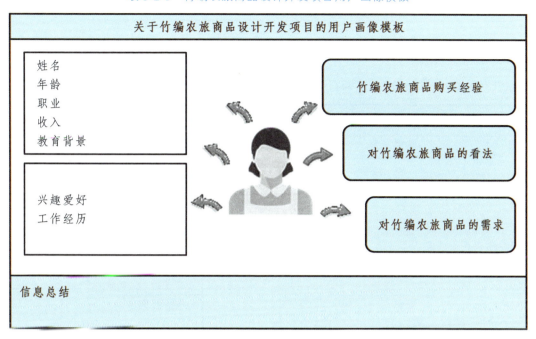

关于竹编农旅商品设计开发项目的用户画像模板

姓名
年龄
职业
收入
教育背景

兴趣爱好
工作经历

竹编农旅商品购买经验

对竹编农旅商品的看法

对竹编农旅商品的需求

信息总结

🏠 活动 3：共享用户画像信息

在设计探索、方案呈现阶段，竹编农旅商品用户画像对于了解目标群体具有重要意义，可以帮助设计创意团队多维度了解消费者，理解其需求和期待。

❓引导问题：各小组汇报完成的竹编农旅商品用户画像。

_____

_____

❓引导问题：各小组总结出哪些典型用户？

_____

_____

_____

🏠 活动 4：设计目标定位

❓引导问题：设计目标定位的意义。

_____

引导问题：请填写以下竹编农旅商品开发设计的目标定位画布。

竹编农旅商品开发设计的目标定位画布				
设计问题	解决思路	独特价值	优势	用户群体
	资源		风格关键词	
产品功能定位		产品形态定位		
产品材料定位		产品色彩定位		

【评价反馈】

各位同学根据任务完成情况，完成评价表 3-2-9、3-2-10、3-2-11。

表 3-2-9　学生自评表

任　　务	完成情况记录
任务是否按计划时间完成	
课前学习完成情况	
相关理论学习情况	
任务完成情况	
引导问题填写情况	
材料上交情况	
收获情况	
合计分值	

表 3-2-10　学生互评表

序　号	评价项目	小组互评	教师评价	总　评
1	任务是否按时完成			
2	材料完成上交情况			
3	任务完成质量情况			
4	小组成员合作面貌			
5	语言表达沟通能力			
6	创新点			
合计分值				

表 3-2-11　教师评价表

序　号	评价项目	教师评价	备　注
1	学习准备		
2	引导问题填写		
3	完成质量		
4	完成速度		
5	参与讨论主动性		
6	沟通协作配合性		
7	展示汇报表达性		
合计分值			
综合评价	自评 20%	互评 30%	教师评价 50%	综合评价

【习题与思考】

查阅竹编产品相关设计案例和资料，为竹编农旅商品方案设计做准备。

【学习情景的相关知识点】

知识点 1：竹编农旅商品用户调研的方式。

知识点 2：用户画像的内容。

项目三　竹编农旅商品的设计开发

任务一　竹编农旅产品的方案设计

🏠 **活动 1：方案构思**

小组分工，从不同角度对竹编农旅商品设计进行构思。

❓引导问题：各组在进行方案设计时进行了哪些多角度探索？

_____

_____

❓引导问题：方案设计的差异化如何体现？

_____

_____

_____

【知识储备】

一、方案设计构思

在对竹编农旅商品进行方案设计构思时，应该要注意从材料工艺、产品造型、情境使用等不同角度切入，包括竹编的编织图案纹样、不同色彩的竹篾条编织纹样、不同宽窄的竹篾条、与其他材料综合搭配、仿生造型、几何造型等。除此之外，还可以考虑竹编农旅商品所使用的情境，例如用于服饰搭配、餐具器物使用、家居装饰、出行使用、儿童玩具等"衣、食、住、行、娱"方面的方案设计。可以采用关键词联想的思维导图形式，拓展设计思路（如图 3-3-1）。

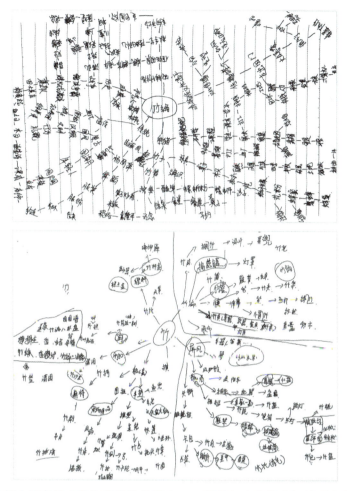

图 3-3-1　竹编农旅商品方案构思思维导图（2020 级休闲农业经营与管理专业学生绘制）

在进行方案构思时，需着重于以下几方面：一要时刻记得设计任务（项目）的要求；二要对前期完成的市场调研、竞品调研情况对照参考；三要清晰明确用户画像与成品定位结果；四要对竹编技术资源与工艺材料非常熟悉；五考虑产品成本与定价。

前期在进行竹编农旅商品方案设计构思时，尽可能天马行空地构想，多角度多渠道查阅资料与设计案例。适时绘图勾勒或者文字记录，以便后续进行深化说明。

【案例分析】

案例一：

竹编的编织纹样是可挖掘创意的灵感源泉。不同粗细、不同宽窄、不同色彩的竹篾条在编织同一种纹样时可以呈现不一样的效果。竹编本身的纹样自带肌理美和图案美，直接将其装饰，即可形成装饰画等产品。

此外，还可以将道明竹编的平面纹样用于饰品设计，例如图 3-3-2 中的竹编银杏胸针，由成都农业科技职业学院文创教研室师生设计，将道明平面竹编与成都市市树"银杏"造型相结合，结合彝族漆艺、花艺蒙贴工艺等，将竹编纹样转变成胸针装饰纹样。

图 3-3-2   竹编银杏胸针（成都农业科技职业学院文创教研室设计作品）

　　道明平面竹编还可以应用于家居产品中，如图 3-3-3 的《镜谧》作品。该作品将传统竹编编织纹样与现代设计结合，在造型和形态设计上符合当下审美趋势，图案和外形都保持几何形；在材料上将天然竹材与水泥材质结合，现代与传统产生碰撞，拓展了竹材的搭配性；镶嵌镜面，保证装饰性的同时赋予其功能性。可以形成持续开发设计的系列风格产品。

图 3-3-3   竹编家居摆件品《镜谧》（设计师：李文佳）

案例二：

　　可以将竹编编织纹样当作平面图案看待，即在进行竹编农旅商品设计开发时，不一定要用到竹材本身，从视觉平面图案的角度切入也是方案构思的思路。图 3-3-4 作品就是将竹编纹样当作了图案应用于文创产品上。

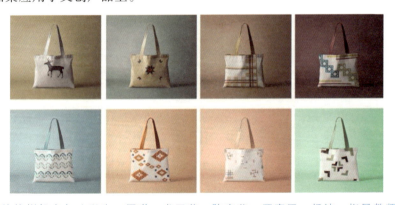

图 3-3-4   竹编纹样帆布包（学生：周琳、龙雪莲、陈春燕、罗嘉雪、杨波，指导教师：李文佳）

　　小组分工，针对前期构思的不同方案，进行竹编农旅商品设计方案的手绘草图表达及细节资料图文补充。

　　❓引导问题：竹编农旅商品设计方案的手绘表现应该包含哪些内容？

_____

_____

_____

　　❓引导问题：在对方案进行手绘表达时应该注意哪些细节？

_____

_____

【知识储备】

二、方案设计草图表达

　　方案草图是设计者理解设计要求之后设计构思的形象表现，是捕捉设计者头脑中涌现出的设计构思形象的最好方法。设计者绘制了大量的草图，经过比较、综合、反复推敲，就可以优选出较好的方案。绘制草图的过程，就是构思方案的过程。

　　在进行竹编农旅商品设计方案表现时，可采用铅笔、马克笔、彩铅、针管笔等手绘工具做手绘表达。

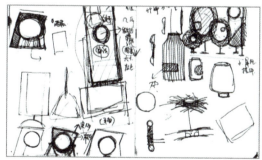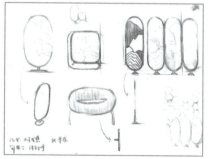

图 3-3-5　竹编家居摆件品《镜谧\BAMBOO》前期方案中外观造型草图/针管笔、彩铅（设计师：李文佳）

　　在进行农旅商品设计方案表达时，应该包括：产品外观造型、产品的三视图（特别是立体的产品设计，若不同面向造型不规律，三视图就尤为重要）、产品局部图、产品不同部位的材质差异、产品实际尺寸、产品材料标注、文字说明。在表现材料质感时，也可以更写实一些。

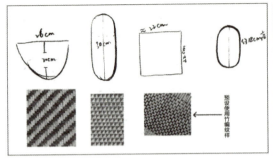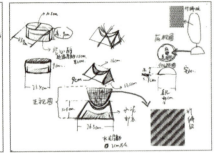

图 3-3-6　竹编家居摆件品《镜谧\BAMBOO》方案表达图/针管笔、彩铅（设计师：李文佳）

在进行方案表达时，可以搭配使用图片来说明手绘表现的内容，达到图文并茂的效果。方案表达的目的就是将设计构思呈现出来。以草图形式固定下来的设计构思，仅仅是个初步的原型，工艺、材料、结构甚至成本等，都是设计中要解决的问题。

【进行决策】

（1）各小组进行讨论，针对本组的构思方案做内容完善，并组内预选最佳方案。

（2）各小组分享汇报本组的竹编农旅商品设计方案，其他小组针对其方案提出问题与建议。

（3）师生讨论共同决定各组最佳方案，以便下一步进行深化。

🏠 活动 3：方案深化设计

小组分工，将最佳方案进行深化设计。

❓引导问题：在对方案进行深化设计时应该注意哪些细节？

_____

_____

_____

【知识储备】

三、设计方案深化表现

这个阶段是将构思的草图和搜集的设计资料融为一体，使之进一步具体化的过程。三视图要按比例以正投影图设计，同时要推敲造型比例、确定结构方式和材料的选择与搭配。一定要反映出产品造型、结构。

由构思开始到最后完成设计模型前，需要经过反复研究与讨论，不断修正，才能获得较为完善的设计方案。设计者对于设计要求的理解、选用的材料、结构方式以及在此基础上形成的造型形式，它们之间矛盾的协调、处理、解决，设计者的艺术观点等，最后都要通过设计方案的确定而得到全面的反映。

方案深化设计可以采用平面专业软件、二维手绘板、三维建模等形式完善方案细节。例如图 3-3-7 中，设计者就将编织的竹编纹样与设计的造型拼贴在一起，可以在正式打样和制作之前有直观的设计效果。

图 3-3-7　竹编家居作品《镜谧\BAMBOO》的单个作品效果图\ps 软件（设计师：李文佳）

图 3-3-8　单个竹编纹样帆布包设计\ps 软件（学生：周琳等，指导教师：李文佳）

图 3-3-9　单个手机壳设计\ps 软件（学生：易永涛、马军波，指导教师：李文佳）

⌂ **活动 4：巩固任务**

小组组内讨论，查漏补缺，修正方案，对设计方案进行调整。

⍰引导问题：各小组的竹编农旅商品方案设计进度。

_____

_____

_____

【 评价反馈 】

各位同学根据任务完成情况，完成评价表 3-3-1、3-3-2、3-3-3。

表 3-3-1　学生自评表

任 务	完成情况记录
任务是否按计划时间完成	
课前学习完成情况	
相关理论学习情况	
任务完成情况	
引导问题填写情况	
材料上交情况	
收获情况	
合计分值	

表 3-3-2　学生互评表

序　号	评价项目	小组互评	教师评价	总　评
1	任务是否按时完成			
2	材料完成上交情况			
3	任务完成质量情况			
4	小组成员合作面貌			
5	语言表达沟通能力			
6	创新点			
合计分值				

表 3-3-3 教师评价表

序　号	评价项目	教师评价	备　注
1	学习准备		
2	引导问题填写		
3	完成质量		
4	完成速度		
5	参与讨论主动性		
6	沟通协作配合性		
7	展示汇报表达性		
合计分值			

综合评价	自评 20%	互评 30%	教师评价 50%	综合评价

【习题与思考】

1. 小组协作，完善竹编产品方案设计。
2. 查找版式参考案例，为竹编农旅商品设计排版图做准备。

【学习情景的相关知识点】

知识点 1：竹编农旅商品方案设计的不同角度。

知识点 2：竹编农旅商品方案构思的五个方面。

知识点 3：竹编农旅商品设计方案表现的要点。

任务二　竹编农旅产品的开发打样

🏠 活动 1：作品排版

完成竹编农旅商品的作品 A3 排版图。

❓引导问题：竹编农旅商品设计作品排版应注意哪些问题？

_____

_____

_____

一、设计作品排版展示

竹编农旅商品设计作品排版应该注意：信息层级明确且有效，展示内容清楚，逻辑清晰顺畅，设计说明完整，文字表述要简洁。

1. 层次结构

优化排版布局的关键点之一是清晰的结构和层次感。对于视觉平衡来说，要依据不同画面元素的重要性，主次之间的层次感来进行排版布局。最简单的例子：标题总是比正文文本内容更具有视觉上的醒目性。竹编农旅商品的产品名称往往要突出"竹"的属性感。

2. 整体统一

颜色统一，版面之间的色调必须保持统一，色调统一和谐，要与产品调性匹配。字体格式统一，标题可以使用与正文不同的字体和色号，但是正文内容的字体必须统一格式。形状统一，版面中重复使用的标识形状要保持统一。线条统一，多张版面之间重复使用的划分线条要保持统一。

3. 逻辑连续

逻辑连续性原则在排版中一般用于解决元素散乱，视觉逻辑混乱的问题。例如可以通过线条的穿插表现，对视觉起到很好的引导作用。

4. 亲密性原则

相同或相似类型的图纸文案，在排版上应该相互靠近，甚至成组在一起形成独立板块。俗话说物以类聚，在设计上也同理，相近的元素放在一起，自然会产生和谐的感觉。

5. 对齐原则

任何设计元素都不能在版面上随意放置。每个元素都应当与版面上另一个元素有着某种视觉联系，建立一种清晰、精巧而且清爽的外观。边缘对齐：图纸和文案都要遵循边缘对齐原则；板块对齐：板块与板块之间也要遵循板块对齐原则。

6. 对比原则

在版面设计时应制造焦点，注意视觉引导，把内容分出主次层级。可以有颜色、大小、明暗、粗细等的对比，强化视觉中心元素，增加版面效果。可以通过使某些元素比其他元素更大，或者通过调整对比度，让画面产生秩序感和层次感。

7. 留白原则

留白是版式设计中一种独特的视觉语言，适当的留白可以使版面透气，有呼吸感。在版式设计中恰当地留白，可以给读者一种舒适的阅读环境，使读者轻松地获取信息。同时，可以通过留白突出主体，并且创造意境，使得画面高雅大方。如《镜谧\BAMBOO》排版图就应用了留白原则。

8. 强化整体原则

文字字体风格要跟作品调性匹配，版面的各种编排要素要风格一致。在针对竹编农旅商品作品排版时，可以适当增加竹元素、绿色色彩元素及表现中式意境美的元素。

图 3-3-10　竹编纹样红包设计《一窗竹影》排版图（学生：杨成娜，指导教师：李文佳）

图 3-3-11　竹编家居作品《镜谧\BAMBOO》排版图（设计师：李文佳）

图 3-3-12　竹编作品《竹悦·椅》排版图（设计师：石丹沁）

❓引导问题：为什么要进行设计作品打样？

_____

_____

❓引导问题：进行竹编农旅商品样品开发时应该要注意什么？

_____

_____

_____

_____

【知识储备】

二、设计作品打样制作

1. 细节制作阶段

完整的竹编农旅商品细节制作包括精确的尺寸和生产规格，这些细节会和竹艺材料、竹编工艺等相互影响、相互关联。样机的细节制作处于设计方案和产品制造阶段之间，具体包含以下五个步骤——产品各环节分解、零部件设计与选择、产品整合、产品测试和制作标准列表（就是将样品制作信息整合到一张信息表中，为随后的批量生产做准备）。

2. 材料质感把控

这部分将围绕竹编农旅商品设计所使用的材料展开，着重材料的属性、材料制造过程，以及材料应用的技术和方法。在选择材料的过程中，需要考虑诸多相关因素，例如，进行竹编农旅商品打样制作时，设计作品所使用的竹篾宽窄、厚薄会跟编织技法有联系，想呈现越精细的竹编效果就需要更窄更薄的竹篾条。竹编农旅商品的使用环境与极限条件也是选择材料需要考虑的因素，竹子的独特纤维结构可以使之通过高温处理呈现异于平时状态的弯曲度，这可以应用于竹编农旅商品样品制作中。

3. 制造工艺方式

设计师经常与竹编工艺师傅发生意见冲突，其主要原因在于竹编农旅商品开发过程中设计师缺乏对竹编工艺流程的跟进和知识储备，最终导致工作效率低下。竹编农旅商品的制造过程包括复杂的流程和技术，设计师需要不断地了解并学习相关的工艺技法、产品装配流程、材料选择经验，以备和工艺师傅协同合作之需。

竹编农旅商品的样品开发可以用数码印刷、3D打印技术等方式制作，也可以直接利用竹材制作实物。但竹编农旅商品的设计方案若是以竹材和竹编编织技艺来呈现的，就尽可能在样品制作中采用竹材和竹编工艺完成，原因在于图纸上的设计毕竟有一定的局限性，并且受到透视变形和错觉的影响，设计者不可能考虑得特别周到，涉及竹编工艺的使用和材料的搭配时，应以"实践出真知"的原则，来观察整体比例尺寸是否需要调整，工艺是否能达成，配件的使用是否吻合，产品是否能真正落地成型。

4. 竹编农旅商品样品制作的注意事项

样品具有研究、推敲、解决矛盾的性质，作品造型是否全然满意、竹编纹样色彩搭配是否完美、使用功能是否方便舒适、结构是否完全合理、用料大小的一切尺寸是否适度、工艺是否精美等，都要在制作样品的过程中完善和改进。因此在样品制作过程中，若发现前期方案有不完善的地方，要及时调整、修改。如图 3-3-13，学生前期设计的产品是用于手腕佩戴的"啪啪圈"，但在样品制作过程中，发现竹编片没法与具有弹性的"啪啪圈"配件完美组合，具有诸多瑕疵，因此与教师沟通及时调整方案，将方案改成同样具有装饰性的竹编发箍和竹编腰带，搭配材料就从"啪啪圈"配件换成了布艺。

图 3-3-13　竹编饰品打样制作（学生：唐露一、邓粤媛、兰琳，指导教师：李文佳）

🏠 **活动 3：小组协作**

完成竹编农旅商品样品制作。

❓引导问题：完成样品制作信息表。

表 3-3-4　竹编农旅商品设计样品制作表

组号： 名称：	组长： 学号：	技术人员：	指导老师：	备注：此表内容越详细越好
制作进度				
完成内容 （完成时间）	所用工艺、材料	尺寸	色彩	主要参与人员

小组汇报样品制作情况，查漏补缺进行修正。

❓引导问题：各小组的竹编农旅商品样品制作情况如何？

【评价反馈】

各位同学根据任务完成情况，完成评价表 3-3-5、3-3-6、3-3-7。

表 3-3-5　学生自评表

任　务	完成情况记录
任务是否按计划时间完成	
课前学习完成情况	
相关理论学习情况	
任务完成情况	
引导问题填写情况	
材料上交情况	
收获情况	
合计分值	

表 3-3-6　学生互评表

序　号	评价项目	小组互评	教师评价	总　评
1	任务是否按时完成			
2	材料完成上交情况			
3	任务完成质量情况			
4	小组成员合作面貌			
5	语言表达沟通能力			
6	创新点			
合计分值				

表 3-3-7 教师评价表

序　号	评价项目	教师评价	备　注
1	学习准备		
2	引导问题填写		
3	完成质量		
4	完成速度		
5	参与讨论主动性		
6	沟通协作配合性		
7	展示汇报表达性		
合计分值			
综合评价	自评 20%	互评 30%	教师评价 50%	综合评价

【习题与思考】

1. 提交作品 A3 版试图。
2. 根据竹编农旅商品样品制作情况，完善作品方案。
3. 各小组与竹编手艺人对接，提前计算并准备所需成品制作材料，着手开始进行成品制作。

【学习情景的相关知识点】

知识点 1：竹编农旅商品的作品排版要求。

知识点 2：竹编农旅商品样品制作的目的。

知识点 3：竹编农旅商品样品制作的要点。

项目四　竹编农旅商品的实践推广

任务一　竹编农旅商品的生产实践

🏠 **活动 1：生产制作流程**

针对竹编农旅商品产品类型，梳理生产制作流程。

❓引导问题：如何提高竹编农旅产品生产制作效率？

_____

_____

_____

⁇ 引导问题：立体型竹编农旅商品与平面型竹编农旅商品在制作流程上有何不同？

_____

_____

_____

【知识储备】

一、竹编农旅商品生产制作流程

竹编农旅商品因产品类型不同，制作过程也有差异，但大体可分为选料、制模、编织、修正定型、打磨处理。

（1）选料：根据设计图样要求，选用竹材和不同规格竹篾条等材料。

（2）制模：立体型的竹编农旅产品往往需要模具定型辅助编织，可提前用木材打磨制作好造型模具，如果是瓷胎竹编或玻璃等其他现成器皿材料做胎，就不需要单独再制作打磨造型模具了，在模上用细线画出图案的轮廓和线条。若是平面型竹编农旅产品可以不需要模具。

（3）编织：将已画好图形的模板放在底板上（或直接放在地上），把要编织的材料按图案的要求摆好，然后用工具从上往下开始编织（注意：先织长边后织短边；先两边后中间）。

（4）修整定型：对已编织好的成品进行整理并修整成型。

（5）打磨处理：用砂纸将产品表面打磨光滑平整。

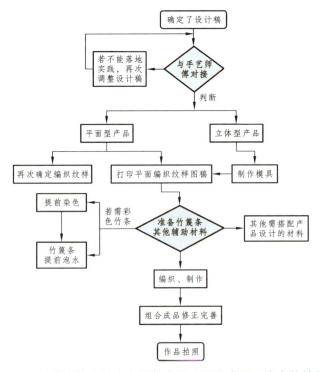

图 3-4-1　竹编农旅产品生产制作流程（图片来源：李文佳绘制）

活动 2：生产制作实践

💡引导问题：各小组完成本组作品生产制作，保存实践记录。

_____

_____

_____

【知识储备】

二、竹编农旅商品实践制作

1. 设计师案例："竹·屏"设计

由设计师石丹沁设计的"竹·屏"屏风，是考虑竹编产品常用于家居环境中，想将传统编织纹样形式的设计与现代产品结合。

元素的提取来自传统器物——簸箕，首先将长簸与方簸的造型元素进行提取，提取其中最基础、最简单的形态圆形与椭圆形为基础形。将提取的几何造型——圆形、椭圆形元素进行组合、排列，进行元素构成，再利用衍生编织纹样形式，参考竹编纹样的疏密关系与大小分布，进行前后叠加摆放。考虑现代居家生活需求，屏风的设计融入了可拆卸设计理念，可将屏风分解为三个部分，分别为上部屏风面、中部支撑杆与底部支撑木框。

图 3-4-2　屏风设计草图（设计师：石丹沁）

该作品制作过程主要分为三个加工部分，一是竹编编织制作部分，二是钢材制作部分，三是木材加工制作部分。

（1）竹编加工制作。

竹编加工制作部分，为了保证竹篾色彩与干湿度的统一性，设计师的制作从竹林选竹开始，选取山阴处竹林的慈竹为原料。制作的竹篾要求宽度较宽，长度较长，所以选取竹材需选用生长年限在 3 年左右的竹材，竹节长度较长、直径较宽，最长竹节能达到 120 cm 左右，直径最宽能到 9.5 cm。

设计师根据选取的衍生纹样与屏风面大小的不同，一共制出了 7 种长度、宽度、厚度不同的竹篾，分别为 115×0.7×0.05 cm、115×0.5×0.05 cm、100×1.5×0.1 cm、105×2×0.1 cm、90×2.2×0.1 cm、105×2.5×0.1 cm、68×3×0.12 cm，编织出 6 块大小尺寸纹样不一的竹编屏风面。

图 3-4-3　竹编编织面（设计师：石丹沁）

（2）不锈钢金属加工制作。

不锈钢金属制作部分是屏风中部支撑杆，选择的材料为 8 mm 的 403 不锈钢金属实心管，为满足设计中拆卸的需求，在三个部位连接处需使用螺纹嵌合组件，所以金属不锈钢杆的上下端需要焊接 6 mm 的螺纹杆与配套螺母结合，以满足拆卸需求。因此设计师在本次作品中也对金属搭配材料进行了制作。金属加工制作主要经历了切割、焊接、打磨、抛光四个步骤，根据六个屏风支撑杆的不同长度进行切割，再将螺纹杆焊接于实心不锈钢管的上下端，最后经过抛光处理，使不锈钢表面更为光洁。

（3）木材加工制作。

在木材加工制作部分，因木框设计结构原因，需要木材具有一定的强度与抗牵拉性，设计师与工艺师傅经过反复探讨后最终选择了 18 mm 的多层胶合板，其强度与抗牵拉性高于普通实木。

最终作品上部屏风面、中部支撑杆、底部木框架的连接依靠螺纹杆与配套螺母进行螺纹契合，可实现三个部分的随意拆卸与拼合。《竹·屏》提取传统竹编压一挑一编织技法的基础纹样，提取出了圆形、椭圆形两种基础形状进行系列屏风设计。设计师共制作了五件次的组合屏风，每个屏风之间都形成了大小、高低与疏密的对比，使用者可根据审美偏好与使用需求，进行随意的组合与摆放，展示竹编纹样本质的自然、秩序美。

图 3-4-4　《竹·屏》作品实物展示图（设计师：石丹沁）

2．学生案例："包·融"竹编包袋设计

下文以学生冉婧的设计作品《"包·融"竹编包袋设计》为例子进行讲解。如今编织元素已越来越多地运用到各大时尚品牌的系列产品中，设计团队在进行竹编农旅商品开发设计构思的时候，就想将传统竹编编织纹样与皮料结合，以"时尚、简约"为关键词，设计出既符合现代女性审美又实用产品——"包·融"竹编包袋设计。

设计团队针对女性用户群体，增加作品艺术感、观赏性，以满足人们的需求。以"融合"为主题的系列包袋，将竹编与皮革的质感结合在一起，相互承接、彼此融合，呈现出一种平和、包容、圆满的意境。整套作品制作过程主要分为两个加工部分，一是竹编编织制作部分，二是皮料的剪裁缝合部分。

（1）竹编加工制作。

竹编加工制作部分，主要采用纯色的竹篾条进行编织，主要用了六角孔和米字纹编法。六角孔编织纹样在竹篾上分别选择了 1 cm 宽和 2 mm 宽的进行穿插编织。米字纹采用了宽窄一致的竹篾条。

（2）皮料的剪裁缝合。

搭配的皮料选择了卡其色、米白色，与纯色的竹篾条能融合匹配。设计团队将皮料按照产品设计稿进行裁剪，同时将竹编编织面裁剪，选择白色的缝线将两者缝合。

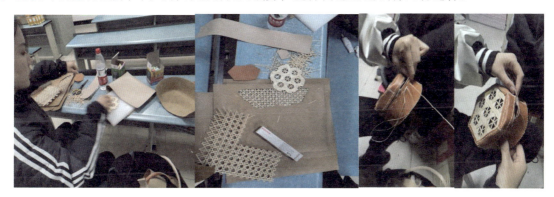

图 3-4-5 竹编与皮料组合（学生：冉婧，指导教师：李文佳）

将传统纹样元素融入包袋系列作品中，使传统元素与年轻人的审美结合，赋予产品新时代的特点，让当代青年人产生共鸣。

图 3-4-6 《包·融》作品展示（学生：冉婧，指导教师：李文佳）

⌂ **活动 3：产品拍照**

❓引导问题：本组完成的摄影作品。

【评价反馈】

各位同学根据任务完成情况，完成评价表 3-4-1、3-4-2、3-4-3。

表 3-4-1　学生自评表

任　务	完成情况记录
任务是否按计划时间完成	
课前学习完成情况	
相关理论学习情况	
任务完成情况	
引导问题填写情况	
材料上交情况	
收获情况	
合计分值	

表 3-4-2　学生互评表

序　号	评价项目	小组互评	教师评价	总　评
1	任务是否按时完成			
2	材料完成上交情况			
3	任务完成质量情况			
4	小组成员合作面貌			
5	语言表达沟通能力			
6	创新点			
合计分值				

表 3-4-3 教师评价表

序号	评价项目	教师评价	备注
1	学习准备		
2	引导问题填写		
3	完成质量		
4	完成速度		
5	参与讨论主动性		
6	沟通协作配合性		
7	展示汇报表达性		
合计分值			
综合评价	自评 20%	互评 30%	教师评价 50%	综合评价

【习题与思考】

完成作品的生产制作。

【学习情景的相关知识点】

知识点 1：竹编农旅商品的生产制作流程。

知识点 2：不同类型的竹编农旅商品样品的制作要点。

任务二　竹编农旅商品的评价推广

🏠 活动 1：竹编农旅商品设计评价

❓引导问题：为什么要进行竹编农旅商品评价？

_____

_____

_____

_____

_____

_____

【知识储备】

一、竹编农旅商品的设计评价

设计评价是对设计价值的一种衡量和判定。设计评价的目的是使决策者最大可能把握产品设计不确定因素的权重，为产品进一步开发或改进提供有效参考。

竹编农旅商品的设计综合评价有两大原则：一是该设计对使用者、特定的适用人群及社会有什么意义；二是该设计对企业在市场上的销售有何意义。

通过邀请用户进行测试，设计师可以获得真实的用户对产品的反馈。所以，设计评估的重要价值在于不仅可以让潜在目标用户了解产品设计概念，而且可以让设计团队客观了解所设计的产品与团队设计目标是否吻合，以及找到存在的差距。

产品可用性的评估在不同设计阶段可以发挥重要的作用。在评估结果的基础上，可以就设计的有效性、效率及满意度方面提出要求。

表 3-4-4　竹编农旅商品评估表

活动 2：竹编农旅商品发布推广

？引导问题：竹编农旅商品有哪些推广方式？

_____

_____

？引导问题：竹编农旅商品推广应包括哪些内容？

_____

_____

_____

【知识储备】

二、竹编农旅商品的推广方式和内容

竹编农旅商品的推广方式可分为互联网线上推广、店铺渠道线下推广及产品发布。互联网技术的发展，催生出一批新产业、新业态、新商业模式。传统的网络营销不足以满足市场需求，新型的线上营销逐渐成为主流。

手机已成为人们日常社交的重要工具，也是年轻人获取资讯、搜索信息的一个必备工具，结合当下大众以"碎片化"为主的信息获取模式，新开发设计的竹编农旅商品应当充分借助 App、小程序、公众号等，积极开发网络营销推广新模式，实现线上线下混合式发展，推动资讯的双向交流。

在线下可以利用竹艺村打卡、沉浸式体验，使游客能够在景区身临其境地感受竹艺文化的美，增强其娱乐性，使游客在游玩中体会非遗竹编传统工艺，增强文化认同感，促进竹编农旅商品的推广销售。

竹编农旅商品的推广内容包括商品名称、商品设计来源、设计理念及意义、创新创意点、采用的制作技法，还包括商品造型、色彩、形式的介绍。

【评价反馈】

各位同学完成评价表 3-4-5、3-4-6、3-4-7。

表 3-4-5　学生自评表

任　务	完成情况记录
任务是否按计划时间完成	
课前学习完成情况	
相关理论学习情况	
任务完成情况	
引导问题填写情况	
材料上交情况	
收获情况	
合计分值	

表 3-4-6　学生互评表

序　号	评价项目	小组互评	教师评价	总　评
1	任务是否按时完成			
2	材料完成上交情况			
3	任务完成质量情况			
4	小组成员合作面貌			
5	语言表达沟通能力			
6	创新点			
合计分值				

表 3-4-7　教师评价表

序　号	评价项目	教师评价	备　注
1	学习准备		
2	引导问题填写		
3	完成质量		
4	完成速度		
5	参与讨论主动性		
6	沟通协作配合性		
7	展示汇报表达性		
合计分值			
综合评价	自评 20%	互评 30%	教师评价 50%	综合评价

【习题与思考】

1. 各小组完成不同平台上的竹编农旅商品发布推广任务。
2. 各小组完成竹编农旅商品开发设计的作品提案 ppt。

【学习情景的相关知识点】

知识点 1：竹编农旅商品的推广方式。
知识点 2：竹编农旅商品的推广内容。

任务一　竹编设计作品案例赏析

一、竹编家居摆件类设计案例

竹编家居作品
《温故知新》

图 3-5-1　竹编家居作品《温故知新》（设计师：石丹沁）

图 3-5-2　竹编家居作品《镜谧\竹》（设计师：李文佳）

二、竹编包袋类设计案例

图 3-5-3　竹编包袋设计（学生：冉婧，指导教师：李文佳）

三、竹编首饰类设计案例

图 3-5-4　竹编首饰作品《竹编胸针》（成都农业科技职业学院文创教研室师生团队作品）

图 3-5-5　竹编胸针设计作品《道明山水》（成都农业科技职业学院杨隆梅竹编工作坊师生作品）

竹编首饰作品《竹编胸针》

面之延展——植物染农旅商品设计开发

学习情景	模块四：面之延展——植物染农旅商品设计开发			
姓　名		学　号		班　级	

背景案例

　　2022 年央视春晚《只此青绿》节目生动还原了北宋名画《千里江山图》，深受人们追捧"刷屏"，我们充分相信民族文化要与时俱进才能经久不衰，创新才能为传统文化的继承和发展提供新的思路。只有用现代化的形式萃取传统文化，才能激沽文化生长的活力。

学习情景　植物染农旅商品开发

学习情景描述

　　按照植物染市场的要求，针对游客设计开发一款（或一套）创意植物染农旅商品。需要构思植物染农旅商品的概念，创意策划植物染农旅商品方案，深度完成植物染农旅商品设计效果，实践落地植物染农旅商品的制作，并进行相关宣传推广。

学习目标

知识目标：

1. 学习植物染工艺的历史发展，了解植物染工艺文化；
2. 学习掌握代表性地域的植物染工艺知识；
3. 学习植物染农旅商品设计开发的工作流程和方法；
4. 学习植物染制作所必需的材料、工具、工艺；
5. 学习作品提案汇报及宣传的内容要求与方法技巧。

能力目标：

1. 能掌握植物染工艺技法名称与特点，掌握多种植物染编织技法；
2. 能够完成植物染农旅商品创意设计方案；

3. 能够完成植物染农旅商品设计开发的作品效果图及排版图；

4. 能够根据设计开发要求，协调分工，对接植物染手艺人，完成植物染农旅商品的开发实践；

5. 能够完成商品的互联网推广宣传发布；

6. 能够根据提案汇报工作流程步骤及内容要求，制作产品提案汇报 ppt。

素质目标：

1. 培养学生的探索精神和主动学习的意识；

2. 培养求真务实、严谨的从业价值观，培养沟通优良的职业素养；

3. 培养学生服务乡村振兴的责任感和使命感；

4. 培养爱岗敬业、精益求精的职业品格与工匠精神。

学习情景实施过程

项目一 植物染农旅商品的概念构思

任务一 植物染工艺文化与设计情景分析

活动 1：课前学习

请根据课前学习资料，完成表 4-1-1。

表 4-1-1 植物染课前小测试任务单

课前学习资料	
1. 植物染相关视频资料。	
课前小测试	
1. 植物染的历史。	2. 我国植物染常用的植物有哪些？
3. 植物染有哪些工艺？	4. 我国的国家级植物染非遗有哪些？
5. 我国不同地区的植物染特色。	

活动 2：获取信息

植物染在不同历史时期的发展，植物染传统非遗工艺的文化知识。

❓引导问题：请说说植物染在我国不同时期的发展状况。

_____

_____

_____

【知识储备】

一、植物染工艺文化

1. 植物染工艺的发展

使用天然的植物染料给纺织品上色的方法称为"植物染"。说起植物染色，可谓是历史悠久，而在植物染色之前，人类就已经掌握了使用矿石进行染色。

（1）旧石器时代。

人类使用天然染料的历史可以追溯到距今五万年到十万年的旧石器时代。北京山顶洞人文化遗址中发现的石制项链，已用矿物质颜料染成了红色。

（2）新石器时代。

早在六七千年前的新石器时代，我们的祖先就能够用赤铁矿粉末将麻布染成红色。红色的赤铁矿和黑色的磁铁矿等矿物质石块很容易从自然界取得，不需要经过复杂的处理就可使用。而居住在青海柴达木盆地诺木洪地区的原始部落，能把毛线染成黄、红、褐、蓝等色，织出带有色彩条纹的毛布。

在中国陕西临潼五千多年前的姜寨遗址中，曾发掘出一块盖着石盖的石砚，掀开石盖，砚面凹处有一支石质磨棒，砚旁有数块黑色颜料以及灰色陶质水杯，一共五件，构成了一套完整的彩绘工具。可见早在五千多年前，我们的祖先已经认识到涂色前须把矿物质粉碎、研磨，磨得越细，颜料的附着力、覆盖力、着色力等就越好。

（3）夏商周时期。

新石器时代的人们在应用矿物颜料的同时，也开始使用天然的植物染料。人们发现，漫山遍野花果的根、茎、叶、皮都可以用温水浸渍来提取染液，例如用赤铁矿粉末将麻布染成红色。

在商周时期，人们就已经掌握了相当水平的染色技术。植物染所采用的植物有：茜草、红花、苏木、蓝草、槐米、紫草、荩草、黄柏等。《诗经》中"绿衣黄裳""青青子衿""我朱孔阳""君子不以绀緅饰""载玄载黄"这些词句表明这些色彩在当时社会普遍流行。

"青取之于蓝而青于蓝"，就是讲用蓝草制成的靛蓝可以染出更青的颜色来。另外，还有一些出土文物表明周代时已经创造出了套染，即将织物分几次先后浸入溶有一种或多种色彩染料的容器内，从而得到某一颜色的不同深度的近似色或其他各种新的颜色。《考工记》有"三入为纁，五入为緅，七入为缁"的记载，指的就是这种方法。意思是：三次浸入红色染料为纁（深红色），再在黑色染料中浸染两次为緅（带红光的浅黑色），继续浸染两次则为缁（深黑色），这种多次浸染的套色法，直到近代我国染色手工业还多有沿用。

从西周时期开始，各朝代都设置有专门的机构和人员，掌管植物染料的种植、采收和加工、染制织物。在周代，掌染丝帛的称为"染人"，属于天官下属，而掌管征收染草的官员属于地官下属，称为"掌染草"。到了秦代，掌管染织的机构称为"染色司"，而从汉代一直到隋朝，都设有"司染署"，职能等于兼顾了"染人"和"掌染草"。到了唐宋时期，这一机构成了"染院"，在明清时期，设有"染所"。著名的医药学巨著《本草纲目》中记载的很多药物，同时都说明了其染色功效，如蓝靛、紫草、茜草、丝瓜、茜草、檀香、黄栌、槐米苏木、栀子等数十种，可见，不仅"药食同源"，药与染，亦同源。如今，随着生产力的发展和环保、健康意识的提高，植物染，这一华夏传承千年的瑰宝，再度成为拥趸，各地的植物染体验工坊也如雨后春笋般涌现出来，越来越多的人喜欢植物染，并把植物染制品应用到自己的生活中。

🏠 活动3：拓展内容

❓引导问题：阅读以下非遗故事，思考植物染技艺可以怎么发展，植物染技艺是怎么带动当地乡村发展的？

【乡村非遗故事】

中国天然染第一人黄荣华：传承植物染技艺，复原《红楼梦》60种颜色！

黄荣华让中国有了第一份植物染色的标准色卡，还非常高精度地复原了红楼梦中所描绘的60种颜色，他被称为"中国天然染第一人"。

黄荣华在很小的时候就开始接触这门技艺了，他一直跟着自己的舅舅学习。1914年，他继承了家里的店，也继承了植物染色的手艺。

黄荣华五岁的时候就已经知道将树叶碾碎来给自己的风筝染色。有一次他折了一个纸飞机，想在白色的纸上染上其他颜色，由于没有找到颜料笔，他就想到了一个办法。他将家里的所有白纸都整理出来，然后又将一些葡萄皮、黄瓜皮等东西分别放在锅里煮。煮出来的水竟然是有颜色的，他又把白纸放在里面浸泡，晒干之后就有了颜色。后来他进入了一家纺织厂工作，一次偶然的机会，黄荣华了解到国内植物染技艺艰难的处境，产生了将这门技艺发扬光大的想法。

由于没有经验可以借鉴，黄荣华只能靠自己不断摸索。植物染料是以天然植物为原料，所以总是存在着许多不可控的因素。常常会出现在同一地点摘取的同一种植物，仅仅是因为采集时间不同，做出来的颜色就有着很大区别。除此之外，任何一个小细节都会造成染色效果的差异。所以每一种颜色的成功，背后都要经历无数次失败的试验，耗费的精力也是无法估量的。为了能够采集到所需的植物材料，黄荣华常常孤身一人来到深山老林里，总是会面临各种未知的危险。除此之外，他还总是在公园转悠。他找朋友，向自己的战友寻求帮助，一切能用的法子都用了。

有心栽花花不开，无心插柳柳成荫。有一次黄荣华原本打算去看沙田柚，却在无意中发现了一种野生植物。误打误撞之下，他找到了自己寻求已久的材料。几十年过去了，他尝试了一千多种植物，八千种颜色，终于建立起了中国的第一张植物染色标准色卡。

为了让人们更好地了解植物染，黄荣华还经常举办各种活动。有一次，他在湖北武汉举办群众性的植物染色体验活动，因为非常新奇，所以大家的兴致都非常高。所有人都就地取材，采摘了各种植物，然后经过处理之后提取出染料。当这些染料出现在布上面的时候，所有人都被漂亮的颜色震惊到了。后来他又在一次活动中做了一个实验，将几个洋葱和白布放在水里煮一会儿，接着一条黄色的围巾就出现在了人们眼前。虽然只是一个简单的实验，可大家还是感到不可思议。

随着时间的流逝，黄荣华逐渐发现工业印染不能够染出来很多种颜色，并且对环境还有着很大的污染，所以他又研究起了怎样将传统植物印染技术与现代工业技术进行结合。他经过不断地研究，逐步恢复了植物染技艺，并且不仅仅局限于布料的印染，在多个方面都有涉及。他不仅让染色媒介有了多样性，还利用植物染色首创了中国染画、茶染书法等新颖的艺术表现形式。

虽然植物染是一门非常古老的手艺，但黄老却不断地进行创新，在一些手绢、扇子、手工成衣等上都应用了植物染。黄荣华还让天然植物印染的 39 套时装，成功登上了法国巴黎的 T 台，震惊了西方同行。

他在看《红楼梦》的时候，被里面所描写的颜色深深吸引，里面将每一种颜色都描绘到了极致。为了能够还原本色，他必须要深入考证其背后的文化和技艺。书有一种叫作密合色的颜色最为复杂，虽然有 20 年研究色彩的经验，他都无法明确地辨别出密合色究竟是什么颜色。有一次他与一位医学教授聊天，教授告诉他密合是做完药之后的炮制工艺，所以他才恍然大悟，结合古代的语境再研究下去，密合原来是一种类似于拔丝的颜色。2019 年，他终于将《红楼梦》里的 60 种颜色高精度地还原出来，他制作的红楼色彩日历受到了更多人的喜爱。

他在传承和创新中一直坚守一个原则，那就是表现形式可以变，但是技艺不能变。他用传统工艺展现出现代的时尚。他还学会了自媒体运营，每天都会拍视频、写文章，在网上拥有几百万的粉丝量。他还创办了传统染色专业研修班，最开始他只是为一些服装设计专业的人开设的，可是随着名声越来越大，人们对植物染色的了解越来越多，陆陆续续有许多人报名了他的培训班，可谓桃李满天下。

他有着匠人精神，一直在默默坚持，付出了多年的青春和心血。

🏠 活动 4：工作计划与实施

植物染农旅商品设计开发项目的情景分析，与企业沟通了解开发设计要求。

❓引导问题：在了解设计需求时，应该注意哪些要素点？罗列出需沟通了解的问题。

_____

_____

_____

【进行决策】

（1）抽取同学代表阐述在了解植物染农旅商品设计开发要求时，需要与企业沟通的内容。

（2）其他同学提出不同的看法，或提出应该增加的内容。

（3）教师结合大家完成的情况进行点评，查漏补缺，梳理要点。

🔎引导问题：分组讨论设计开发要求，填写分析表。

表 4-1-2　植物染农旅商品开发任务分组及任务分配表

班级		组号		指导老师		
组长		学号		备注：根据每次任务情况适时划分任务分工内容		
组员		姓名	学号	姓名		学号
任务分工						
任务分工						
任务分工						
任务分工						

表 4-1-3　植物染农旅商品开发情景分析表

组号： 名称：	组长： 学号：	企业人员：	指导老师：	备注
1. 企业具体的开发设计要求	2. 企业现有的技术资源情况	3. 设计针对哪些消费人群及如何定价？	4. 设计是否有必需的文化元素、材料元素？	5. 作品要求完成时间

【评价反馈】

各位同学展示小测试任务单、引导问题完成情况等，完成评价表 4-1-4、4-1-5、4-1-6。评价内容包括：是否能够完成植物染文化的学习，是否能独立讲述我国植物染工艺发展概况，是否能完成分组任务，是否完成设计开发情景分析表。

表 4-1-4　学生自评表

任　务	完成情况记录
任务是否按计划时间完成	
课前学习完成情况	
相关理论学习情况	
任务完成情况	
引导问题填写情况	
材料上交情况	
收获情况	
合计分值	

表 4-1-5　学生互评表

序　号	评价项目	小组互评	教师评价	总　评
1	任务是否按时完成			
2	材料完成上交情况			
3	任务完成质量情况			
4	小组成员合作面貌			
5	语言表达沟通能力			
6	创新点			
合计分值				

表 4-1-6　教师评价表

序　号	评价项目	教师评价	备　注
1	学习准备		
2	引导问题填写		
3	完成质量		
4	完成速度		
5	参与讨论主动性		
6	沟通协作配合性		
7	展示汇报表达性		
合计分值			
综合评价	自评 20%	互评 30%	教师评价 50%	综合评价

【习题与思考】

哪些植物可以作为植物染染色材料？

【学习情景的相关知识点】

知识点：我国植物染工艺的发展情况。

任务二　工艺材料选用与技法解析

🏠 活动 1：课前学习

请根据课前学习资料，完成课前学习任务。

❓引导问题：植物染工艺有哪些常用工具材料？

_____

_____

_____

❓引导问题：植物染工艺有哪些技法？

_____

_____

_____

🏠 活动 2：获取信息

代表性植物染知识。

❓引导问题：有哪些常见植物染植物？我国有哪些代表性植物染工艺？

_____

_____

_____

一、植物染工艺材料选用

1. 植物染染料

植物染料是一种利用植物而做的颜料，通过一定的工艺过程，将天然色彩融入织物的染料。常见的植物及对应的染料颜色包括以下几种：

（1）红色：茜草、红花、苏木。

（2）黄色：黄栀、荩草、黄柏、藤黄、槐花、郁金。

（3）蓝色：菘蓝、蓼蓝、杨桐叶。

（4）黑色：皂、狼杷草、乌饭草。

（5）紫色：紫草。

这些植物染料具有天然环保的特点，可以用于染色各种天然纤维，如棉、麻、丝、毛等。

2. 植物染的工艺种类

植物染方法具有悠久的历史和丰富的文化内涵，广泛应用于服饰、家居、工艺品等领域。植物染料的工艺方法包括植物染、丝染、织物染、印染、粉彩染和刺绣染等。这些工艺方法可以根据不同的需求和材料选择合适的植物染料，以达到最佳的染色效果。

（1）植物染。

植物染是一种古老的染料制作工艺，利用植物的根、茎、叶、花、果等部位的色素，制取不同的染料。常用的染料有茜草、紫草、红花、槐花、茶等。植物染的色彩丰富，自然环保，深受人们的喜爱。

（2）丝染。

丝染是以丝为织物，通过染料将丝染成不同的色彩和图案。丝染的织物轻薄柔软，色彩鲜艳，具有高贵典雅的气质。

（3）织物染。

织物染是以棉、麻、毛、丝等天然织物为原料，通过染料将织物染成不同的色彩和图案。织物染的工艺种类繁多，包括扎染、蜡染、夹缬等。

（4）印染。

印染是以印花或印花技术为媒介，将植物染料印在织物上，形成各种色彩和图案。印染的工艺包括木版印刷、滚筒印刷、筛网印刷等。

（5）粉彩染。

粉彩染是以粉为颜料，在织物表面绘制出各种色彩和图案的工艺。粉彩染的色彩柔和，层次丰富，具有独特的装饰效果。

（6）刺绣染。

刺绣染是以刺绣为工艺方法，将植物染料刺绣在织物上，形成各种色彩和图案。刺绣染的工艺精细，作品具有立体感和质感，具有很高的艺术价值。

3. 天然植物染料提取方法

天然植物染料是一种环保、可持续的替代合成染料的方法。随着人们对环保和健康的关注日益增加，天然植物染料提取方法也受到了越来越多的关注。下文将介绍天然植物染料提取的五种主要方法，包括溶剂提取法、水提取法、粉碎法、压榨法和蒸馏法。

（1）溶剂提取法。

溶剂提取法是利用有机溶剂对植物组织进行浸泡或煎煮，从而将植物染料中的色素提取出来的方法。该方法适用于那些溶解于有机溶剂的植物染料，如靛蓝、茜草等。溶剂提取法具有提取效率高、操作简便等优点。

（2）水提取法。

水提取法是通过将植物材料浸泡在水中，使其中的染料成分慢慢溶出的方法。该方法适用于那些易溶于水或可水解的植物染料，如黄酮类、生物碱等。水提取法具有安全、环保、操作简便等优点。

（3）粉碎法。

粉碎法是将植物材料粉碎成细小的颗粒，增加其表面积，从而有利于染料成分的释放的方法。该方法适用于那些易于释放染料成分的植物材料，如花瓣、叶子等。粉碎法具有操作简便、适用范围广等优点。

（4）压榨法。

压榨法是通过机械压力将植物材料中的染料成分挤压出来的方法。该方法适用于那些含水量较高、易于压榨的植物材料，如水果、蔬菜等。压榨法具有操作简便、保留营养成分等优点。

（5）蒸馏法。

蒸馏法是通过加热植物材料，使其中的染料成分挥发出来，然后冷凝收集的方法。该方法适用于那些具有挥发性成分的植物染料，如香蒲、松树等。蒸馏法具有操作简便、提取效率高等优点。

以靛蓝为例，采用溶剂提取法进行提取。首先将靛蓝植物材料切碎，放入有机溶剂中浸泡一段时间，然后进行煎煮。煎煮过程中要控制温度和时间，以保证染料成分的有效释放。最后对提取液进行过滤、浓缩等操作，得到靛蓝染料。

以花瓣为例，采用粉碎法进行提取。首先将花瓣材料粉碎成细小的颗粒，然后进行搅拌、浸泡等操作，使染料成分释放出来。最后对提取液进行过滤、浓缩等操作，得到花瓣染料。

以水果为例，采用压榨法进行提取。首先将水果材料切成小块，然后放入压榨机中，通过机械压力将染料成分挤压出来。最后对压榨液进行过滤、浓缩等操作，得到水果染料。

以香蒲为例，采用蒸馏法进行提取。首先将香蒲材料切碎，然后进行蒸馏操作，通过加热使染料成分挥发出来。最后对蒸馏液进行冷凝、收集等操作，得到香蒲染料。

这些方法各有优缺点，适用范围也不同。根据不同的植物染料和提取条件，选择合适的方法可以提高提取效率、降低成本，同时也要考虑环保和安全等因素。

🏠 活动 3：巩固任务

❓引导问题：植物染的工艺技法。

二. 植物染常见技法

1. 扎染工艺技法

（1）扎染概念及常见方法。

扎染，古称扎缬、绞缬，是一种独特的中国传统染色工艺。它的核心原理在于利用纱、线、绳等工具，对织物进行扎、缝、缚、缀、夹等多种形式的组合处理，然后进行染色。在染色过程中，被扎结的部分因为受到束缚而无法充分接触染料，从而保持原色，形成别具一格的图案和纹理。

扎染不仅注重色彩和图案的呈现，更强调对织物本身的创造性和个性化处理。通过不同的扎结方式和染色技巧，扎染作品能够展现出丰富的色彩层次和独特的纹理效果，具有极高的艺术价值和审美趣味。同时，扎染作为一种传统工艺，也承载着深厚的文化内涵和历史价值。它反映了古代人们对自然、生活和艺术的独特理解，体现了中华民族的智慧和创造力。在现代社会，扎染工艺仍然受到许多人的喜爱和追捧，成为一种时尚和文化的象征。

扎染的常见方法多种多样，每种方法都能创造出独特而美丽的纹理和图案。以下是一些常见的扎染方法。

捆扎法：捆扎法是扎染中最基础且常见的方法。可以使用线、绳子或橡皮筋等工具，将布料按照你想要的图案或形状进行捆扎。捆扎的紧密度和方式会影响最终的染色效果。

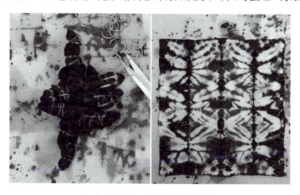

图 4-1-1　扎染-捆扎法

打结法：打结法是在布料上打结，形成小块的未染色区域。打结的大小和分布可以创造出不同的视觉效果。

夹扎法：使用夹子或特制的扎染工具将布料夹住，形成各种形状和大小的未染色区域。这种方法可以创造出非常精细和复杂的图案。

折叠法：将布料按照一定的规律折叠，然后用线或绳子固定，再进行染色。折叠的方式和次数会直接影响最终的图案效果。

卷扎法：将布料卷成筒状，然后用线或绳子绑紧。这种方法可以创造出类似螺旋状的图案。

在进行扎染时，还可以尝试不同的染色技巧，如渐变染色、多色染色等，以创造出更多样化的效果。同时，不同的布料材质和染料类型也会对最终的染色效果产生影响。需要注意的是，每种扎染方法都需要一定的技巧和耐心，初次尝试时可能需要多加练习才能掌握。但正是这种探索和尝试的过程，让扎染变得更加有趣和富有挑战性。

（2）扎染工艺常用工具。

面料：这是扎染的基础，常见的面料包括丝绸、棉布等。不同的面料由于其材质特性，会对染料的吸收和颜色的呈现产生不同的影响。

扎线：棉线、棉绳、棉带等是常用的扎线工具。它们用于将面料按照特定的方式进行捆扎、打结或缝制，以形成所需的图案或形状。

扎结的辅助工具：这些工具包括针杆、缝针和剪刀等。针杆和缝针用于在面料上进行缝制或打结，而剪刀则用于修剪多余的线头或调整扎结的形状。

制版工具：如果需要制作复杂的图案，可能需要用到制版工具，如半硬性垫板、塑料版、木槌和冲子等。这些工具可以帮助在面料上精确地制作出所需的图案或形状。

染料及相关设备：染料的选择取决于面料的材质和所需的颜色效果。此外，还需要天平秤、量杯、玻璃烧杯、搅棒、电炉和染锅等设备，以确保染色的准确性和均匀性。

熨烫工具：烫台和电熨斗等用于在染色后进行熨烫处理，以使颜色更加固定和鲜艳。

除此之外，还可能使用到其他辅助工具，如手套、围裙等，以保护操作者免受染料的污染。这些工具共同构成了扎染工艺的基础，使得人们能够创造出丰富多样、独具特色的扎染作品。

2. 蜡染工艺技法

（1）蜡染概念及常见方法。

蜡染，古称蜡缬，是我国古老而独特的手工绘染艺术，起源于秦汉，盛行于隋唐。它是一种传统手工印染方法，与绞缬（扎染）、夹缬（镂空印花）并称为我国古代三大印花技艺。蜡染工艺制作程序首先将用于防染的白蜡或黄蜡加热熔化，然后用蜡刀或毛笔蘸蜡液在织物上绘出装饰花纹，冷凝后即可染色。由于蜡在凝结时收缩，或是对织物稍加揉搓，使蜡纹产生许多裂缝，染料可由此渗入织物中，因而在成品上出现一丝丝不规则的纹理，俗称"冰纹"，被誉为蜡染的"灵魂"。

蜡染中的纹样丰富多样，包括自然纹和几何形纹。自然纹中多为动物植物纹，而几何形纹则多为自然物的抽象化。蜡染以其独特的制作工艺和丰富的文化内涵，成为中华民族古文明的一部分，具有鲜明的民族风格和装饰趣味。在现代，蜡染依然受到许多人的喜爱和追捧，成为一种时尚和文化的象征。

蜡壶和蜡刀画法：这是传统的点蜡工具，可以画出又细又长的蜡线。它们通常用于在面料上绘制精细的图案。

笔、刷绘蜡：这是现代蜡染工艺中常用的一种方法。使用各种型号的画笔、笔刷或毛笔在面料上画蜡。这种方法简单易行，且可以根据绘制图案的内容选择合适的工具。

刻蜡、刮蜡：在画好蜡的布料上，使用尖细的钉子、刮针或刻笔等工具进行刻或刮，以创造出独特的图案和纹理。染色后，刻画之处会出现不同的花纹。

点蜡、滴蜡：这种方法可以通过使用刷子蘸蜡直接洒在面料上，或使用牙刷等蘸蜡后敲打使蜡液弹洒，或者点燃蜡烛将蜡液滴在面料上，从而形成各种细密的点状花型。

每种方法都有其独特之处，可以根据所需效果和设计选择适合的蜡染方法。需要注意的是，蜡染过程中要确保蜡液的温度适宜，避免将面料刮破或烫伤，同时也要确保染色均匀，以达到最佳的蜡染效果。此外，现代的蜡染工艺还可能会结合使用其他技术和工具，如使用电脑辅助设计、数字化印花等，使蜡染作品更加多样化和富有创意。

（2）蜡染工艺常用工具。

蜡染工艺常用的工具主要包括蜡刀、蜡锅、染缸等。蜡刀是画蜡的主要工具，用于在面料上绘制各种图案，通常由几片三角铜片镶嵌于削好的竹纤一端做成，其原理与圆珠笔相似。蜡锅则是用来加热蜡块，使其熔化后供蜡刀蘸取使用。染缸则是用于将绘制好的蜡布进行染色的容器。除此之外，蜡染工艺还可能需要使用到其他一些辅助工具，如铜刀、瓷碗、水盆、骨针、脱蜡缸、漂洗缸等。这些工具在蜡染的不同阶段都发挥着重要的作用，如铜刀可用于辅助绘制，水盆和骨针则用于清洗和固定布料等。

在进行蜡染时，还需要准备适当的原料，如石蜡、蓝靛、自织麻布或购买的平纱白布等。这些原料的选择和使用也会直接影响到蜡染作品的质量和效果。

总的来说，蜡染工艺的工具和原料种类繁多，但每一种都有其特定的用途和重要性。在使用这些工具和原料时，需要熟练掌握其操作技巧，并注重细节和安全性，以确保蜡染作品的成功完成。

【评价反馈】

各位同学根据任务完成情况，完成评价表 4-1-7、4-1-8、4-1-9。

表 4-1-7　学生自评表

任　务	完成情况记录
任务是否按计划时间完成	
课前学习完成情况	
相关理论学习情况	
任务完成情况	
引导问题填写情况	
材料上交情况	
收获情况	

表 4-1-8　学生互评表

序　号	评价项目	小组互评	教师评价	总　评
1	任务是否按时完成			
2	材料完成上交情况			
3	任务完成质量情况			
4	小组成员合作面貌			
5	语言表达沟通能力			
6	创新点			

表 4-1-9　教师评价表

序　号	评价项目	教师评价	备　注	
1	学习准备			
2	引导问题填写			
3	完成质量			
4	完成速度			
5	参与讨论主动性			
6	沟通协作配合性			
7	展示汇报表达性			
综合评价	自评 20%	互评 30%	教师评价 50%	综合评价

【习题与思考】

自学植物染技艺板块内容，初步了解植物染工艺内容。

【学习情景的相关知识点】

知识点：熟悉植物染工艺技法。

-------- 项目二　植物染农旅商品的创意策划 --------

任务一　同类商品对比与市场调研

🏠 **活动 1：获取信息**

❓引导问题：目前我国植物染料行业现状如何？

_____

_____

_____

💡引导问题：植物染料行业发展前景。

_____

_____

_____

【知识储备】

一、植物染料行业现状

植物染料的历史非常悠久，但是随着工业化的发展，许多传统颜料的使用渐渐地被化学染料所替代，植物染料的生产和应用也开始逐渐降低。近年来，随着环境污染的加剧、健康养生概念的普及、文化意识的觉醒，植物染料重新受到关注。

1. 行业特点

植物染料行业有以下特点。

（1）绿色环保：植物染料采用天然植物为原料，无化学合成添加剂，不会对环境造成污染。

（2）健康养生：植物染料没有化学成分，对皮肤无刺激性，对人体健康无害。

（3）高附加值：植物染料具有较高的附加值，因为它可以反映出不同的文化、历史背景、地域特色等。

（4）文化传承：植物染料是我国古代传统文化中重要的一部分，因此，植物染料的使用和发展是一种文化传承。

2. 行业现状

随着人们环保意识的愈发提高，消费者对于天然、环保的植物染料的需求也在不断增加。目前，植物染料行业整体处于起步阶段，行业的发展规模相对较小，市场份额也相对较小。植物染料的生产部分比较分散，主要集中在小型厂家，无规模化和标准化生产。同时，我国植物染料的生产技术还需要加强。

二、植物染料行业发展前景

1. 市场需求

随着国人生活水平的不断提高，人们的消费观念也在不断升级。环保、健康、文化因素越来越受到人们关注，因此植物染料的市场需求也在逐步提高。

2. 政策引导

我国出台了一系列环保政策，以鼓励企业开发环保产品。植物染料作为一种绿色环保产品，受到政策的支持。政策的引导将促进植物染料行业的发展。

3. 技术提升

随着人们对植物染料认识的不断深入，行业对植物染料生产技术的要求也越来越高。植物染料行业需要通过技术提升，提高产品附加值，增强综合竞争力。

4. 产业整合

产业整合是植物染料行业进一步发展的必要条件，只有整合产业链上的企业和资源，才能形成规模化、标准化、集约化的生产方式，建立健全的产业链体系，提高整个行业的竞争力。

植物染料行业未来发展前景广阔，但是，要想实现发展，需尽快解决目前的技术、生产、销售等问题，并全面提高产业整合能力，以应对未来市场的需求。

🏠 活动2：编写调研报告

❓引导问题：市场调研报告包含哪些内容？

_____

_____

_____

【知识储备】

三、植物染农旅商品市场分析

1. 市场规模

植物染农旅商品市场近年来呈现稳步增长的趋势。随着人们对自然、环保和可持续生活的日益关注，植物染农旅商品市场在不断扩大。市场调研数据显示，全球植物染农旅商品市场规模预计在未来几年内以每年5%的速度增长，达到数百亿美元。

2. 消费者需求

消费者对植物染农旅商品的需求呈现出多样化、个性化、自然环保的特点，他们更倾向于选择那些源自大自然、无化学添加、环保可持续的染料和制品。此外，消费者还对产品的创新性、独特性和艺术性有着较高的要求，希望购买到与众不同的商品。

3. 价格趋势

植物染农旅商品的价格因材料、制作工艺和品牌等因素而异。一般来说，相较于化学染料制品，植物染农旅商品的价格相对较高。然而，随着工艺技术的进步和规模化生产的实现，植物染农旅商品的价格也在逐步降低，更符合消费者的购买需求。

4. 产品创新

为了满足消费者的需求，植物染农旅商品在设计、材料、工艺等方面不断进行创新。例如，开发新型植物染料，提高染色效率和色彩丰富度；采用新型材料和工艺，提升产品的功能和质感；开发具有文化特色的植物染农旅商品，满足消费者对独特性和艺术性的追求。

5. 营销策略

植物染农旅商品的市场营销策略主要包括以下几个方面。

（1）定位：明确产品的核心价值和目标消费群体，强调自然、环保、健康等差异化特点。

（2）品牌塑造：通过打造品牌形象、提升品牌知名度和美誉度，树立消费者对植物染农旅商品的信任和认可。

（3）渠道选择：通过线上和线下多种渠道进行销售，如电商平台、农旅景区、特色商店等。

（4）宣传推广：利用社交媒体、网络广告、线下活动等方式进行宣传推广，提高市场知名度和销售量。

6. 政策法规

国家和地方政府针对植物染农旅商品制定了一系列政策和法规，以促进其可持续发展，主要包括以下几个方面。

（1）环保要求：对植物染料生产过程中的环保指标提出明确要求，限制污染排放。

（2）产业扶持：提供财政、税收等方面的优惠政策，支持植物染农旅商品产业的发展。

（3）知识产权保护：对植物染料的专利和技术进行保护，鼓励创新。

（4）市场监管：加强对植物染农旅商品市场的监管，维护公平竞争和市场秩序。

综上所述，植物染农旅商品市场具有广阔的发展前景，但也面临激烈的市场竞争和多样化的消费者需求。在把握市场趋势的同时，加大产品创新和营销力度，充分利用政策法规的支持，将是未来植物染农旅商品产业发展的关键。

四、植物染产品市场竞争对手

植物染产品的市场竞争对手主要包括以下几类。

（1）化学染料公司：这些公司通常拥有较强的研发能力和资金实力，可以推出新的产品和技术，对植物染市场造成竞争压力。

（2）天然染料公司：这些公司主要生产和使用天然染料，与植物染产品的定位相似，对植物染市场形成直接竞争。

（3）传统染厂：传统染厂通常拥有一定的生产能力和市场份额，可以提供价格上的竞争优势。

（4）新的竞争对手：随着植物染市场的不断扩大和成熟，可能会出现新的竞争对手，比如新兴的植物染料公司或个人品牌等。

对于植物染产品来说，要想在竞争激烈的市场中取得优势，需要具备以下特点：

（1）独特的卖点：需要找到与竞争对手不同的卖点，比如在产品研发、生产工艺、材料选择等方面具备独特性。

（2）优质的产品品质：植物染产品需要具备高品质、高性价比的特点，能够满足消费者的需求和期望。

（3）强大的品牌影响力：通过品牌营销、推广、口碑等方式提高品牌知名度和认可度，吸引更多的消费者。

（4）灵活的市场策略：需要密切关注市场变化和竞争对手的动态，及时调整市场策略，保持竞争优势。

【评价反馈】

各位同学根据任务完成情况，完成评价表 4-2-1、4-2-2、4-2-3。

表 4-2-1　学生自评表

任　　务	完成情况记录
任务是否按计划时间完成	
课前学习完成情况	
相关理论学习情况	
任务完成情况	
引导问题填写情况	
材料上交情况	
收获情况	
合计分值	

表 4-2-2　学生互评表

序　号	评价项目	小组互评	教师评价	总　评
1	任务是否按时完成			
2	材料完成上交情况			
3	任务完成质量情况			
4	小组成员合作面貌			
5	语言表达沟通能力			
6	创新点			
合计分值				

表 4-2-3　教师评价表

序　号	评价项目	教师评价	备　注		
1	学习准备				
2	引导问题填写				
3	完成质量				
4	完成速度				
5	参与讨论主动性				
6	沟通协作配合性				
7	展示汇报表达性				
合计分值					
综合评价	自评 20%	互评 30%	教师评价 50%		综合评价

【习题与思考】

　　自学植物染技艺板块内容，了解植物染发展近况。

【学习情景的相关知识点】

　　知识点 1：了解植物染行业现状。

　　知识点 2：了解植物染行业发展前景和目标。

任务二　用户画像明确与成品定位

• 活动 1：获取信息

　　引导问题：目前植物染产品卖点是什么？植物染产品的市场竞争对手是哪些？

_____

_____

_____

　　引导问题：植物染产品目标用户是哪些人群？

_____

_____

_____

一、植物染农旅商品用户画像

植物染农旅商品用户画像通常包括以下几个方面：

（1）人口统计信息：年龄、性别、职业、教育程度、地理位置等基本信息。

（2）生活方式和兴趣爱好：比如是否喜欢自然、环保、健康的生活方式，是否有相关的兴趣爱好，如瑜伽、户外运动等。

（3）购买偏好：对于植物染产品的购买意愿、购买渠道、购买频率等信息。

（4）使用场景和需求：用户通常在什么场景下使用植物染产品，比如家居、服装、饰品等，以及对于产品的具体需求和期望。

基于以上信息，可以对植物染成品进行定位：

（1）定位为高端时尚品牌：针对有一定消费能力、追求品质和时尚的消费者，注重产品的设计感和个性化，提供多样化的产品选择。

（2）定位为健康生活品牌：针对注重健康、环保的消费者，强调产品天然、健康、环保等特点，提供与健康生活方式相关的产品。

（3）定位为家居生活品牌：针对注重家居生活品质的消费者，强调产品舒适、温馨、自然等特点，提供与家居生活相关的产品。

根据不同的定位，可以制定相应的设计方案。

二、目前植物染产品的卖点

目前植物染产品的卖点主要体现在以下几个方面：

（1）健康环保：植物染产品采用天然植物染料，不含有害化学物质，对头皮和头发有养护作用，同时也不会对环境造成污染。

（2）色彩自然：植物染产品染出的颜色自然、柔和，给人一种自然美的感受。

（3）个性化定制：植物染产品可以定制不同的颜色和图案，能够满足不同消费者的个性化需求。

（4）体验感：植物染产品的染色过程是一种放松、舒缓的手作体验过程，能够帮助消费者缓解压力。

随着人们对环保和健康的关注度不断提高，植物染商品的市场前景越来越广阔。在定位目标消费者时，需要了解消费者的年龄、性别、职业、收入等基本信息，以及他们的消费习惯和购买偏好。根据目标消费者的特点，可以制定针对性的产品设计方案和营销策略，提高商品的竞争力和吸引力。

【评价反馈】

各位同学根据任务完成情况，完成评价表 4-2-4、4-2-5、4-2-6。

表 4-2-4　学生自评表

任　　务	完成情况记录
任务是否按计划时间完成	
课前学习完成情况	
相关理论学习情况	
任务完成情况	
引导问题填写情况	
材料上交情况	
收获情况	
合计分值	

表 4-2-5　学生互评表

序　号	评价项目	小组互评	教师评价	总　评
1	任务是否按时完成			
2	材料完成上交情况			
3	任务完成质量情况			
4	小组成员合作面貌			
5	语言表达沟通能力			
6	创新点			
合计分值				

表 4-2-6　教师评价表

序　号	评价项目	教师评价	备　　注
1	学习准备		
2	引导问题填写		
3	完成质量		
4	完成速度		
5	参与讨论主动性		
6	沟通协作配合性		
7	展示汇报表达性		
合计分值			
综合评价	自评 20%	互评 30%	教师评价 50%	综合评价

查阅植物染产品相关设计案例和资料，为植物染农旅商品方案设计做准备。

【学习情景的相关知识点】

知识点1：植物染农旅商品用户调研的方式。

知识点2：植物染用户画像的内容。

项目三　植物染农旅商品的设计开发

任务一　植物染农旅商品方案设计

🏠 **活动1：获取信息**

❓引导问题：对市场上已有的植物染农旅商品进行优缺点分析。

_____

_____

_____

【知识储备】

一、植物染农旅商品设计方向

1. 服饰包袋设计

植物染因最早就用于布艺染色及花纹制作，因此将此工艺应用于服装产品上的例子很多。在现代，扎染面料制作的服饰也凭借其民族感和现代感成为一道新的风景线。在进行植物染服装设计时，一方面要注意款式设计，另一方面要注意植物染的图形纹样适应。在款式上，可以是设计单件服装，也可以是套装等，在纹样图案上可以是独花式纹样、多花式纹样、渐变式纹样等，此外还可以考虑不同颜色的拼布形成新的装饰花纹。

除了服装之外，还可以制作丝巾、披肩、围巾、领带、帽子、胸针、手提包、斜挎包、背包等服饰品。

2. 家居产品设计

植物染家居产品是基于家居环境中使用的产品，比如植物染装饰挂画、植物染装饰相框、植物染屏风、植物染玩偶摆件品、植物染抱枕、植物染坐垫、植物染沙发、植物染灯具、植物染餐垫、植物染床品、植物染毯子等。

3. 茶艺配饰设计

因茶艺是中国特色文化，茶艺的国风气质与植物染产品一脉相承，因此围绕茶艺相关活动的氛围、场景设计植物染农旅商品也是一个产品开发的方向。可以设计植物染茶席、植物染杯垫、植物染茶垫、植物染茶巾、植物染便携茶具包等。

4. 生活小产品设计

日常生活中的植物染小产品的种类更为多样，可以从衣、食、住、行、娱等方面去拓展设计思路。可以设计的产品包括植物染扇面、植物染手机支架、植物染车挂香囊、植物染钥匙挂件、植物染收纳袋、植物染发饰品、植物染耳饰品、植物染眼罩等。

除了上述产品外，还可以思考其他更多方向，例如设计植物染艺术工艺品，纯粹挖掘和拓展植物染的工艺美和视觉美。不管设计者从哪个产品类型方向进行植物染农旅商品构思创意，都要注意植物染染制出来的布艺是可以与其他材料搭配的，会形成不同的材质肌理感。植物染因其染色效果和图案花纹的区别，还可以将不同的布艺进行拼布，也可以产生不一样的视觉效果。

二、植物染农旅商品方案设计

1. 方案设计方法

在确定了植物染农旅商品的设计方向后，可以具体进行设计方案的操作，可以采用手绘或者软件设计的方法完成，也可以将手绘方式和软件制作结合。例如设计植物染抱枕产品时，可以先用手绘的方式绘制出抱枕的造型，接着将设计图放到 Photoshop 软件里面制作效果图。

对于平面型的植物染产品，如桌旗、杯垫等，可以直接利用软件制作效果图，这类型产品主要是色彩和植物染纹样的考虑。在方案设计时，还需要注意产品的尺寸大小和比例问题。如果是跟其他材料做搭配的设计方案，要完成设计效果图的制作，以便更直观地看到方案是否具有合理性。

2. 植物染农旅商品设计流程

植物染商品设计包括选择天然染料——研究植物染色性能——确定染色配方和工艺——进行小样染色实验——对样品进行评估和调整——进行大样染色实验——对产品进行质量检验和评估等方面。遵循这些设计环节，可以制造出环保、安全、高质量的植物染商品，满足市场需求和消费者需求。

活动 2：方案设计实训

完成植物染农旅商品设计方案。

【评价反馈】

各位同学根据任务完成情况，完成评价表 4-3-1、4-3-2、4-3-3。

表 4-3-1　学生自评表

任　务	完成情况记录
任务是否按计划时间完成	
课前学习完成情况	
相关理论学习情况	
任务完成情况	
引导问题填写情况	
材料上交情况	
收获情况	
合计分值	

表 4-3-2　学生互评表

序　号	评价项目	小组互评	教师评价	总　评
1	任务是否按时完成			
2	材料完成上交情况			
3	任务完成质量情况			
4	小组成员合作面貌			
5	语言表达沟通能力			
6	创新点			
合计分值				

表 4-3-3 教师评价表

序　号	评价项目	教师评价	备　注
1	学习准备		
2	引导问题填写		
3	完成质量		
4	完成速度		
5	参与讨论主动性		
6	沟通协作配合性		
7	展示汇报表达性		
合计分值			
综合评价	自评 20%	互评 30%	教师评价 50%	综合评价

【习题与思考】

植物染的创新设计可以从哪些角度切入？

【学习情景的相关知识点】

知识点 1：植物染农旅商品设计方向。
知识点 2：植物染农旅商品设计制作的环节。

任务二　植物染农旅商品图案实验

🏠 活动 1：课前学习

❓引导问题：思考植物染非遗技艺目前的发展情况，乡村植物染技艺是怎么根据当地情况做文创产品开发的？

_____

_____

_____

❓引导问题：不同的植物染花纹是怎么做出来的？

_____

_____

_____

【知识储备】

一、植物染扎染技法常见图案

1. 图案一

该图案采用捆扎的方法进行制作，将布艺平铺选择一些点位用废旧塑料袋包裹并包扎紧实。因塑料膜不会被染料浸染，因此被塑料膜遮挡的部分就不会被染上颜色，由此形成蓝底白图的图案。

图 4-3-1　植物染扎染图案 1

2. 图案二

该图案采用捆扎的方法进行制作，将布艺裹成条状，并用线条从头到尾依次缠绕捆扎，此时的布艺因被折叠所以有些部分被遮挡，被捆扎的布条放入染料浸染后，再进行拆线就可以呈现出不规则的图案纹样。

图 4-3-2　植物染扎染图案 2

3. 图案三

该图案采用捆扎的方法进行制作，用线绳将两头布边分别中间卷曲靠拢，并拉紧线绳，使得布艺紧实并形成遮挡关系。布艺放入染料浸染后，再把线绳解绑，就可以呈现如图所见的不规则的水波纹图案纹样。

图 4-3-3　植物染扎染图案 3

4. 图案四

该图案采用折叠遮挡的方法进行制作，将布艺平铺并按照"W"形折叠成布条状，再正反折叠成方块形，后用皮筋交叉捆扎固定。布艺放入染料浸染后，再平面展开就可呈现如图所见的几何纹图案。这种折叠方式因折叠的方法不同，出来的纹样也会有差异。

图 4-3-4　植物染扎染图案 4

5. 图案五

该图案是在布艺折叠的基础上又借助了辅助工具——扁木条再次进行遮挡，布艺放入染料浸染后，再平面展开就可呈现如图所见的几何纹图案。不同形状的辅助工具以及辅助工具遮挡的位置不同，可以形成不一样的纹样。

图 4-3-5　植物染扎染图案 5

图 4-3-6　植物染扎染图案 6

🏠 活动 3：巩固任务

各位同学根据前期的设计方案以及预设的图案纹样进行植物染纹样实验。

❓引导问题：几何纹的图案制作有什么技巧？怎样才能保证花纹图案的完美性？

_____

_____

_____

【评价反馈】

各位同学根据任务完成情况，完成评价表 4-3-4、4-3-5、4-3-6。

表 4-3-4　学生自评表

任　务	完成情况记录
任务是否按计划时间完成	
课前学习完成情况	
相关理论学习情况	
任务完成情况	
引导问题填写情况	
材料上交情况	
收获情况	
合计分值	

表 4-3-5　学生互评表

序　号	评价项目	小组互评	教师评价	总　评
1	任务是否按时完成			
2	材料完成上交情况			
3	任务完成质量情况			
4	小组成员合作面貌			
5	语言表达沟通能力			
6	创新点			
合计分值				

表 4-3-6　教师评价表

序　号	评价项目	教师评价	备　注
1	学习准备		
2	引导问题填写		
3	完成质量		
4	完成速度		
5	参与讨论主动性		
6	沟通协作配合性		
7	展示汇报表达性		
合计分值			
综合评价	自评 20%	互评 30%	教师评价 50%	综合评价

【习题与思考】

为什么要进行植物染图案实验？

【学习情景的相关知识点】

知识点 1：植物染工艺制作处理方式。

知识点 2：不同植物染图案的技法特点。

任务一 植物染农旅商品成品制作

⌂ 活动1：作品制作

请根据前期设计方案完成植物染农旅商品成品制作。

❓引导问题：进行植物染作品开发制作时应该要注意什么？

_____

_____

_____

【知识储备】

一、植物染农旅商品成品制作

1. 植物染色彩搭配

在色彩搭配方面，传统植物染技艺以其独特的色彩语言和搭配方式为基础，通过与现代时尚设计理念结合，可创造出更加丰富、新颖的色彩组合。植物染料的颜色通常温暖、柔和，具有自然的光泽和质感，适合现代人追求绿色、环保的生活理念。

在具体的搭配技巧上，可以根据设计主题和需求，灵活运用色彩的对比、和谐、层次等原则。例如，将冷色调与暖色调搭配，可产生强烈的视觉冲击力；将相近色调搭配，则可以营造出柔和、舒适的氛围。同时，还可以通过创新染色技术，如叠加、渐变、立体等，丰富色彩的表现形式。

图 4-4-1 学生作品（成都农业科技职业学院学生：覃文、叶姆初、樊星宇、王玲、陈涛、文若蓓等）

2. 传统图案的创新设计

传统植物染技艺中的图案设计具有独特的艺术价值和审美内涵。在与现代时尚结合的过程中，可以通过对传统图案进行创新设计，使其更好地融入现代审美体系。

具体而言，可以在保留传统图案精髓的基础上，运用现代设计手法进行简化、变形或重组，以适应现代服饰、家居装饰等不同领域的需求。此外，还可以尝试将传统图案与现代图案元素相结合，如抽象图案、几何图案等，以产生新的视觉效果。

图 4-4-2　利用植物染工艺在服饰和装饰挂画上进行图案设计
（成都农业科技职业学院学生：张彩兴、蒲清、陈浩、杨云川）

图 4-4-3　通过拼布和立体创作的方式形成新的视觉效果
（成都农业科技职业学院学生：高莲欧、李斓欣、李杭阳、龙丹等）

3. 植物染与现代服饰的结合

植物染技艺与现代服饰设计的结合，是实现传统与现代融合的有效途径。可以将植物染的色彩和图案运用在服装、鞋帽、包袋等服饰品上，展现出独特的自然美感和民族韵味。

为了满足现代人的审美需求，可以在植物染的基础上，结合其他现代工艺和设计元素，如刺绣、编织、立体剪裁等，创造出多样化的服饰款式和风格。此外，还可以运用植物染的色彩和图案灵感，进行服装配件、面料等的设计，丰富服饰设计的细节和层次感。

4. 植物染与家居装饰的结合

植物染技艺的家居装饰应用是传统技艺与现代时尚结合的又一重要领域，可以将植物染的色彩和图案运用在室内墙面、地面、家具、织物等家居元素上，营造出自然、古朴的家居氛围。

为了满足现代家居设计的审美需求，可以结合现代室内设计风格和理念，灵活运用植物染的色彩和图案，进行创新设计。例如，将植物染的图案运用在家具上，或将其作为墙面装饰的一部分，以增添家居空间的自然气息和艺术感。

图 4-4-4　植物染服饰设计（学生：杜红玫、陈涛、余宝萍、周光琼、汪鑫、张馨月、龙顺舟、汪鸿菲）

图 4-4-5　植物染织物设计（成都农业科技职业学院学生：陈丽、罗宇童、钱梦、杨春霞）

图 4-4-6　植物染桌旗系列、植物染抱枕产品、植物染纸盒产品等
（成都农业科技职业学院学生：胡楚璇、陈翠、潘霞、方雪等）

5．植物染在包装设计中的应用

植物染技艺在包装设计中的应用，可以提升产品的视觉形象和附加值。可以将植物染的色彩和图案运用在包装盒、手提袋、标签等包装元素上，以突出产品绿色、环保的特点，并增强品牌形象。在具体设计中，可以结合产品特点和品牌形象，灵活运用植物染的色彩和图案，进行创意设计。

6．植物染与其他材料的结合应用

与其他材料结合应用可以丰富植物染农旅商品的形式和质感。可以将植物染布艺与皮料结合，形成软与硬的视觉差异，以突出材料质感和纹样图案。可以将植物染布艺与平面竹编结合，强调更具自然风格的产品设计。还可以将植物染纹样提取成平面图案印刷到任何平面视觉上，转换和拓展应用的思路。

综上所述，传统植物染技艺与现代时尚的结合具有广阔的发展前景。通过在色彩搭配、传统图案创新设计、现代服饰与家居装饰应用等方面的探索与实践，可实现传统文化的传承与现代设计的融合。

【评价反馈】

各位同学根据任务完成情况，完成评价表 4-4-1、4-4-2、4-4-3。

表 4-4-1　学生自评表

任　务	完成情况记录
任务是否按计划时间完成	
课前学习完成情况	
相关理论学习情况	
任务完成情况	
引导问题填写情况	
材料上交情况	
收获情况	
合计分值	

表 4-4-2 学生互评表

序　号	评价项目	小组互评	教师评价	总　评
1	任务是否按时完成			
2	材料完成上交情况			
3	任务完成质量情况			
4	小组成员合作面貌			
5	语言表达沟通能力			
6	创新点			
合计分值				

表 4-4-3 教师评价表

序　号	评价项目	教师评价	备　注
1	学习准备		
2	引导问题填写		
3	完成质量		
4	完成速度		
5	参与讨论主动性		
6	沟通协作配合性		
7	展示汇报表达性		
合计分值			
综合评价	自评 20%	互评 30%	教师评价 50%	综合评价

【习题与思考】

1. 植物染图案如何创新？
2. 完成植物染农旅商品实践制作。

【学习情景的相关知识点】

知识点 1：植物染农旅商品的作品设计要求。

知识点 2：植物染在现代各类产品中的应用。

任务二　植物染农旅商品宣传展示

🏠 活动1：作品汇报 ppt

学生针对植物染农旅商品完成作品展示汇报 ppt。

❓引导问题：展示汇报 ppt 里面应该放置什么内容？

_____

_____

_____

【知识储备】

一、植物染农旅商品品牌推广

品牌推广是指通过各种渠道和手段，提高品牌的知名度和影响力，以吸引更多的消费者和客户。以下是一些常见的品牌推广方法和策略：

（1）广告宣传：通过各种广告媒介，如电视、报纸、杂志、网络等，进行广告宣传，提高品牌知名度。

（2）公共关系：通过各种公共关系活动，如新闻发布、公益活动、社交媒体等，提高品牌形象和声誉。

（3）销售促销：通过各种销售促销活动，如打折、赠品、积分等，吸引消费者购买，提高品牌忠诚度。

（4）口碑营销：通过客户口碑和评价，提高品牌信誉度和美誉度。

（5）品牌合作：与其他品牌或机构进行合作，共同推广品牌，扩大品牌影响力。

（6）社交媒体：通过社交媒体平台，如微博、微信、抖音等，进行品牌推广和营销。

在进行品牌推广时，需要考虑目标消费者群体、品牌定位、市场环境等因素，选择合适的推广策略和手段。同时，还需要不断监测市场反应和竞争情况，及时调整推广策略，提高品牌竞争力和市场占有率。

针对植物染农旅商品品牌，以绿色、健康、环保为主打特色，符合当前市场的消费趋势。因此植物染农旅商品品牌重传递农旅文化的内涵和地方特色，通过商品向消费者展示一种回归自然、追求质朴生活态度的品牌价值观。

二、植物染农旅商品的宣传展示

1. 确定宣传展示的渠道

植物染农旅商品的宣传渠道可以选择线上或者线下，线上宣传可以通过各类互联网平台，通过发布植物染农旅商品的产品成果、制作过程视频，以及直播的方式吸引粉丝关注，并且可以在同一平台账号里持续发布新的植物染农旅商品。线下宣传可以通过设计制作宣传册，搭配产品一起销售，使得消费者了解产品内涵，进而产生共鸣而为其买单。线下宣传可以在文创店铺、文创空间、创意市集、乡村创意店等区域进行，还可以参加行业展览和论坛、与相关企业合作推广等。

2. 确定宣传展示内容

不管是线上还是线下，在宣传展示中内容都是核心，要制作优质的内容。要注重植物染的工艺文化和历史文化，因此植物染工艺的文案内容很重要。要注重植物染农旅商品的照片质量和视频宣传质量，需要专业的拍摄。

3. 产品需要持续更新

植物染农旅商品的宣传推广需要定期更新，还需要创新植物染农旅商品产品，保持产品的持续性和新鲜度，才能让消费者始终保持关注。

4. 产品需要合作推广

植物染农旅商品需要与行业企业合作，或者跟其他农旅品牌或农旅商品跨界合作，可有效提高植物染农旅商品的知名度和影响力，吸引更多的消费者。此外，植物染农旅商品还可通过合作的方式获得定制植物染农旅商品的机会。

【评价反馈】

各位同学根据任务完成情况，完成评价表 4-4-4、4-4-5、4-4-6。

表 4-4-4　学生自评表

任　务	完成情况记录
任务是否按计划时间完成	
课前学习完成情况	
相关理论学习情况	
任务完成情况	
引导问题填写情况	
材料上交情况	
收获情况	
合计分值	

表 4-4-5　学生互评表

序　号	评价项目	小组互评	教师评价	总　评
1	任务是否按时完成			
2	材料完成上交情况			
3	任务完成质量情况			
4	小组成员合作面貌			
5	语言表达沟通能力			
6	创新点			
合计分值				

表 4-4-6　教师评价表

序　号	评价项目	教师评价	备　注
1	学习准备		
2	引导问题填写		
3	完成质量		
4	完成速度		
5	参与讨论主动性		
6	沟通协作配合性		
7	展示汇报表达性		
合计分值			

综合评价	自评 20%	互评 30%	教师评价 50%	综合评价

【习题与思考】

1. 各小组完成在自媒体平台上的植物染农旅商品发布推广任务。
2. 各小组完成植物染农旅商品开发设计的作品提案 ppt。

【学习情景的相关知识点】

知识点 1：植物染农旅商品的推广方式。

知识点 2：植物染农旅商品的推广内容。

------- 项目五　植物染农旅商品的拓展深化 -------

任务一　植物染农旅商品案例赏析

图 4-5-1　植物染服饰设计（成都农业科技职业学院学生：康平、熊春节、聂润霜、马娟等）

图 4-5-2　植物染包袋、袜子设计（成都农业科技职业学院学生：熊春节、聂润霜、马娟等）

植物染服饰设计　　　　　　　　植物染包袋、袜子设计

图 4-5-3　植物染包袋、玩偶设计（成都农业科技职业学院学生：杨玉洁、邱铄雅、杨榆等）

图 4-5-4　植物染陈设品设计（成都农业科技职业学院学生：方雪、陈翠、潘霞）

图 4-5-5　植物染陈设装饰品设计（成都农业科技职业学院学生：熊丽洁、李良菊、章诗颖、曾雪莲）

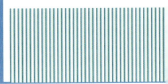

体之塑造——陶艺农旅 商品之茶具设计

学习情景	模块五：体之塑造——陶艺农旅商品之茶具设计			
姓　名		学　号		班　级	

背景案例

"安富场，五里长，瓷窑里，烧酒房，泥精壶排成行，烧酒滴滴巷子香……"在渝西与川东南交界处的安富古镇，这首流传了数百年的民谣仍在浅吟低唱。唱的啥？荣昌陶。

荣昌陶和江苏宜兴紫砂陶、云南建水陶、广西钦州坭兴陶合称中国四大名陶。荣昌区和江苏宜兴市、广东佛山市并称三大陶都。

泥与火的气息，就是荣昌陶的味道。荣昌陶文化始于汉代，发展于宋，盛行于明清，以"红如枣、薄如纸、声如磬、亮如镜"而闻名。因陶而兴的荣昌安富镇建于1702年，距今已经300多年。在100多年前，荣昌陶就远销东南亚地区。20世纪60年代起，销售到美国、德国、英国、荷兰、挪威、芬兰、日本等国。2011年，荣昌陶器制作技艺被列入国家级非物质文化遗产名录。

在荣昌区安富街道通安村，90后夫妻管永双和李云杉的工作室里，你能看到荣昌陶在传承中的样子。他们携手捡拾起林间银杏叶、芭蕉叶当作烧制陶器的植物灰釉，由此开发出一系列"植物灰釉"作品，这些作品为荣昌陶带来美学新风尚。在安福街道的大师园，48个工作室驻扎着来自五湖四海的工艺大师，其独创的陶艺作品让人眼前一亮。荣昌安陶小镇拥有古驿道、陶宝古街、陶宝水巷子、安富火神庙等10多个景点，早已成为人们的"打卡地"。小镇借陶文化发展成集陶产业、文化、旅游、体验、教育于一体的村镇，在这里可买陶、制陶、欣赏陶、研究陶。目前，荣昌区正全力打造200亿级陶瓷产业发展集群，建成和打造陶器产品和工艺美术陶作品的集散地、陶文化创意深度旅游目的地。

学习情景　陶艺茶具农旅商品设计与开发

学习情景描述

整个模块以荣昌陶的茶具农旅商品设计开发为背景，需设计开发一套具有地域文化特色的陶艺茶具产品。了解荣昌陶的发展背景，学习陶艺制作流程，完成陶艺茶具产品设计的制作。

学习目标

知识目标：

1. 学习陶艺的历史发展，了解荣昌陶的发展简史；
2. 理解陶艺制作的基本工具、材料和常见技法；
3. 掌握陶艺茶具创意设计的思路和方法；
4. 理解陶艺茶具的制作过程。

能力目标：

1. 能够熟练运用陶艺制作技法，如拉坯、捏塑、刻画、施釉等；
2. 能够运用创意设计方法，设计制作具有地域特色和创新性的陶艺农旅商品；
3. 能够设计制作具有不同款式、风格的陶艺茶具；
4. 能够完成茶具产品的推广宣传发布。

素质目标：

1. 培养学生的探索精神和主动学习的意识；
2. 增强创新意识和创造力，通过陶艺制作展现独特的艺术品位和创意思维；
3. 培养对传统文化和农旅产业的理解和关注，提升对丰富多样的乡村文化传承的认同感；
4. 培养求真务实、严谨的从业价值观，培养沟通优良的职业素养；
5. 培养学生服务乡村振兴的责任感和使命感，通过陶艺制作体会艺术与农旅的融合与互动；
6. 培养耐心细致、专注、精益求精的职业品格与工匠精神。

学习情景实施过程

项目一　陶艺农旅商品的概念构思

任务一　传统陶瓷工艺的文化认识

🏠 **活动1：获取信息**

陶瓷工艺在不同时期的发展，认识传统陶瓷工艺文化。
❓引导问题：我国陶瓷工艺的发展情况是怎么样的？

【知识储备】

一、陶瓷

"陶瓷"是陶器、拓器、瓷器等以黏土为主要原料的制品的统称。早在欧洲人掌握瓷器制造技术一千多年前，中国人就已经制造出了精美的陶瓷器。中国是世界上最早使用陶瓷的国家之一，而中国瓷器因其极高的实用性和艺术性而备受世人的推崇。

"陶瓷"一般分为陶和瓷两大类，"陶瓷"实际上是陶器和瓷器两种器类的合称，瓷器由陶器脱胎而来。陶器和瓷器在原料、烧造温度、施釉等方面有很大的不同：胎体没有致密烧结的粘土和瓷石制品，统称为陶器；其中把烧造温度较高，烧结程度较好的那一部分称为"硬陶"，把施釉的一种称为"釉陶"，而经高温烧成、胎体烧结程度较为致密、釉色品质优良的粘土或瓷石制品称为"瓷器"。

另外，陶与瓷的烧成温度不同，陶器的烧制温度在 800 ~ 1000 ℃，而瓷器则是用高岭土在 1 300 ~ 1 400 ℃ 的温度下烧制而成。在制陶的温度基础上再添火加温，陶就变成了瓷。因此，陶与瓷的区别在于烧成温度不同，陶的烧成温度较低，而瓷的烧成温度较高。但是一般制作陶器的黏土制成的坯体，在烧制温度达到 1 200 ℃ 时，则不可能成为瓷器，会被烧熔为玻璃质。因此，陶器和瓷器的原料和烧制过程是不同的。

二、中国传统陶瓷的发展

中国传统陶瓷的发展，经历过一个相当漫长的历史时期，种类繁杂，工艺特殊。我们的祖先早在一万多年前就发明了陶器，初期的制陶方法是在篮子表面涂上黏土，经火烧后，篮子被烧去，篮子外的黏土烧后变得坚硬，这样陶器就烧成了。距今约 5000 ~ 7000 年的仰韶文化时期，彩陶的制作已经非常繁荣，年代稍晚一些的马家窑文化，陶瓷表面光滑匀称，以黑色单彩加以装饰，陶器在满足最基本的用途之外，开始展现人们对美的追求。

图 5-1-1　彩陶盆（仰韶文化）

图 5-1-2　涡纹四系彩陶罐（马家窑文化）

商代的陶瓷工艺有了较大提高，在商代和西周遗址中发现的"青釉器"，质地较陶器细腻坚硬，胎色以灰白居多，胎质基本烧结，吸水性较弱，器皿表面施以一层石灰釉，已经具有瓷器的基本特征，但是与瓷器还有一定差距，被称为"原始瓷"，原始瓷从商代出现后，经过周、秦到东汉，历经1600多年的发展才趋于成熟。

东汉至魏晋的瓷器，从出土的文物来看多为青瓷，这些青瓷加工精细，胎质坚硬，不吸水，表面施有一层青色玻璃质釉，这种高水平的制瓷技术，在陶瓷史上具有划时代的意义，标志着真正的瓷器开始出现。

唐代被认为是中国艺术史上的一个伟大时期，陶瓷工艺技术改进巨大，许多精细瓷器品种大量出现，即用当今的检测标准来衡量，它们也算得上是真正的优质瓷器。在唐末连年战乱期间却出现了一个陶瓷新品种——柴窑瓷，质地之优被广为传颂，但传世者极为罕见。

图 5-1-3 白釉兔系罐（唐代）

图 5-1-4 花瓷双系罐（唐代）

图 5-1-5 三彩刻花三足盘（唐代）

陶瓷业至宋代得到了蓬勃发展，并开始向欧洲及南洋诸国大量输出。宋代的瓷器，在胎质、釉料和制作技术等方面，都有了新的突破，是我国瓷器发展的一个重要阶段。宋代名震中外的名窑很多，耀州窑、磁州窑、龙泉窑、越窑、建窑以及被称为宋代五大名窑的汝、官、哥、定、均等都有它们独特的魅力。

除此之外，还有一个不得不提的名字——景德镇，这个名字的出现与瓷器密不可分，是中国陶瓷史上最浓墨重彩的一笔。如果将东汉至今约两千年的制瓷历史分为两半，景德镇无疑照亮了后一个千年。景德镇古称新平，又称昌南，史载"新平冶陶，始于汉世"，到唐代已经有了非常高的水平，宋代创烧影青瓷。景德瓷以"白如玉，明如镜，薄如纸，声如磬"的独特风格蜚声海内外。

元朝建立，景德镇逐渐发展为全国乃至世界制瓷中心。虽然元朝只有短短的九十多年，但这丝毫不影响元青花成为中国陶瓷史上的一朵奇葩。元青花开辟了由素瓷向彩瓷过渡的新时代，富丽雄浑、画风豪放，深得人们的青睐。

我国的陶瓷历史发展到明代步入了一个新的阶段，宋朝前以单色釉为主，而明代后进入了彩绘世界，官窑和民窑都偏向于彩绘瓷器。清代是中国制瓷史上的集大成时期，制瓷水平到达了巅峰。清朝初年的康、雍、乾三朝，因政治安定、经济繁荣，瓷器的成就非常卓越。清代西风渐进，陶瓷外销，西洋原料及技术的传入，使瓷器更为丰富而多姿多彩，为后世留下了诸多瑰宝。

图 5-1-6　宜兴窑仿钧天蓝釉方渣斗（明代）

图 5-1-7　青花缠枝莲瓶（清代）

现代陶瓷制品包括日用陶瓷、建筑卫生陶瓷、工业美术陶瓷、化工陶瓷等，种类繁多，性能各异。随着高新技术工业的兴起，各种新型特种陶瓷也获得较大发展，陶瓷已日趋成为卓越的结构材料和功能材料。它们具有比传统陶瓷更高的耐温性能、力学性能、特殊的电性能和优异的耐化学性能。

🏠　**活动 2：获取信息**

了解荣昌陶的发展简史。

❓引导问题：具有地域代表性的荣昌陶发展历史情况如何？

【知识储备】

三、荣昌陶的历史发展

在浩瀚的陶文化世界里，偏居一隅的重庆荣昌陶，长期独自默默地发展着，虽经千年而鲜为人知。直到新中国成立后，在北京举行的第一届全国民间工艺品展览会上，荣昌陶与江苏宜兴紫砂陶、广西钦州坭兴陶、云南建水陶，以其悠久的历史、卓然不凡的陶瓷品相和深厚的文化内涵，被国家轻工部命名为"中国四大名陶"。至此，荣昌陶方为世人逐渐熟悉，后来还一度出口国外，成为馈赠外国政要的礼品。由于荣昌陶的主产区一直都在荣昌区安富街道（2009 年前为安富镇），所以民间也把荣昌陶称为"安陶"。

汉代兴起：荣昌区陶土资源丰富，已经探明的储量约为 1.1 亿吨。尤其是安富街道沿鸦屿山一线，有一条长约 25 千米、宽 2.5 ~ 4.5 千米的优质陶土矿带。该矿带形成于 1 亿多年前的侏罗纪时期，是与煤系地层相伴而生的粘土矿石层。荣昌区，尤其是安富街道沿鸦屿山脉一线，煤炭和陶土资源十分丰富，均与此有关。根据已经出土的陶器文物可知，早在两千多年前的汉代，荣昌县安富一带就已经开始兴起产陶的热潮，代表作有安陶博物馆所藏的汉代陶灯。

唐宋兴盛：唐乾元元年（公元 758 年），为加强管理，唐王朝设立昌州府，下辖 3 个县，分别是昌元、静南、大足，后来又增设永川县，从而变为下辖 4 个县。昌元县便是现在的荣昌县，州府所在地为昌元。由于唐宋时期为荣昌陶的兴盛时期，因此我国资深陶瓷考古专家陈丽琼将这个时期的荣昌陶窑命名为"昌州窑"。

元明中兴：两宋时期，以黑釉为主的色釉陶瓷受皇族和世人喜爱，因而荣昌陶在那个时代，也多为黑釉，也有不少其他比较珍贵的釉色出现。而到了元代和明代，荣昌陶色釉虽然少了，但总体上呈现出持续发展的态势。到了明代中后期，制陶技艺总体上有所发展，而且器型也越来越多，尤其与百姓生产生活关联度更高。这个时期，荣昌陶发展史上出现了一个非常重要的事件，那就是鸦屿山上逐渐兴起了烧窑制陶业，且日益兴盛。

清代复兴：荣昌县是湖广移民进来之后的重要落脚点，也是他们中很多人继续西进成都等地的重要中转站。移民们来到荣昌后走上了发家兴业的道路。在这些移民大军中，其中不少人原本烧陶，利用鸦屿山上的废窑，重新走上了烧窑制陶的道路，新建了中兴窑，现荣昌陶器厂，该窑每月可出 6 次窑货，有 30 多名工人，已经是当时比较大的窑场了。后来鸦屿山上窑场陆陆续续开办了万顺窑、磨子窑、下兴窑等。下兴窑在这些古窑中，烧制时间即使不是最长的，也应该是鸦屿山上保存最完好的古窑了。目前古窑主体还在，当地文物局已经对这个长达 200 多年的古窑遗址进行保护。

民国繁盛：清末到民国时期，由于制陶工艺的进步，陶窑的不断兴建，以安富鸦屿山为主要产地的荣昌陶业，呈现出繁荣景象。

新时期的凤凰涅槃：到了 20 世纪末期，由于市场经济发展，计划经济色彩非常浓厚的

"安陶厂"及荣昌县工艺陶厂等不能适应市场需求，迅速地走向衰落，继荣昌县工艺陶厂转制后，到21世纪初，"安陶厂"再也无法继续维持，不得不宣布破产倒闭。荣昌陶又走到了一个发展的"瓶颈"时期，而此时大量的制陶艺人流落民间或外出创业就业，本地的荣昌陶艺产业逐渐衰弱，当地经济也发展低落。2004年，重庆大学江碧波教授出资购买了垭口的一个陶厂，办起了"碧波艺苑陶艺研究所"，该所成立后，虽然产生的经济效益并不明显，但显然成了荣昌陶（主要是"安陶"）由衰落的低谷走向发展的一个"节点"。一部分流落民间的制陶艺人又重新走上了制陶岗位，分别到这个陶研所、鸦屿陶瓷公司、安北陶器厂、富艺陶厂等重操旧业。如今，当初这些人又成为陶产业兴旺发达的中坚力量。沉寂了20余年的荣昌陶开始走上发展的"快车道"。2010年，安富街道陶产业实现产值5.5亿元；2011年，全街道陶产业实现产值8.6亿元；2012年，达到11亿余元；2013年，达到14.4亿元。可以看出，尽管经济社会形势在变化，但是陶产业始终朝着比较良好的方向发展，不仅带动了当地经济也解决了当地的大量就业。工艺美术陶研发也在这个时期再次起步，聘请了老艺人和工艺美术大师，以及与国内多所高校合作，研发了一大批受欢迎的工艺美术陶。

发展到今天，陶艺产业已成为当地名副其实的百亿级支柱产业和特色产业，当地打造的陶瓷产业园和文化创意产业园也成为当地特色，带动当地文旅、农旅的发展。

🏠 **活动3：巩固任务**

完成陶艺文化小测试任务单，见表5-1-1。

表5-1-1　陶艺文化小测试任务单

陶艺文化小测试	
1. 陶瓷工艺的历史有多长时间？	2. 陶与瓷的区别是什么？
3. 我国唐代的代表性彩色陶是什么品种？	4. 宋代五大名窑分别是什么？
5. 以"白如玉，明如镜，薄如纸，声如磬"的瓷器评价扬名海内外的城市是？	6. 中国四大名陶是什么？
7. 荣昌陶又被称为什么？	8. 在两千多年前的汉代，荣昌县哪个区域就已经开始兴起产陶的热潮？

【评价反馈】

各位同学进行自我评价，完成评价表5-1-2；学生以小组为单位，对学习情景的过程和结果进行互评和组内互评，完成评价表5-1-3；教师对学生学习过程和结果进行评价并完成评价表5-1-4。

表 5-1-2　学生自评表

任　务	完成情况记录
任务是否按计划时间完成	
课前学习完成情况	
相关理论学习情况	
任务完成情况	
引导问题填写情况	
材料上交情况	
收获情况	
合计分值	

表 5-1-3　学生互评表

序　号	评价项目	小组互评	组内互评	总　评
1	任务是否按时完成			
2	材料完成上交情况			
3	任务完成质量情况			
4	小组成员合作面貌			
5	语言表达沟通能力			
	合计分值			

表 5-1-4　教师评价表

序　号	评价项目	教师评价	备　注
1	学习准备		
2	引导问题填写		
3	完成质量		
4	完成速度		
5	参与讨论主动性		
6	沟通协作配合性		
7	展示汇报表达性		
	合计分值		
综合评价	自评 20%	互评 30%	教师评价 50%	综合得分

【习题与思考】

1. 荣昌陶的发展对当地村镇有什么影响？
2. 请自行初步了解陶瓷工艺技法内容。

【学习任务相关知识点】

知识点 1：我国陶瓷工艺在不同历史时期的发展情况。
知识点 2：荣昌陶的历史发展。

任务二　陶瓷工艺材料与技法解析

🏠 活动 1：获取信息

陶瓷工艺技法的步骤与工具材料。

❓引导问题：我国陶瓷工艺的制作技艺主要有哪些步骤？需要哪些主要工具？

_____

_____

_____

【知识储备】

一、陶瓷工艺的制作步骤

手工陶瓷制作总体可分为制瓷材料采掘和加工——坯胎的制作——釉料制作及上釉——陶瓷装饰绘画——烧窑这几大步骤。其中第一步的制瓷材料采掘和加工包括开采原料、加工碎石、粉碎成末、淘洗搅拌、沉淀分选、制作泥浆；第二步的坯胎制作包括泥料配置、坯胎制作两环节，而坯胎制作环节里面又主要包括揉泥、拉坯、印坯、利坯、晒坯等细分步骤；第三步釉料制作及上釉主要包括釉的制作、釉的调配、上釉的方式；第四步陶瓷装饰绘画主要包括起图、勾线及其他各种装饰方法；第五步烧窑主要包括装坯、满窑、烧窑、开窑。

二、陶器制作的工具材料

陶瓷制作所用的工具主要分为三大部分，即拉坯工具、修坯工具、装饰工具。

轮子：又称转盘、轮盘等，是制作陶器的主要工具之一，可以旋转使黏土均匀地旋转并塑造，现在更多使用拉坯机。

泥刀、拉泥棒、揉泥骨头：用于调制、混合和整理黏土，以及将黏土塑造成所需的形状和大小。

刮板和细针：用于切割和修整陶器的表面、边缘和细节部分。

刻线笔和尺子：用于绘制陶器表面的图案、纹路和文字等，也可以用于测量陶器的大小和比例。

陶板、刷子和喷枪：用于施以釉料、染料和颜色，使制作出的陶器更加绚丽多彩。

烧炉和火炭：用于干燥和烧制陶器，通常需要控制温度和烧制时间等参数。

手套、口罩和护目镜等工作防护用品：用于保护制作人员的身体和健康安全。

陶泥、瓷泥：没有优质的陶瓷制作原料，就没办法做出优秀的陶瓷作品。

三、陶艺传统制作技艺

下文以中国四大名陶之一荣昌陶为例，说明传统制作工艺流程。

1. 准备材料：选泥、晒泥、碾泥、搅泥、过浆、踩泥、揉泥

选好硅酸盐黏土将其挖出运回，刨平晒于坝中，经过一两月的日晒雨淋，待其自然风化。将风化的泥土用石碾子来回滚动，直到将泥土碾细为止。

将碾细的黏土放入大水缸中，加入适量清水，用木棍对缸中的黏土进行反复搅拌，搅成糨糊状。将糨糊状的黏土舀出倒入细筛子中过滤，存放于另一大缸中，待 2～4 天泥浆澄清后，将清水倒出，用缸中 50～60 cm 深度以上的细土作细陶泥坯。此工序取出的泥土只适合做细陶，即传统工艺美术陶。

将碾细的黏土直接浇适当的水，用脚或木棒反复地踩或捣练，直到将泥和匀为止，再用手做成泥团。如此反复进行四次，此工序做出的黏土适合于做粗陶。

2. 制作：揉泥、搅车、制坯及晾坯

将过滤后或踩匀的泥，取适量的一块，在长木板上反复揉，待制坯用。将揉的泥做成圆状形，放置于制坯车中央，再搅动车盘快速飞转后，随车盘的转速上拉型，按各类产品的要求制成各种形状的泥坯。然后将制好的泥坯放至阴凉通风处晾干，待其色变成灰白色。

荣昌陶有多种陶器成型方法，如拉坯、条筑、板筑、注浆、机压、印坯等，尤以手拉坯法为传统工艺。

（1）注浆成型：注浆成型是把泥浆浇注在石膏模中使之成为制品的一种成型方法。先用泥土制成各种坯型，再用石膏翻成模型，熬烧硫黄注入模型内翻成整体母模及所需模型，送注浆工序。因其成型法较为简单，适用大批量生产。

操作时将坯料制成的泥浆注入石膏模型中，因石膏模有吸水性，所以，靠近模型内壁的部分泥浆中的水分被多孔质的石膏吸吮，而在石膏模内壁形成与模型内壁同样形状的泥层，这个泥层随着时间的增加而加厚。停一段时间后，倾去模中多余泥浆，而靠近石膏模型内壁的泥料层则留在模型内。再过一段时间，泥层自然地收缩而与模型脱离，即可把形成的粗坯取出。经过修坯涂浆，在有关部位走线纹、贴花、刻花加上纹饰，花瓶、人物、动物、茶壶、缸等形状较复杂的器物多用注浆法成型。

（2）机械成型：用揉和均匀、干湿适度的泥土纳入模型内压成坯型，交制坯车间修坯，以及配制器型其他部位，再加工纹饰。

（3）印坯：首先制作好石膏模型，再按各种器物体态，拌好适度泥料，制成单一坯模、双合模、三合模等，再用模型制作器物，依次制作另一模具后再取出前一模坯品，半干后用刮、填、刷、配等法，达到光滑完整。

（4）手拉坯制作：将揉好的陶泥放置辘轳车盘上，使之旋转时用水浇泥，进行手工操作，然后用铁皮角质工具出光。在泥体干到一定干度时，就需要刷红、白泥浆及各种纹饰，然后刻花。制作的器物器形规整，厚薄一致，适合坛、碗、瓶、盏、罐等圆形器物的造型，其中以泡菜坛手拉坯成型为经典之作。手拉坯制作陶器工序分揉泥、抱泥团、开坯、拉筒身、扩坯肚、修筒口、割底座等，待晾晒之后还有修坯、抛光等工序。制作时需得凝神聚气，心无杂念，才能做到心手合一，一气呵成。

（5）泥条法：也称盘筑法，将泥料拉长或挤捏成条状，以泥条盘出作品的雏形，再加以修饰即可。

（6）板筑法：也称为开片法，是利用陶板机或是以泥搭子敲打陶泥制成陶板，在陶板稍干时，将陶板组合成形。陶板可以是平面的，也可以是任何造型的，许多陶艺家利用各种形式的容器，或是利用石膏模型制作陶板。

3. 加工装饰：打磨、刻花、上釉及再打磨

将阴干后的泥坯，用小刀片进行细致的打磨，主要是提高产品制作的质量。打磨好后，可以雕刻和绘制各种图案，也可刻画上名人的诗词等。这是一道十分精细的工序，处理方式繁多，主要有以下方法。

（1）刻花法：在半干陶坯适当部位施以化妆土，待其干燥到一定程度，按照图案结构的纹样分布，用刻刀在化妆土上，按纹样轮廓刻出细部，剔除与纹样无关的化妆土，施以光润透明釉（也可不施釉），即形成具有荣昌代表性的装饰法。

（2）点画花法：用毛笔在陶坯上画出图案的一种釉下装饰。在点画中，由于着笔轻重、泥浆厚薄不同，可获得浓淡的变化，色彩的呼应具有浓厚的民族特色，这是荣昌细陶的主要装饰法。

（3）剪纸贴花法：这是在刻花基础上发展成的剪纸贴花，即将刻成的花纸贴在半干陶坯上，再浸涂上化妆土，待化妆土稍干后，撕去花纸，纹样显出，再配以适当的刻画，即可获得需要的图案花纹。

（4）钧釉贴花法：在剪纸贴花的基础上，进一步发展为钧釉贴花。即按上述贴花方法，在底釉上形成剪纸图案，在完成剪纸贴花图案后，再施以面釉。烧成后，金酱或墨绿的斑花色映出清爽的浅色纹样，显得新颖别致，别具一格。

（5）耙花法：是用含水近于坯体的化妆土，置于陶质模具中，用木锤打压支撑浮雕纹样，然后粘贴于坯面之装饰部位，经干燥后，施以适当的色釉，突出纹样即成，具有一定的立体感。

（6）釉画法：是用色釉绘制图案的一种装饰法。荣昌细陶中常用钧釉、朱砂釉为彩绘色釉。此法常用于挂盘和较大的花瓶装饰。

此外，还有镂空、黑釉描金、雕塑、喷釉、素烧等装饰法。

根据各种产品的类型，施上所需的釉色，阴干后便成半成品。荣昌陶器的色釉根据本地泥料的性质来定，朱砂釉是荣昌特有的红釉，呈樱桃红色，比较名贵。荣昌朱砂釉在色调上与瓷用红釉有所不同，且配制有一定的难度。砂金釉是荣昌陶器中具有一定代表性的釉种，属于高档釉种，其烧制有一点难度，温度控制在 $1\,250 \sim 1\,280\,℃$，在烧制过程中结成小结晶，结晶亮度高。黑釉特点是釉面光亮，色彩沉着，是荣昌陶器中有特点的釉种，其烧制稳定。

4. 烧制：装窑、祭窑、点窑、熏窑、烧窑、观窑及出窑

完成了器物坯体后，就需将陶品装入窑炉内。将陶品固定好，再封好仓两边，方便加煤。装窑品的窑炉叫仓，也叫窑仓。荣昌陶以前大多用柴窑柴烧方式，制窑业主和制陶工人在烧窑之前要举行祭祖仪式。用祭窑王烛火，点燃窑门前的木柴，木柴上的火燃旺后加上煤块，点火燃烧后，火不能大，需用温火熏窑 24 小时再让火力逐步升高至中火，24 小时后升至大火高温，使窑内温度达到 1 000～1 300 ℃，后排看火眼的温度应达到 800～1 000 ℃，这样的温度烧出的陶产品釉色才好看。

为观察窑内陶产品烧制的好坏，烧窑工人也会用竹片从火眼伸入窑内中央，竹片迅速燃烧，借燃烧之火光观看窑内产品的釉是否普遍熔化为亮色。所有的窑仓都烧完后，冷却两天之后再打开窑门，将成品搬出窑仓。如今陶器的烧制大多采用电和天然气，相对以前的柴烧烧制环境要好得多，烧制过程也比较简单，但同样要因陶土成分不同而掌握好火候温度与时长。

5. 检验包装

检验包装是制作工艺的最后一个流程。

🏠 活动 2：拓展内容

【乡村非遗故事】

创新传承让国家级非遗"活"起来

揉泥、制坯、打磨、刻花、上釉……在荣昌区安富街道通安村，穿过一片金黄色的柑橘林，拾级而上，一栋古色古香的四合院掩映在林荫中，静怡、悠然……

开木门，只见 90 后小夫妻管永双和李云杉正潜心制作陶艺。院内各房间，展陈着古朴典雅的陶器，三两慕名而至的客人独自安静品鉴。"陶是大地之母的艺术，泥与火的交融，成就了人类文明的开端，也成就了今天的我们。"这对年轻艺术家淡淡地说。

荣昌陶，又称"安陶"，其陶土含铁量高，品质优良，制出的陶器"红如枣、薄如纸、亮如镜、声如磬"，被列为国家级非物质文化遗产。一毕业，管永双就跟当时的女友现在的妻子李云杉，怀着憧憬来到荣昌，起初在一家陶艺公司上班，一年后辞职，创建起自己的工作室。工作室取名"西山雨"，源自齐白石"兴衰无语西山雨，离别如行东岭云"诗句。

在我国，非遗传承存在一个普遍问题：师传徒，且有"门户之别"。而非遗"活化"，需要编入"时代基因"，符合时代审美。师传徒的"匠人"模式，重"技"不重"艺"，创新力以及与时代审美接轨的能力有所局限。管永双、李云杉夫妇则不同，他们经过专业艺术院校的学习，拥有较高审美能力和创新能力。工作室建好后，二人便开始潜心钻研陶艺。在传承选泥、晒泥、碾泥、过浆、揉泥、制坯、晾坯、打磨、刻花、上釉、烧窑等荣昌陶工艺流程的基础上，他们对器型、颜色等方面进行了诸多艺术创新。

尤其是，秉持"粹万物之精华，见大地之本色"理念的二人，对汉代草木灰釉进行了创新发展，开发了一系列"植物灰釉"作品，涵盖银杏灰釉、芭蕉灰釉、檀木灰釉、荷叶灰釉等 20 多种植物灰釉。这些作品不仅给传统荣昌陶带来了一波"植物"美学新风尚，更丰富了荣昌陶的色彩和艺术表现形式。

2017 年，他们的柴烧作品《痕》入选首届中国四大名陶展；2019 年，他们的作品《陶瓷柴烧茶具组合》入选 54 届全国工艺品交易会"金凤凰"创新产品设计大赛铜奖，作品《无象》被收藏于中国美术馆。此外，他们时常受邀参加全国各大文创展、文博展，作品十分受欢迎，尤其是中青年消费者。

年轻的陶艺传承人在一遍遍地探索荣昌陶的历史和韵味，助力荣昌陶的发展兴盛与创新拓展。荣昌当地还将依托陶瓷产业的"文"，打造风情小镇的"旅"，加紧把荣昌安陶小镇建设成为集陶产业、文化、旅游、体验、教育于一体的国家 5A 级景区，创建中国研学旅游目的地和全国研学旅游示范基地、国家级文化产业示范园区、中国陶器之都。

【评价反馈】

各位同学进行自我评价，完成评价表 5-1-5；学生以小组为单位，对学习情景的过程和结果进行互评和组内互评，完成评价表 5-1-6；教师对学生学习过程和结果进行评价并完成评价表 5-1-7。

表 5-1-5　学生自评表

任　务	完成情况记录
任务是否按计划时间完成	
课前学习完成情况	
相关理论学习情况	
任务完成情况	
引导问题填写情况	
材料上交情况	
收获情况	
合计分值	

表 5-1-6　学生互评表

序　号	评价项目	小组互评	组内互评	总　评
1	任务是否按时完成			
2	材料完成上交情况			
3	任务完成质量情况			
4	小组成员合作面貌			
5	语言表达沟通能力			
合计分值				

表 5-1-7　教师评价表

序　号	评价项目	教师评价	备　注	
1	学习准备			
2	引导问题填写			
3	完成质量			
4	完成速度			
5	参与讨论主动性			
6	沟通协作配合性			
7	展示汇报表达性			
合计分值				
综合评价	自评 20%	互评 30%	教师评价 50%	综合得分

【习题与思考】

1. 陶瓷工艺制作有哪些主要步骤。
2. 陶瓷制作有哪些工具材料。
3. 查阅盘筑法、板筑法、拉坯方法的制作视频。

【学习任务相关知识点】

知识点 1：陶瓷工艺制作的步骤和技法。

知识点 2：陶艺制作所需的工具材料。

知识点 3：荣昌陶的制作工序内容。

任务三　荣昌陶茶具设计情景分析

🏠 活动 1：获取信息

荣昌陶的茶具发展。

❓引导问题：荣昌陶茶具的发展情况如何？

_____

_____

_____

【知识储备】

荣昌陶的茶具发展

荣昌陶博物馆内设有科教展览——包含各个历史时期的荣昌陶产品、生活类陶器、工艺类陶器、日用类陶器等，其中不乏各式茶具及其相关的茶盏杯具等，具有天然色泽，给人以古朴淡雅之感，同时设计灵巧，造型优美，透示出强烈的生命活力。

在宋朝时期，荣昌陶在茶具设计方面主要是以茶盏为主，当时官窑主要烧制"建盏"，因此民窑则纷纷效仿。南宋时期，荣昌陶盏以黑釉和蓝毫为主，其中黑釉的覆盖力较强，光泽度十分亮丽，釉色华丽、璀璨，这些荣昌陶瓷作品明显是民窑的产物。清朝的荣昌陶产品十分丰富，茶具、文具、酒具、罐类等都很多。

20世纪50年代安陶开始公私合营，20世纪60年代安陶成了国有企业，有了整体科学的发展规划，同时学院的老师、教授和学生下厂支援，把美学先进工艺向基层发展。20世纪60年代末70年代初的荣昌陶茶壶设计名扬四海，不管是造型还是装饰，都达到了超高的工艺水平，是艺术与实用器完美结合的产物。明末清初时期直到20世纪七八十年代，荣昌陶的茶具设计主要是制作大茶壶，一壶茶一家人可喝上一天；经过历年发展，荣昌陶真正的小茶壶是2010年左右，因引进宜兴的制壶大师，且相互学习精进，因此荣昌陶开始逐步制作以小茶壶为主的套系茶具。

如今荣昌当地因年轻工艺人和工艺大师的入驻，使得荣昌陶的茶具设计更追求新颖，在造型上创新异形器具，在材料上变化更新，在制作工艺上创新发展，逐渐增加了"西山雨"品牌的草木灰釉系列茶具设计作品、造型精致的"两朵云"品牌茶具设计作品等。荣昌陶当地的茶具设计也越来越讲究艺术趣味感、故事性，为荣昌陶的发展打开了更多的思路。

【评价反馈】

各位同学进行自我评价，完成评价表5-1-8；学生以小组为单位，对学习情景的过程和结果进行互评和组内互评，完成评价表5-1-9；教师对学生学习过程和结果进行评价并完成评价表5-1-10。

表 5-1-8　学生自评表

任　务	完成情况记录
任务是否按计划时间完成	
课前学习完成情况	
相关理论学习情况	
任务完成情况	
引导问题填写情况	
材料上交情况	
收获情况	
合计分值	

表 5-1-9　学生互评表

序　　号	评价项目	小组互评	组内互评	总　　评
1	任务是否按时完成			
2	材料完成上交情况			
3	任务完成质量情况			
4	小组成员合作面貌			
5	语言表达沟通能力			
合　计　分　值				

表 5-1-10　教师评价表

序　　号	评价项目	教师评价	备　　注
1	学习准备		
2	引导问题填写		
3	完成质量		
4	完成速度		
5	参与讨论主动性		
6	沟通协作配合性		
7	展示汇报表达性		
合　计　分　值			
综合评价	自评 20%	互评 30%	教师评价 50%	综合得分

【习题与思考】

1. 荣昌陶茶具的发展情况。
2. 调研并了解荣昌陶的茶具设计品牌。

【学习任务相关知识点】

知识点：荣昌陶的茶具发展情况。

------- 项目二　陶艺农旅商品的创意策划 -------

任务一　荣昌陶茶具设计的调研

🏠 活动1：任务调研

荣昌陶茶具设计的背景调研。

？引导问题：荣昌陶茶具跟其他传统古陶的对比情况。

_____

_____

_____

？引导问题：荣昌陶茶具设计的销量如何？消费人群是哪些？

_____

_____

_____

【知识储备】

一、设计调研的方式

在进行陶艺茶具设计调研时，第一，可以通过网络搜索和查阅书籍文献的方式来调研当地的文化特色和文化遗产，以了解其背景文化历史；第二，可以通过走访当地陶瓷市场，调研陶瓷茶具市场现状；第三，可以走访当地陶瓷制作区，与当地手艺人、设计师交流，开拓陶瓷茶具设计的新思路，同时也了解当地陶瓷制作的发展；第四，走访地方代表性陶瓷企业和陶艺工作室，并针对性访问，了解其经营状态和模式；第五，参加当地陶艺集市，通过摆摊的形式与消费者直接交流；第六，可采用问卷调查的方式，收集用户对陶瓷茶具产品的需求和偏好信息。

二、同类产品调研

以荣昌陶产品的调研为例，可以分为以下两大类同类产品的调研内容。

1. 与传统陶器产品的比较

荣昌陶与江苏宜兴紫砂陶、广西钦州坭兴陶、云南建水陶统称为四大古陶，每个陶器各有千秋。这四大名陶的陶土皆是天然制品，保留了陶泥原始的韵味，同时四大陶都具有底蕴深厚的文化传承性，是文人墨客创作喜爱的文化陶。

从泥料配方、装饰技法、烧制磨光来看，不同的泥料、不同的工艺，形成了不同的艺术风格。中国四大名陶，共性上它们具有天然无釉的泥色质感，个性上又有细微的制作过程和艺术效果上的差异。传统的荣昌陶、建水陶、坭兴陶、紫砂陶坯体内外均不施釉、不彩绘。建水陶的装饰是先刻后用多色泥料填平，烧成后呈现出不同色泥的多彩效果；坭兴陶用两种泥料混合配制，烧成后色彩晕染的特殊窑变如油彩般凝重；宜兴紫砂陶注重造型，装饰主要用雕刻、镶嵌以及特殊肌理等达到理想效果。而荣昌陶的装饰，常用的有两种，一是在红泥上雕刻填白泥，二是用红白绞泥拉坯，形成自然纹饰。荣昌陶的陈设陶或泡菜坛有的会施釉，但日用茶具之类均不施釉。

自古以来茶与器是分离不开的，传统文化在茶具中是自然而然地联系在一起的，也因如此，四大名陶对茶具的创作比比皆是，茶具也成为一种时代象征。宜兴紫砂是以其壶艺闻名，其独特的泥料和做工使得紫砂壶具有独特的保温性、透气性和观赏性。钦州坭兴陶是一种有着悠久历史的陶器，主要器型除了茶壶外还有花瓶、烟斗等，器型与宜兴紫砂很像。建水紫陶产于云南省建水县，是一种具有浓郁地域特色的陶器，生产之初主产茶具、花瓶等，古朴典雅，到后期由于地方特色食品的发展还大量生产汽锅陶。荣昌陶产品包括各类日用品，除了茶具之外还有酒具、鉴赏品等。

2. 与现代陶瓷茶具产品比较

人们的审美需求、功能需求、价值需求皆随时代发生了转变，对于陶瓷产业来说，适应时代发展是必然趋势。当下很多企业采用新工艺、新技法、新材料，扩展了陶瓷茶具产品的种类，改良了传统陶瓷茶具产品。其中最具代表性的便是多种材质元素的应用，比如现在很多陶瓷茶具产品会跟其他材料结合，例如金属、木材与陶瓷的结合，抑或是玻璃与陶瓷的结合，塑料与陶瓷的结合等，都能做到工艺、技术与视觉上的独特性与审美性，形成新式的茶具产品。

三、时下荣昌陶茶具产品市场调研

当下荣昌陶产品类别丰富，其制作工艺步骤繁多，器形丰富，但荣昌陶的创新性不高，设计造型多偏向传统古典风，针对日用陶和工艺陶的造型变化以及材质应用都过于单一。

1. 荣昌陶茶具设计调研任务

在调研开始前可通过线下、线上不同路径去搜集关于荣昌陶现有产业产品以及代表作茶具的资料，再对市场上同类产品进行分析。根据前期调查的资料，进而设计调查问卷表，最后对问卷信息进行数据分析，得出调研结论。

荣昌陶茶具设计的调研任务主要是围绕用户定位与访谈对象、问卷设计与发放、数据处理与用户研究总结等方面展开。第一，用户定位与访谈对象针对荣昌陶的使用人群，针对这些人群对荣昌陶的熟悉了解程度进行细分定位，可分为专家用户、一般用户、新手用户。不同用户群体以 3~4 人为基数分别进行访谈，得出调查因素框架。第二，问卷设计与发放可根据前期调查因素框架，提取对问卷设计有用的信息并设计形成问卷内容，对抽样的 100 名甚至更多的用户，通过线下纸质发放、线上问卷星转发等形式发放问卷。第三，数据处理与用户研究总结将问卷结果上传至数据分析软件，进行数据统计分析，并总结所抽样调研的用户群体中关于荣昌陶茶具设计的材料需求、使用需求、造型需求、设计风格等方面的要素，形成系统性的用户特性结论和荣昌陶茶具创新设计指南。

2. 调研表设计

荣昌陶茶具设计背景调研表参考表 5-2-1。

表 5-2-1　荣昌陶茶具创新设计调研表

调研目的：为设计方案的前期调研工作寻找用户画像，了解用户各方面的需求，改进不足，为设计提供思路，为方案的规划提供可行性参考，从而对荣昌陶茶具创新设计进行明确的设计定位。 访谈对象：安陶小镇商铺人员、荣昌陶非遗传承人、当地居民及游客等。 访谈形式：面对面访谈、线上访谈。 访谈目的：了解消费者对荣昌陶茶具创新设计及对此类产品的体验期望，针对现有的荣昌陶产品及茶具产品存在的不足之处进行改进。
调研人员及分工：
调查对象名字：
性别：
A. 社会人口学方面调查 1. 您的年龄多大？ 2. 您在安陶小镇居住多少年了？ 3. 您对这里的第一印象是什么？ 4. 您的家里有多少人在做荣昌陶？ 5. 您体验过陶艺制作吗？ 6. 您制作一套茶具的时间是多长？ 7. 您是怎么了解到荣昌陶的？ 8. 您是否关注陶瓷制品中融入综合材料的产品？ 9. 您是否曾经使用过融合综合材料的陶瓷茶具产品？ 10. 您购买陶瓷茶具产品时更注重什么？
B. 荣昌陶社会方面调查 1. 您了解过荣昌陶的地域文化吗？ 2. 您认为该区域作为景区发展对荣昌陶的传播有优势吗？ 3. 您对于荣昌陶的历史进程有了解过吗？ 4. 您了解荣昌陶作为非物质文化遗产其传承人的情况吗？ 5. 目前荣昌陶市场销售情况如何？ 6. 您通常在哪些场合购买荣昌陶产品？ 7. 您会因为什么因素而选择购买荣昌陶产品？ 8. 您平常使用荣昌陶茶具吗？ 9. 您觉得荣昌陶茶具最大的优点是什么？ 10. 您接受荣昌陶茶具的价格在什么区间？ 11. 您认为荣昌陶茶具应该注重哪些方面的营销策略？ 12. 如果荣昌陶茶具在造型上更多变化，你会更愿意购买吗？ 13. 如果荣昌陶茶具在外观装饰纹样上（如雕刻、釉色、泥料色彩等）更多变化，你会更愿意购买吗？ 14. 如果荣昌陶茶具在工艺上更多变化，你会更愿意购买吗？ 15. 您对于目前市场上存在的荣昌陶有什么建议吗？

C. 荣昌陶茶具产品方面调查

1. 您认为荣昌陶茶具的体验感体现在哪里？
2. 您了解荣昌陶茶具的生产类别及技艺吗？
3. 您对荣昌陶茶具产品的功能要求是什么？
4. 您对于现有的荣昌陶茶具产品设计有什么顾虑吗？
5. 请您讲述下您常用的荣昌陶茶具是什么样的？有几件？
6. 请您讲述一下您最喜欢的荣昌陶茶具是什么样的？喜爱它的主要原因是什么？
7. 您使用荣昌陶茶具的频率高吗？
8. 对于荣昌陶茶具的材质，常选择荣昌陶陶泥制作吗？
9. 您在户外会携带陶瓷茶具吗？您是否购买过荣昌陶的便携茶具？
10. 对于荣昌陶茶具的造型设计，您期待是什么形态？
11. 您是否认为荣昌陶茶具的创新设计可以提高产品的竞争力？
12. 当下荣昌陶茶具设计及工艺有什么问题吗？
13. 您常使用荣昌陶茶具的场合是什么？

D. 荣昌陶茶具设计风格方面调查

1. 您在使用陶瓷茶具时会考虑产品的颜值问题吗？具体喜欢什么样式？
2. 您更喜欢什么设计风格？
3. 对现代茶具的设计风格您有什么看法？
4. 您认为荣昌陶茶具的设计风格应该以什么为主？

🏠 **活动 2：巩固任务**

根据学生调研表设计情况，教师提出意见，以学生小组为单位再次完善调研表设计
❓引导问题：本小组的调研还缺少什么内容？

_____

_____

_____

🏠 **活动 3：调研资料分析**

根据前面的调研资料，小组综合归纳针对荣昌陶茶具产品的调研内容和总结，完成调研报告。

❓引导问题：根据调研，荣昌陶茶具的受众情况如何？

_____

_____

_____

四、荣昌陶茶具设计调研分析

通过线下走访调研，荣昌陶目前的生活用品包括茶器和花器，属于细陶产品。茶器作为销售的主流，造型类似于宜兴砂器样式。这一类产品，除陶艺加工店之外，各家工作室都在生产销售，主要分布在博物馆、大师园、陶宝古街等地。

通过网络问卷的方式，调查了各个年龄段人群对荣昌陶茶具产品发展的现状感受、陶器的应用、材质造型等情况，以及发展环境等相关现状，并就荣昌陶产品属性、产品茶具创新、材质应用、茶具品类、人居环境、未来生活等要素进行调查研究。

通过对性别、年龄、收入、职业、使用茶具场合和频率等数据的分析，了解荣昌陶茶具的使用受众群体中年和青年偏多，一些高端荣昌陶茶具的受众中年偏多且为高收入人群，整体来看每个年龄段对荣昌陶都有所关注。企业工作人员对茶具的应用也偏多，这是一个环境优势，大多会在会客、座谈、招待等场合下使用，可看出茶具是会客招待的必要产品，体现了茶具的使用场景。

通过调研还发现，茶具的使用频率大多数是每周使用，由此说明茶具在日常生活中使用度较高，因此荣昌陶茶具设计的开发有市场性。

通过调研了解，荣昌陶的销售分为五种模式：第一种是店铺零售，由于政府正在打造荣昌陶品牌，节假日客流量较大，对产品的销售有一定的促进作用；第二种是定制，规模较大的或有特色的陶瓷品牌会有一定的定制需求；第三种是老客户的口口相传，客户觉得产品符合他们的生活品质，会向朋友推荐；第四种是网络销售，此类方式是在网上开店或利用微信宣传进行销售，产品可销售至全国各地；第五种是经销代理，此类方式是全国各地的陶瓷产品经营者前来荣昌进行品牌合作，之后以代理的模式在全国开店销售。荣昌陶茶具产品的使用用户一般在实体店购买偏多。很多消费者在荣昌当地的陶艺工作室或者茶具店里购买过产品后，在离开荣昌当地也会通过线上方式联系店主或者工艺人再次购买，也会通过茶具定制的方式购买荣昌陶茶具。相对于传统荣昌陶茶具款式，年轻手工艺设计师或者工艺团队所出的荣昌陶茶具设计销售更好，原因是其款式更多样，造型设计性更强，釉色更有变化，柴烧等工艺创新更多。

整体而言，荣昌陶现下的茶具设计缺点是造型单一，风格传统，装饰复杂且传统，因此茶具创新设计痛点在于造型和风格、装饰上的问题。对于现有荣昌陶茶具的改进之处，用户群体认为造型设计的占比最大，其次是材料组合和生产工艺，因此造型设计和材料组合以及生产工艺是荣昌陶茶具改进的重点。对于荣昌陶茶具产品的风格喜好，用户群体偏向于现代简约的风格。

【评价反馈】

各位同学进行自我评价，完成评价表 5-2-2；学生以小组为单位，对学习情景的过程和结果进行互评和组内互评，完成评价表 5-2-3；教师对学生学习过程和结果进行评价并完成评价表 5-2-4。

表 5-2-2　学生自评表

任　务	完成情况记录
任务是否按计划时间完成	
课前学习完成情况	
相关理论学习情况	
任务完成情况	
引导问题填写情况	
材料上交情况	
收获情况	
合计分值	

表 5-2-3　学生互评表

序　号	评价项目	小组互评	组内互评	总　评
1	任务是否按时完成			
2	材料完成上交情况			
3	任务完成质量情况			
4	小组成员合作面貌			
5	语言表达沟通能力			
合计分值				

表 5-2-4　教师评价表

序　号	评价项目	教师评价	备　注
1	学习准备		
2	引导问题填写		
3	完成质量		
4	完成速度		
5	参与讨论主动性		
6	沟通协作配合性		
7	展示汇报表达性		
合计分值			
综合评价	自评 20%	互评 30%	教师评价 50%	综合得分

1. 进行陶艺调研时，应提前做什么准备？
2. 陶瓷产品的调研应该包括哪些方面的内容？

【学习任务相关知识点】

知识点 1：针对地方陶瓷产品的调研渠道和方法。

知识点 2：完成陶艺茶具产品的调研问卷表设计。

任务二　明确用户画像与设计定位

🏠 活动 1：用户画像

根据问卷调查分析结果，整理制作荣昌陶茶具发展与创新的设计画像。

❓引导问题：荣昌陶茶具产品对应的用户画像包括哪些信息？

_____

_____

❓引导问题：可以怎么绘制荣昌陶茶具产品用户画像？

_____

_____

【知识储备】

一、陶艺茶具产品的用户画像

陶艺茶具产品用户画像应包括人物姓名、年龄、性别等基本信息，同时还需包括调研对象的兴趣爱好、教育背景和工作经历。用户画像还需进一步涵盖对陶瓷茶具的看法、观点、需求、喜好和目标等。以荣昌陶茶具产品设计的用户画像为例，画像图表里面就需要具体包括对荣昌陶茶具的看法、观点、喜好与需求等，还需要对画像内容的关键信息进行总结（见表 5-2-5）。

通过前期用户调研中对共通性群体个性的理解，总结目标用户的特点，依据相似点将收集的用户进行分类，并为每种用户类型建立用户画像。当用户画像所代表的性格特征变得清晰时，可以使用虚拟名字、照片、职业等将其形象化。一般情况下，制作陶艺茶具产品需要 4~5 个用户画像，既能保证信息充足又方便管理。

表 5-2-5 荣昌陶茶具产品设计用户画像模板

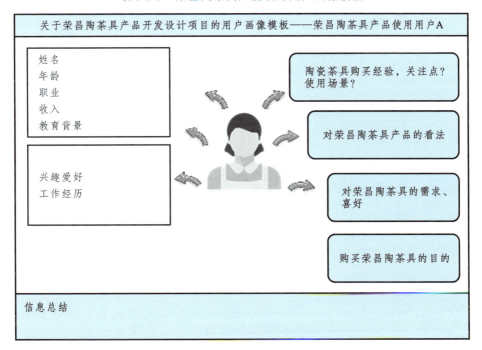

活动 2：共享用户画像信息

在设计探索初期，总结的用户画像信息对于了解目标群体具有重要意义，可帮助设计创意团队多维度了解消费者、理解其需求和期待。

⍰ 引导问题：各小组汇报所完成的陶艺茶具产品设计的用户画像。

_____

_____

⍰ 引导问题：描述典型用户特点。

_____

_____

_____

活动 3：设计目标定位

⍰ 引导问题：请完善并填写以下"荣昌陶茶具产品开发设计"的设计定位画布。

"荣昌陶茶具产品开发设计"的设计定位画布模板				
设计主题	现有资源	针对的用户群体	优势	解决思路
	独特价值		风格关键词 （产品风格定位）	
产品功能定位		产品形态定位		
产品材料定位		产品色彩定位		

【知识储备】

二、陶艺茶具产品的创新设计定位

　　根据前期的调研分析以及完成的设计用户画像图，抓住典型用户特征，逐步形成与设计主题有关的定位画布，可逐步清晰陶艺茶具产品的创新设计定位，为后续的设计开发实践奠定基础。

　　以荣昌陶茶具产品的创新设计为例，根据前期的调研、用户画像的制作、总结等，可从受众人群、应用场景、产品风格、文化特色几大方面来明确设计的定位，以形成荣昌陶茶具创新设计的指向标。同理，在针对其他主题的陶艺农旅商品设计开发时，也可从这几方面来明确设计的定位，指导后续的实践。

1. 受众人群定位分析

　　荣昌陶茶具产品设计离不开四类群体，包括设计者、生产者、消费者以及体验者，四者之间的联系密切，互相成就荣昌陶茶具设计产业。设计者进行创造性实践活动时要联动生产者，在陶艺设计制作中，设计师与生产者往往可能是同一人，对生产者的了解也是对现有技法、资源条件的了解与把控。针对受众人群，即消费者人群，消费者的特征形象、购买目的、购买方式、购买去向等是需要关注的内容，如消费者购买荣昌陶茶具产品不一定是自己使用，也可以是赠与他人，因此消费者并不一定就是体验者。在设计过程中要考虑受众群体的需求，结合设计能力和生产水平，以此来创造产品的高附加值。

2. 应用场景定位分析

应用场景定位是基于对受众群体的使用场景调研而总结获取的。根据荣昌陶茶具产品的调研分析和市场分析可以看出，荣昌陶茶具的使用场景多在会客、接待、休闲等重要场合中，且室内环境偏多。根据用户群体购买方式总结可知，大部分人希望在实体店感受荣昌陶茶具，因此荣昌陶旅游区的环境也是荣昌陶茶具全面应用的场景之一，而当地的陶艺街区、陶艺工作室也是荣昌陶茶具产品重要的陈设场景。

3. 产品风格定位分析

可以结合前期调研情况完成头脑风暴思维导图，从造型风格、外观风格、设计风格以及材质肌理风格四个方面发散考虑，对荣昌陶茶具创新设计进行整体的风格定位。造型风格可考虑仿生造型、组合造型等，考虑地域文化特色元素、自然界元素的应用。外观风格决定了整体色彩风格以及细节特征、装饰特征等，因此对荣昌陶茶具设计的视觉美感有重要影响，设计风格以现代简约为主，顺应时代潮流，迎合大众审美需求。材质肌理风格从釉料、表面肌理等角度考虑，打造有质感且耐看的设计风格。

4. 文化特色定位分析

文化特色定位可从当地地域文化、区域文化、茶具自带的茶文化角度出发大发散思维，从中提取和明确特色文化元素，进而与产品外观设计结合，提升茶具产品的文化内涵和文化价值。如荣昌陶茶具设计的文化特色定位就可从当地的巴渝文化、山城文化、山水文化、荣昌地方文化等角度去思考，还可以结合荣昌陶历史发展中独特的装饰特色、技艺特色，另外还可以从茶文化中的茶艺精神出发，创造独特的农旅文创产品。

【评价反馈】

各位同学进行自我评价，完成评价表 5-2-6；学生以小组为单位，对学习情景的过程和结果进行互评和组内互评，完成评价表 5-2-7；教师对学生学习过程和结果进行评价并完成评价表 5-2-8。

表 5-2-6　学生自评表

任　务	完成情况记录
任务是否按计划时间完成	
课前学习完成情况	
相关理论学习情况	
任务完成情况	
引导问题填写情况	
材料上交情况	
收获情况	
合计分值	

表 5-2-7　学生互评表

序　号	评价项目	小组互评	组内互评	总　评
1	任务是否按时完成			
2	材料完成上交情况			
3	任务完成质量情况			
4	小组成员合作面貌			
5	语言表达沟通能力			
合计分值				

表 5-2-8　教师评价表

序　号	评价项目	教师评价	备　注
1	学习准备		
2	引导问题填写		
3	完成质量		
4	完成速度		
5	参与讨论主动性		
6	沟通协作配合性		
7	展示汇报表达性		
合计分值			
综合评价	自评 20%	互评 30%	教师评价 50%	综合得分

【习题与思考】

1. 课后查阅和收集陶艺茶具产品设计案例和资料。
2. 陶艺茶具产品的典型用户画像有什么意义？
3. 陶艺茶具产品的设计定位可以从哪些方面考虑？

【学习情景的相关知识点】

知识点 1：完成陶艺茶具产品的用户画像绘制。

知识点 2：完成陶艺茶具产品的设计定位画布。

任务一　荣昌陶茶具产品草图设计

🏠 活动1：方案构思

小组分工，从不同角度对荣昌陶茶具设计进行构思。

❓引导问题：各组在进行方案设计时进行了哪些多角度探索？方案设计的差异化如何体现？

_____

_____

_____

【知识储备】

一、方案构思与案例分析

在对荣昌陶茶具设计进行方案构思时，结合前期完成的设计定位画布，可从产品造型、材料工艺、情境使用等不同角度切入。设计时需要注重以人为本，茶具产品的使用价值和审美价值都是满足受众群体的需求。此外，设计还需要在实用性的基础上兼具审美性，也就是说设计功能与设计形式要整合统一。

茶具设计的形式美要注重和谐，即各个因素相互融合、作用和衬托，如茶壶的壶嘴与把在形态上要呼应。要注重节奏，即茶具形态间有重复、渐变等形式，如单个茶壶设计要考虑外形边线的曲直变化，而套系茶具产品需要考虑各个茶具间的功能、容量差异。要注重均衡，一件设计均衡的茶具产品会给人带来平衡、生动的感觉，如在茶壶的设计中，一般情况下壶嘴与壶把的外向伸展度不超出壶体的半径，否则不是变形、下塌、开裂，就是端拿费力。要注重稳定，陶艺茶具产品的稳定即实际使用中的稳定安放和视觉印象的稳定，如陶艺茶具产品在成型和烧制中有变形、破损的可能，而成品也有易碎的特性，因此要考虑稳定性。要注重比例，即茶具局部与整体之间长、宽、高之间的尺度关系。

可查找陶瓷产品及茶具设计相关设计案例，并进行案例分析。

【案例分析】

案例一：

万仟堂于2007年在厦门始创，善用陶土诠释东方美学，借以众多陶艺大师与能工巧匠代代相传。致力于还原陶艺产品实用形象，传承宋朝"四艺生活"，并在艺术与生活之间寻找合理的平衡。万仟堂旗下三大产品体系：茶器、茶叶、艺术品。万仟堂品牌不仅关注生活内涵，更创造生活形态，讲究"气"与"器"的平衡关系。强调无形的品牌精神、语言行为和价值诉求，把品牌语言意象化。

万仟堂品牌挖掘中国传统文化元素，将文化要素转为视觉要素应用于陶器设计中。例如图 5-3-1 中这款茶具将灵芝元素融入设计，灵芝化作盖纽、侧耳，寓意吉祥安康的祝福的和守护。采用黄砂釉和黑铁釉形成大地色系的搭配，整体风格沉稳朴拙。

图 5-3-1　具有国风元素的茶具

案例二：

来自荣昌当地的陶艺品牌"西山雨"从材料工艺出发，在烧制工艺上以传统柴烧为烧制方式。该品牌以传统草木灰制作釉色，将自然界中的银杏、芭蕉叶、松针、板栗壳、稻草、棕树皮结合适宜的火烧温度，制作成天然的草木灰釉料，通过柴烧工艺后，茶杯就自然产生了颜色各异的釉彩，天然且独一无二。

西山雨品牌的
茶杯设计

图 5-3-2　西山雨品牌的茶杯设计（设计及制作：管永双、李云杉）

🏠 **活动 2：方案表现**

小组分工，针对前期构思的不同方案，进行荣昌陶茶具设计方案的草图设计表达及细节资料图文补充。

❓引导问题：荣昌陶茶具设计方案的草图设计可以用哪些方式？

_____

_____

_____

二、方案草图表达

陶艺茶具产品设计必须运用各种表现手法，以图纸的形式，形象地展现出设计者的设计意图。草图表达的方式有以下两种：

（1）平面表达，就是用平行投影方法来绘制草图，即设想产品的中轴线与投影面是平行的，产品的某一面，被相互平行的射线垂直照射，在投影面上产生与该物体面同样形状、大小的投影图形。这种表达方法也常被用于产品三视图的绘制，能够准确地表现出产品各个部分的实际尺寸，或者是按照比例反映造型的实际大小。

（2）立体表达，就是运用透视和比例的原理，用线条来描绘造型的立体关系和整体效果，绘制出来的产品更有真实感，更接近于人们视觉印象中的立体形态。

在进行陶艺茶具设计方案表现时，可采用铅笔、马克笔、彩铅、针管笔等手绘工具做手绘表达。

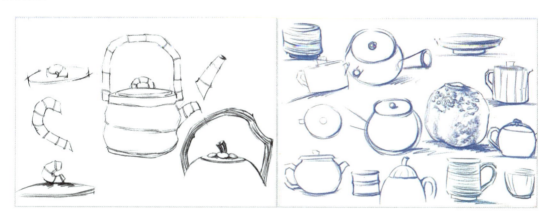

图 5-3-3　茶具设计草图（绘制者：李文佳）

【进行决策】

（1）各小组进行讨论，针对本组的方案草图做内容完善，进一步讨论细节，预选最佳方案。

（2）各小组分享汇报本组的农旅商品设计方案，其他小组针对其方案提出问题与建议。

（3）师生讨论共同决定各组最佳方案，以便在下一步进行深化。

（4）完成小组组内分工。

【评价反馈】

各位同学进行自我评价，完成评价表 5-3-1；学生以小组为单位，对学习情景的过程和结果进行互评和组内互评，完成评价表 5-3-2；教师对学生学习过程和结果进行评价并完成评价表 5-3-3。

表 5-3-1　学生自评表

任　务	完成情况记录
任务是否按计划时间完成	
课前学习完成情况	
相关理论学习情况	
任务完成情况	
引导问题填写情况	
材料上交情况	
收获情况	
合计分值	

表 5-3-2　学生互评表

序　号	评价项目	小组互评	组内互评	总　评
1	任务是否按时完成			
2	材料完成上交情况			
3	任务完成质量情况			
4	小组成员合作面貌			
5	语言表达沟通能力			
合计分值				

表 5-3-3　教师评价表

序　号	评价项目	教师评价	备　注
1	学习准备		
2	引导问题填写		
3	完成质量		
4	完成速度		
5	参与讨论主动性		
6	沟通协作配合性		
7	展示汇报表达性		
合计分值			
综合评价	自评20%	互评30%	教师评价50%	综合得分

【习题与思考】

完成荣昌陶茶具产品的多个草图方案。

【学习情景的相关知识点】

知识点 1：茶具设计的形式美感。

知识点 2：荣昌陶茶具产品的方案草图设计。

任务二　荣昌陶茶具产品方案深化

🏠 活动 1：进行方案优选

❓引导问题：对各草图方案进行评选，可以从哪些方面进行评估？

_____

_____

_____

【知识储备】

一、陶艺茶具产品方案优选

从实用性和审美性两个方面来进行评估。实用性方面，主要看茶壶是否便于人们端拿倒茶，茶杯是否便于饮用，是否拿取方便、触感良好，是否便于洗涤；审美性方面，主要看形式比例是否和谐，能否给人心理上的愉悦和满足。

就生产和销售而言，则要从能否合理生产、包装是否经济实惠、运输是否方便这几个方面进行评估。在设计方案评价表时，可按照好、较好、一般、差等级来完成对草图方案的评价，以获得优选方案（参考表 5-3-4）。

表 5-3-4　方案评价表设计

评价因素	评价结果	方案 1	方案 2	方案 3	方案 4
形态	比例协调性				
	均衡稳定性				
	整体风格统一、和谐				
	造型新颖、风格独特有设计				
釉色与装饰	色彩调和性				
	整体协调性				
	创新性				

评价因素	评价结果	方案 1	方案 2	方案 3	方案 4
功能	使用是否方便				
	出水是否流畅				
	触感是否良好				
	抓握是否合适				
	功能是否完善				
	使用场景是否多元				
	产品组合是否合理				
生产制作	是否便于制作				
	是否能合理生产				
	是否便于包装运输				
	经济性如何				

🏠 **活动 2：方案深化设计**

❓引导问题：对方案进行深化设计时，确定其外观视觉应该注意哪些内容？

_____

_____

_____

❓引导问题：对方案进行深化设计时，考虑茶具的尺寸大小，可从哪些方面进行评估？

_____

_____

_____

【知识储备】

二、陶艺茶具产品方案深化

这一阶段，根据初步设计的总结，更为详细、具体地设计产品的结构和形式。

1. 明确外观视觉

（1）外形形态：外形形态是茶具设计方案最直观的外在表现。常见的茶具产品造型设计方法有：几何造型、仿生造型、包裹造型、趣味型、卡通型等。

几何造型：在几何形体的造型过程中，设计师需要根据产品的具体要求，对一些原始的几何形态做进一步的变化和改进，如通过切割、组合、变异、综合等造型手法，以获取新的立体几何形态。

仿生造型：大自然是人类创新的源泉，人类最早的一些造物活动都是以自然界的生物体为蓝本的。通过对某种生物结构和形态的模仿，达到创新物质形式的目的，比如茶壶设计常常会模仿自然界中的瓜果造型。

包裹造型：包裹是一种环绕式、围绕式的设计手法，类似于包粽子、蚕蛹等。通过不同的比例，不同的位置，不同的方向或材质去用 A 包 B，以产生不同效果。包裹式设计可用三面或两面包裹来形成一面开口，让功能区更显眼。

趣味型：在当前的产品设计中，消费者的消费趣味和文化趣味成为影响设计的首要因素，产品设计人员必须能够以趣味性的设计来构建起人与物较好的情感交流。

卡通型：卡通风格形象本身是经过设计师处理，具有表现意味，带有叙述性的造型。这一类别的造型通常以卡通化的比例、材质、形面、色彩、形象来展示圆润、呆萌、柔和等特质。

（2）色彩搭配：色彩搭配是为陶瓷茶具产品注入生命力的方式之一。合理搭配颜色，可以使产品更具活力和时尚感。进行茶具设计时，色彩的合理搭配应该跟设计的用户画像有关，针对用户画像的特征和预设风格来考虑色彩风格。对于陶瓷产品而言，其色彩大多见以釉料来形成，而由于工艺特性，使得陶瓷产品的色釉烧制具有不确定性，形成的色彩也可能会出现意想不到的美感。

（3）材料选择：不同的材料会对产品外观产生不同的影响。设计者需要根据产品特点选择最适合的材料，以保证产品质量和外观。材料能够产生视觉感受和触觉感受，一样造型的产品设计选择不同的材料能够带来不一样的情绪感受。荣昌陶当地的陶土有其独特矿物质，因此烧制出的作品有很好的质感。

（4）外观装饰：在制作茶具时还要考虑器物表面的装饰，比如凹凸的肌理、立体花纹等。

图 5-3-4　器物表面的肌理效果表现（制作者：管永双）

2. 确定结构与尺寸

在深入确定方案时，考虑得越完善越好。针对茶具产品的结构，要考虑茶盖和茶壶的组合形式、开合方式以及茶壶身上的手柄拿握方式，茶具套装产品还要考虑茶碗或茶杯的设计，以及是否有茶托、茶盘、茶宠等。茶具的尺寸越精准明确越好，在深化方案时，要考虑茶具的三视图以及每个视图中的各个细节尺寸、比例。可以根据茶具容量与消费者使用习惯来确定产品的尺寸，同时根据人体工程学系统地测量人体尺寸，评估茶具的合理性。

在深化方案时，可采用铅笔、马克笔、彩铅、针管笔等手绘工具完成茶具设计的三视图表达，也可以利用 3Dmax 等软件。值得注意的是，陶艺是以手作为亮点和卖点的设计形式，因此设计软件很可能表现不出其不规则且异形的、自然的造型美，可将电脑制图与手绘、手作结合。

【进行决策】

（1）各小组内针对本组选定的设计方案做细节完善。

（2）各小组分享汇报本组的茶具产品设计方案，教师与其他小组同学针对其方案提出问题与建议。

（3）各小组再次完善方案，并预设制作过程中遇到的问题及解决方式。

【评价反馈】

各位同学进行自我评价，完成评价表 5-3-5；学生以小组为单位，对学习情景的过程和结果进行互评和组内互评，完成评价表 5-3-6；教师对学生学习过程和结果进行评价并完成评价表 5-3-7。

表 5-3-5　学生自评表

任　务	完成情况记录
任务是否按计划时间完成	
课前学习完成情况	
相关理论学习情况	
任务完成情况	
引导问题填写情况	
材料上交情况	
收获情况	
合计分值	

表 5-3-6　学生互评表

序　号	评价项目	小组互评	组内互评	总　评
1	任务是否按时完成			
2	材料完成上交情况			
3	任务完成质量情况			
4	小组成员合作面貌			
5	语言表达沟通能力			
合计分值				

表 5-3-7　教师评价表

序　号	评价项目	教师评价	备　注
1	学习准备		
2	引导问题填写		
3	完成质量		
4	完成速度		
5	参与讨论主动性		
6	沟通协作配合性		
7	展示汇报表达性		
合计分值			

综合评价	自评 20%	互评 30%	教师评价 50%	综合得分

【习题与思考】

在进行陶艺茶具产品深化设计时，应该考虑哪些方面的内容？

【学习情景的相关知识点】

知识点：陶艺茶具产品设计的深化方案及细节。

--------　项目四　陶艺农旅商品的实践推广　--------

任务一　陶艺茶具产品的实践制作

🏠 活动 1：陶艺茶具产品的制作

❓引导问题：需要完成哪些步骤？

_____

_____

_____

【知识储备】

一、陶艺茶具产品设计实践

1. 陶艺茶具产品设计实践思路

以荣昌陶茶具产品设计开发实践为例，设计实践思路参见图5-4-1。

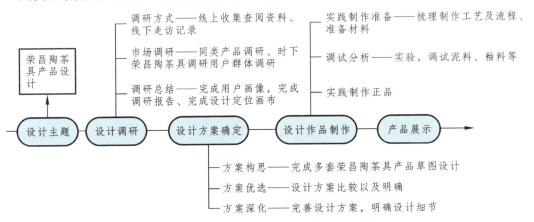

图 5-4-1　陶艺茶具产品设计实践思路图

2. 陶艺茶具产品制作的详细步骤

（1）手工揉泥（见图 5-4-2）：这一操作是为了将泥料中残余的气泡以手工搓揉的方法排出，并使泥料中的水分进一步均匀，以防止烧制过程中产生气泡、变形或者开裂。有两种揉泥方式：一种是菊花形揉泥法，泥形呈旋涡状；另一种是羊头形揉泥法，因形似羊头，俗称"卷羊头"。揉泥操作一般在一条长条板上或者平整的青石板上进行，泥凳前低后高，便于使力。在揉泥过程中，要掌握黏土的干湿程度，视情况可适量做加水或脱水处理。

图 5-4-2　揉泥（制作者：管永双）

（2）拉坯成型（见图 5-4-3）：将准备好的泥料放置于拉坯机上，利用拉坯机和手部的挤压、牵拉、控制，使得泥料达到理想的形态。拉坯时要用到手臂的力量，把手臂当作机械手臂运用。首先把泥料堆成锥形并放置于转盘中间，以方便定中心。定中心是拉坯最基本的操作，也是决定成型坯体好坏的决定性因素，如果泥料不在转盘中心，就要利用手腕和手臂的力量做挤压牵拉使之矫正。

图 5-4-3　拉坯成型（制作者：管永双）

除了拉坯成型之外，还可以利用泥条盘筑和泥板板筑的手工成型工艺完成器物的塑造。泥条成型是将泥料搓成一条条粗细均匀的泥条，将第一条泥条放置于底板泥板之上，然后将剩余的泥条一条条往上叠放堆积直至器物口部。由于泥条含有水分，切记不能一次性盘筑得太高，否则会歪斜或者坍塌，可以在叠筑到一定高度时晾晒一下，等水分稍干后再继续盘筑。如果制作像茶壶这种不太高的器物可以一次性盘筑好，为使之不变形，在茶壶中间可以塞入废旧报纸支撑。因为泥条盘筑使得器物表面有空隙，若用该方式制作茶壶，可以用手指把泥条之间的边缘线搓平滑使其连接密封，也可形成不规则的肌理效果。

泥板板筑成型方式可用来制作一些偏方形、矩形的挺直器物。用该方式做器物时注意在工作台面上铺一层帆布，以免滚压后泥板粘住桌面，不方便取下。采用该方式做茶壶或茶杯时，要注意泥板不能太湿以免扭曲或卷曲，也可以在茶壶、茶杯中间放入旧报纸以此支撑其外观造型。

值得注意的是，不管采用什么方法完成了器物的形态，随时可以利用黏土的黏性和可塑性继续对坯体再塑造，如对坯体进行切割后重新组合，或者对坯体挤压、镂空后再多形态拼合等，以此形成更有特色的器物造型。

（3）修坯：完成了拉坯之后，需要将完成的器物放到安全的地方进行干燥晾晒（见图

5-4-4），当坯体阴干后（以坯体被拿起而不变形为准），可以进行修坯工作（见图5-4-5）。先将坯体的边缘和转盘打湿，再将坯体倒置于转盘上，找到中心位置，并在底部四周用泥条或泥球固定好坯体。在修坯时需用一只手轻抚坯体，另一只手操作工具，同时配合转盘的匀速转动均匀地修饰坯体。在修调小器物茶壶、茶杯时，也可以直接将器物握于手上进行修调（见图5-4-6），因器物小巧所以可更灵活地操作修坯。值得注意的是，无论是在转盘上修坯还是手握器物修坯都要把控力度，避免太用力将坯体搓破或挂痕太重。若坯体太干燥可以适当用泡沫蘸水将要修整的位置弄湿润然后再进行细修。

图 5-4-4　将器皿进行晾晒（制作者：管永双）

图 5-4-5　将器皿进行修坯（制作者：管永双）

图 5-4-6　修整壶嘴和壶身并将两者进行组合（制作者：管永双）

（4）装饰：修整好坯体后，就需要对茶具坯体表面进行装饰，以增加美观性。装饰方式包括坯体装饰和釉彩装饰。

坯体装饰是在坯体表面进行处理，主要有绞胎、化妆土装饰和刻划、印纹、镂空等技法装饰。

釉彩装饰是利用釉料赋予陶艺表面图案与色彩，以达到美化效果。有颜色的釉料有明确的色彩倾向，如蓝釉、红釉、黄釉等，因此颜色釉也可以当作彩绘颜料使用。除了颜色釉，还有一些釉料因其所含的矿物质差异会导致高温烧制时产生不一样的肌理效果，如乳浊釉会产生牛奶般的亚光白色效果、开片釉经过高温烧制后会产生表面开裂效果从而产生特殊的视觉效果。另外还有一些辅助性的釉料，如影青釉、透明釉、黑釉等，影青釉、透明釉用于刻划纹坯体上，使得纹饰更加清晰，并且影青釉能呈现出淡淡的青绿色，也不失一种色彩效果。

图 5-4-7　对茶碗进行施釉（制作者：管永双）

施以颜色釉器皿

图 5-4-8　施以颜色釉器皿（制作者：李文佳）

　　此外还有釉下彩、釉上彩、斗彩等方式。釉下彩是在陶瓷坯体上利用毛笔蘸取特定的颜料绘画后再施一层透明釉，经过高温烧制而成，因为纹饰在釉料下面，因此称为釉下彩。釉上彩装饰是在坯体上上一层透明釉或者白釉，先放入窑烧制第一遍，在烧制成型的釉面上再用低温陶瓷颜料绘制图画，待干后再次入窑以约 800 度低温烧制。斗彩是将青花釉下彩和釉上彩结合的一种装饰方式。

釉下彩器皿

图 5-4-9　釉下彩器皿（制作者：李文佳）

　　（5）入窑烧制：装饰好的茶具坯体晾晒好后，就要进行入窑烧制。目前应用广泛的窑炉有柴窑、气窑、电窑三种。柴窑以柴草、煤为主要染料，窑由耐火砖搭建而成。柴窑因其特殊温润的色调和氛围使得茶具增添很多独特效果，因此也是现代陶艺人所喜爱的窑炉。电窑是现在很多工作室或教学使用的窑炉，使用电力作为热源来烧制陶器。电窑的发展越来越成熟，烧成稳定、便于控制，因此被广泛使用。

在将茶具坯体放入窑炉时，也要注意装窑的顺序和工具使用。支钉、托珠一般是做叠烧的间隔工具，但是也不要在窑炉中叠加太多，过多的叠加会造成坯体变形，成品率降低。

图 5-4-10　柴窑（制作者：管永双）

（6）器物烧成：陶艺茶具在烧制时要注意温度和时长，还要考虑坯体表面所采用的装饰方式。如彩绘颜料是需要低温烧制的，电窑的温度不用像柴窑那样需要持续逐步加温，电窑的温度较为稳定，因此烧制时长可能会比用柴窑短。烧制好茶具产品后，需要等待窑炉冷却后再取出器物，以免被灼伤。

图 5-4-11　荣昌陶茶具设计（设计制作者：管永双、李云杉）

🏠　**活动 2：完成茶具设计作品的实践制作并记录制作过程**

茶具产品制作过程

【进行决策】

（1）各小组根据设计方案选择茶具产品的成型方式。

（2）各小组分工完成茶具产品各部分的实践制作。

【评价反馈】

各位同学进行自我评价，完成评价表 5-4-1；学生以小组为单位，对学习情景的过程和结果进行互评和组内互评，完成评价表 5-4-2；教师对学生学习过程和结果进行评价并完成评价表 5-4-3。

表 5-4-1　学生自评表

任　务	完成情况记录
任务是否按计划时间完成	
课前学习完成情况	
相关理论学习情况	
任务完成情况	
引导问题填写情况	
材料上交情况	
收获情况	
合计分值	

表 5-4-2　学生互评表

序　号	评价项目	小组互评	组内互评	总　评
1	任务是否按时完成			
2	材料完成上交情况			
3	任务完成质量情况			
4	小组成员合作面貌			
5	语言表达沟通能力			
合计分值				

表 5-4-3　教师评价表

序　号	评价项目	教师评价	备　注	
1	学习准备			
2	引导问题填写			
3	完成质量			
4	完成速度			
5	参与讨论主动性			
6	沟通协作配合性			
7	展示汇报表达性			
合计分值				
综合评价	自评 20%	互评 30%	教师评价 50%	综合得分

【习题与思考】

1. 在进行茶具产品实践制作时，可以采用哪几种成型手法？
2. 在进行茶具产品实践制作时，要完成哪些环节？

【学习情景的相关知识点】

知识点：完成陶艺茶具产品实践制作。

任务二　陶艺茶具产品的宣传推广

🏠 活动 1：观看宣传视频

观看"西山雨"等陶艺品牌的宣传视频，完成茶具设计作品拍照。

❓引导问题：对茶具设计作品进行拍照时需要注意哪些部分？是否需要对设计作品进行氛围营造？

_____

_____

_____

❓引导问题：茶具产品的宣传推广应包括哪些内容？

_____

_____

_____

【知识储备】

陶艺茶具产品的宣传内容

1. 把握宣传推广渠道

目前市面上主要是基于线上、线下两种渠道进行茶具产品的推广宣传。线上宣传的主要方式有：专业类网站宣传推广、微博及博客宣传推广、微信公众号宣传推广、淘宝类电商宣传推广、直播平台宣传推广等。线下宣传的主要方式有：制作和发放简易宣传资料、举办茶具品牌展、参加茶博会、参加专业陶艺展或比赛、建设工作室、教学陶艺技艺等。对于这些较为常见的宣传推广渠道，需要积极进行把握。

2. 开拓宣传推广渠道

信息传播的媒介随着生产力的提升不断发展，新的媒介或平台随时都可能涌现，要积极主动地探索茶具农旅商品的宣传推广渠道和方式，便于及时对产品进行有效的宣传。

3. 茶具品牌塑造

茶具产品品牌需要明确目标受众，确定品牌的主要消费群体。通过对目标受众的精确定位，品牌可以针对其需求和口味进行产品设计、宣传推广和市场定价。另外，当茶具产品独具特色时，需找准自身独特的市场定位，通过差异化的策略与其他竞争对手区分开来。

茶具品牌形象塑造需要确定品牌名称和品牌标识，品牌名称应该与品牌定位和核心价值一致。茶具品牌的命名要简洁明了，易于记忆和传播，且便于消费者理解与接受。还可以结合品牌理念和故事，赋予品牌名称更多感情和文化内涵，增强品牌的吸引力和可感知性。茶具品牌标志和视觉形象是体现其个性和风格的重要元素。

4. 宣传内容的构建

在宣传推广中，茶具产品宣传内容的构建也是非常重要的环节。具有文化内涵的茶具创意设计作品，是具有实用性的物品与代表性的文化元素融合个人创意的产物，所以消费者在购买时会基于个人期望对产品的创意价值、文化享受及实用功能等多种价值进行选择。因而在构建茶具产品宣传内容时，应采取将创意价值与实用价值两者相结合的策略，另外推广宣传过程中也应根据具体产品的特性对内容进行动态调整，主要以消费者的期望和需求为导向。

🏠 活动 2：完成茶具设计作品的宣传文案

❓引导问题：请为你设计的茶具作品创作一个品牌故事，不低于 300 字。学生完成表 5-4-4。

表 5-4-4　茶具产品品牌故事任务单

茶具产品品牌故事

❓引导问题：请为你设计的茶具作品编写一套适用于新媒体平台发布的宣传文案，并配以作品图片。学生完成表 5-4-5。

表 5-4-5　茶具产品宣传文案设计任务单

茶具产品宣传文案内容

【评价反馈】

　　各位同学进行自我评价，完成评价表 5-4-6；学生以小组为单位，对学习情景的过程和结果进行互评和组内互评，完成评价表 5-4-7；教师对学生学习过程和结果进行评价并完成评价表 5-4-8。

表 5-4-6　学生自评表

任　务	完成情况记录
任务是否按计划时间完成	
课前学习完成情况	
相关理论学习情况	
任务完成情况	
引导问题填写情况	
材料上交情况	
收获情况	
合计分值	

表 5-4-7　学生互评表

序　号	评价项目	小组互评	组内互评	总　评
1	任务是否按时完成			
2	材料完成上交情况			
3	任务完成质量情况			
4	小组成员合作面貌			
5	语言表达沟通能力			
合计分值				

表 5-4-8　教师评价表

序　号	评价项目	教师评价	备　注
1	学习准备		
2	引导问题填写		
3	完成质量		
4	完成速度		
5	参与讨论主动性		
6	沟通协作配合性		
7	展示汇报表达性		
合计分值			
综合评价	自评20%	互评30%	教师评价50%	综合得分

1. 新兴发展的茶具产品品牌如何进行宣传推广？
2. 有哪些线上的互联网宣传平台？它们分别有什么不同特点？

【学习情景的相关知识点】

知识点：完成陶艺茶具产品的宣传推广。

------- 项目五　陶艺农旅商品的拓展深化 -------

任务一　茶具设计作品案例赏析

一、具有仿生形态设计元素的茶具设计案例

图 5-5-1　模拟柿子造型的茶壶盖（设计师：管永双、李云杉）

模拟各种造型
的茶壶作品

图 5-5-2　模拟山竹造型的茶壶作品：《山竹小品壶》（设计师：李云杉）

图 5-5-3　南瓜造型的茶壶作品-荣昌陶茶具设计（设计师：管永双、李云杉）

二、茶具设计案例

图 5-5-4　竹元素的茶具设计作品（设计师：管永双、李云杉）

图 5-5-5　藤蔓、山竹元素的茶具设计作品（设计师：管永双、李云杉）

图 5-5-6　茶具套装设计作品（设计师：管永双、李云杉）

图 5-5-7　茶杯设计作品（设计师：管永双、李云杉）

图 5-5-8　茶具设计作品（设计师：管永双、李云杉）

图 5-5-9　茶杯设计作品（设计师：管永双、李云杉）

农旅商品创意包装设计

学习情景	模块六：农旅商品创意包装设计				
姓名		学号		班级	

背景案例

在广袤的乡野间，农旅商品如同一颗颗璀璨的明珠，它们承载着大自然的馈赠和农耕者的汗水，蕴含着浓厚的乡土情怀与丰富的文化内涵。然而，在这个日新月异、竞争激烈的时代，如何让这些农旅商品脱颖而出，成为游客心中不可或缺的回忆，便需要一份独特的创意包装设计。

创意包装设计，不仅仅是将农旅商品包裹在美丽的外衣之下，更是一种对乡村文化和自然之美的深度挖掘与传承。它像一首悠扬的诗篇，用色彩和线条勾勒出乡村的宁静与和谐，用图案和文字诉说着农耕者的辛勤与智慧。每一份创意包装，都是对乡村文化的一次深情致敬，对自然之美的一次深情赞美。

农旅商品创意包装设计，更是对游客情感的一次细腻触摸。它用精美的外观吸引游客的眼球，用独特的文化内涵激发游客的好奇心，用环保的理念传递着对大自然的尊重与保护。游客在打开包装的那一刻，仿佛能够感受到乡村的清新空气，听到鸟儿的欢唱，闻到花草的芬芳，仿佛置身于那个充满诗意和梦想的田园世界。

因此，农旅商品创意包装设计不仅仅是一种商业行为，更是一种对乡村文化的传承与弘扬，对游客情感的细腻触摸与关怀。它让农旅商品不再只是简单的商品，而是成为一种情感的寄托、一种文化的传承、一种美好的回忆。

学习情景　农旅商品创意包装设计

学习情景描述

根据某乡村农旅产品、特色农产品的情况，为其设计整套包装。需要构思该乡村农旅商品的包装设计理念、包装形式、包装材料、包装风格等，以完成独具当地特色的农旅商品包装设计，并实践开发，进行相关宣传推广。

**学习目标**

知识目标：

1. 学习包装设计的概念；
2. 掌握农旅商品创意包装设计的意义；
3. 学习农旅商品创意包装设计的工作流程和方法；
4. 学习农旅商品包装设计的要素。

能力目标：

1. 能够掌握农旅商品包装设计的要素；
2. 能够针对不同的农旅商品进行创意包装设计；
3. 能够完成农旅商品创意包装设计方案；
4. 能够完成农旅商品创意包装设计的作品效果图及排版图。

素质目标：

1. 培养学生的探索精神和主动学习的意识；
2. 培养求真务实、严谨的从业价值观，培养善于沟通的职业素养；
3. 培养学生助力乡村振兴的责任感和使命感；
4. 培养爱岗敬业、精益求精的职业品格与工匠精神。

学习情景实施过程

-------- 项目一　农旅商品包装设计的概念构思 --------

任务一　包装设计的概念与构思

🏠 **活动1：课前学习**

❓引导问题：包装设计的发展与经济、技术的发展有什么关系？

_____

_____

❓引导问题：包装的功能对包装外形有什么设计要求？

_____

_____

_____

【知识储备】

一、认识包装设计

包装设计不仅是一种物质载体，更是文化、科技和审美的综合体现。包装设计的发展历史可以划分为以下五个时期：早期包装设计、中世纪包装设计、工业革命时期的包装设计、现代包装设计和数字时代包装设计。

1. 早期包装设计

早期包装设计可以追溯到古代，那时采用简单的材料和形式，主要是为了保护产品，便于运输和储存。例如，古代埃及人用纸草包裹食物，中国人用竹木、草藤等材料编织容器。这些包装设计不仅具有实用性，还反映出当时的文化、社会和科技水平。

2. 中世纪包装设计

中世纪的包装设计有了较大的发展，主要体现在包装材料和形式的多样化上。这个时期的包装设计具有浓郁的宗教色彩，例如教堂使用的玻璃瓶和木盒都印有宗教图案。此外，包装的实用性也得到了提升，例如出现了可以重复使用的包装材料，如布料、皮革等。

3. 工业革命时期的包装设计

工业革命时期，生产力的大幅提高使得包装设计进入了一个新的阶段。塑料、纸张等大量新型材料的应用，使得包装设计更加便捷、美观。同时，消费者对包装设计的要求也逐步提高，包装不仅要有保护产品的作用，还要能吸引消费者的注意力，具有一定的促销作用。

4. 现代包装设计

现代包装设计在满足产品保护、促销等基本需求的同时，更加注重创新性和环保性。设计师不断探索新的材料和设计风格，以吸引消费者的眼球并提升产品形象。同时，绿色环保成为现代包装设计的重要主题，设计师们致力于减少包装材料的浪费和污染，推动可持续发展。

5. 数字时代包装设计

进入数字时代，包装设计受到了科技和数字化发展的深刻影响。人机交互、数字化等元素在包装设计中得到广泛应用，使消费者与产品的互动更加便捷、智能。此外，数字技术还为包装设计带来了更多的创新可能，例如动态图像、虚拟现实等新颖的设计元素，使包装不再仅仅是产品的保护者，而是成为与消费者互动的媒介。

在数字时代，包装设计的发展更加迅速，且呈现出一种多元化、个性化的趋势。设计师们利用数字技术进行精准定位，根据消费者的需求和行为习惯，提供个性化的包装设计方案。例如，通过大数据分析，设计师可以了解消费者对某种产品的偏好和需求，从而为其设计出更符合个性的包装。此外，数字时代还推动了包装设计的可持续性发展。例如，可生物降解材料和可循环利用材料的应用，使得包装在设计上既能够满足功能需求，又能够减少对环境的影响。同时，智能回收系统也为包装废弃物提供了更高效的回收利用途径。

包装设计的发展历史反映了人类文明的不断进步和创新。

二、包装的功能

1. 保护功能

这是包装设计最基础、最原则的功能，包装设计的其他功能要在保护功能实现的前提下才能实现。保护功能是指保护内容物，使其不受外来冲击，防止因光照、湿气等造成内容物的损伤或变质。包装的结构、材料与包装的保护功能有着直接的联系。

2. 销售功能

销售功能是在商业经济发展的过程中衍生出的功能，产品包装的好与坏直接影响着产品的销售。通过包装的图文说明，引导消费者正确地消费产品，同时体现特定商品的文化品位，给人以愉悦的感受，创造附加值。

3. 流通功能

好的包装应该方便搬运，利于运输，在仓储时能够牢固地存放。即便于搬运装卸；方便生产加工、周转、装入、封合、贴标、堆码等；方便仓储保管与货物、商品信息识别；方便商店货架陈列展示与销售；消费者携带、开启、消费应用；方便包装废弃物的分类回收处理。

简而言之，包装的功能是保护商品、传达商品信息、方便使用、方便运输、促进销售、提高产品附加值。包装设计作为一门综合性学科，具有商品和艺术相结合的双重性。

三、包装设计的概念构思

1. 主题构思

包装设计有空间上的局限性，如容积和表面积的大小。同时，包装设计还有时间上的局限性，包装必须在短时间内被购买者认知。这种时空限制要求包装设计不能盲目求全，面面俱到，必须要有主题。确定主题时，要对企业、消费者、产品三个方面的有关资料进行比较和选择，以便提高销量。确定主题的有关项目主要有商标形象，牌号含义；功能效用，质地属性；产地背景，地方因素；售卖地背景，消费对象；该产品与现有同类产品的区别；该产品同类包装设计的状况；该产品的其他有关特征等。这些都是设计构思的媒介性资料。

设计时要尽可能多地了解相关资料，以便准确确定设计主题。确定设计主题时一般可从商标牌号、产品本身和消费对象三个方面入手。如果产品的商标牌号比较著名，就可以用商标牌号为表现主题；如果产品有突出的特色或该产品是新产品，则可选用产品本身作为表现主题；如果产品有针对性的消费者，可以以消费者为表现主题。

2. 角度构思

设计角度是设计主题的细化。如果以商标、牌号为设计主题，设计角度则可细分为商标、牌号的形象，或商标牌号的含义。如果以产品本身为设计主题，设计角度可细分为产品的外在形象或产品的内在属性或其他。设计角度的确定使包装设计主题的表达更加明确。

3. 表现构思

设计表现是设计构思的深化和发展，是表达设计主题和设计角度的载体。设计表现可分为设计手法表现和设计形式表现。

（1）包装设计的表现手法构思。设计手法是表达设计主题的方法，常用的设计手法有直接表现和间接表现两种。

① 直接表现法。直接表现是通过主体形象直截了当地表现设计主题，一般运用摄影图片或开窗式包装来展示产品的外观形态或用途、用法等。也可以运用辅助性方式来表现产品，如运用衬托、对比、归纳、夸张、特写等手法。

② 间接表现法。间接表现是借助其他有关事物来表现产品，画面上不出现所表现对象本身。比如借助产品的某种特殊属性或牌号等。间接表现多选用比喻、联想和象征等手法来表现设计主题。

（2）包装设计的表现形式构思。设计形式是设计表现的具体语言，涉及材料、技术、结构、造型、形式及画面构成等方面。材料、技术、结构受到科技发展的制约，选择大于设计。从宣传和促销的角度出发，设计表现形式主要从立体造型和平面表现形式两方面考虑。

平面表现形式主要通过形、色、字来传递商品信息和美化商品，使消费者产生一定的联想和感受。在包装设计中，图形要为设计主题服务，图形的选择要以准确传达商品的信息、迎合消费者的审美情趣为目的。色彩具有象征性和感情特征，是最容易引起消费者产生联想和共鸣的视觉要素。构思时要考虑色彩的象征性、色彩的感情特征、色彩的基调、色彩的种类及面积分配等。字体可以准确传达商品信息，如商品名称、容量、批号、使用方法、生产日期等必须通过文字表现。构思时要考虑字形的选择，字体的大小、位置、方向，字体的颜色、编排等。要本着视觉传达迅速、清晰、准确的原则设计字体。

任务二　农旅商品包装设计的意义

🏠 **活动1：获取知识**

❓引导问题：农旅商品的包装设计要注意什么内容？

_____

_____

_____

_____

【知识储备】

农旅商品创意包装设计的意义

农旅商品进行创意包装设计的重要性主要体现在以下几个方面：

1. 提升品牌形象

创意包装设计是品牌形象建设的重要一环。通过精心的设计，可以将品牌的理念、文化和价值观融入包装中，使消费者对品牌有更深入的了解和认同。

2．增加商品附加值

创意包装设计不仅提高了商品的外观吸引力，还增加了商品的附加值。精美的包装能够提升消费者对商品的期待值和购买欲望，使消费者愿意为商品支付更高的价格。同时，创意包装也可以作为赠品或礼品，进一步扩大商品的市场需求。

3．突出商品特色

农旅商品往往具有独特的地域特色和文化内涵，通过创意包装设计，可以充分展示这些特色，使商品在市场中脱颖而出。例如，可以运用当地的传统文化元素、自然景观或历史故事作为设计灵感，打造出具有地方特色的包装。

4．增强消费者体验

创意包装设计不仅关注外在美观，还注重消费者体验。一个便于携带、易于打开的包装能够提升消费者的使用体验。此外，创意包装还可以采用环保材料、可回收设计等环保理念，满足消费者对环保、健康的需求。

5．拓展销售渠道

创意包装设计能够吸引更多的消费者关注，进而拓展销售渠道。同时，创意包装还可以作为宣传品，在社交媒体等平台上进行分享和传播，进一步扩大品牌的影响力。

6．促进文化传承

农旅商品往往承载着丰富的地域文化和历史传承，通过创意包装设计，可以将这些文化元素融入商品中，使消费者在享受商品的同时感受到文化的魅力。这不仅有助于传承和弘扬当地文化，还能提升商品的文化内涵和附加值。

综上所述，对农旅商品进行创意包装设计具有重要意义。它不仅能够提升品牌形象和商品附加值，还能突出商品特色、增强消费者体验、拓展销售渠道以及促进文化传承。因此，在农旅商品开发中应重视创意包装设计的作用。

------- 项目二　农旅商品包装设计的创意策划 -------

任务一　农旅商品包装的设计定位

🏠 **活动1：获取信息**

❓引导问题：设计包装时从农产品本身出发应当考虑哪些定位因素？

_____

_____

_____

❓引导问题：设计包装时从农产品消费者角度出发应考虑哪些定位因素？

? 引导问题：线上线下销售渠道的差异化在包装定位上如何体现？

【知识储备】

一、农旅商品的包装设计定位

农旅商品包装设计定位主要可从产品定位、消费者定位、销售渠道定位以及综合定位多方面考虑。

1. 产品定位

就是要解决"卖什么"这一问题，而这一问题的核心就是要在市场上找到合适的产品。"产品定位"涉及产品定价、产品尺寸、价格、性别倾向、年龄、包装、色彩、名称、服务、渠道、口味、使用方法、生活方式、功能效用、各种竞争产品的关系、产品使用寿命等，可以择其一进行策略性的定位和产品开发。产品定位的底层思维就是要牢牢把握产品类型及所属行业特点，在设计中要直观传达该农产品具体是什么，让消费者能够快速地认识到产品的属性、特点、用途、用法、档次等。

（1）农产品特色定位。重点突出农产品的独特性，因为农产品在原材料、生产工艺、使用功能、造型、色彩等方面都有自己的特点，因此要以农产品独有的特色为本，提出无可取代的促销理由，并将其与同类产品进行对比后得到的差异，当作产品的亮点，这种差异就是产品的特色所在。

（2）农产品产地定位。突出其特有的原产地，体现原产地的特点，并突出因原产地不同所造成的质量差别。在旅游纪念品、土特产、酒类商品等产品的包装设计中，更容易采用原产地的定位方式。

（3）农产品档次定位。在消费者心中，往往根据不同品牌的价值将其划分为不同的档次。品牌价值是顾客对产品品质的一种心理感受，是价值观和文化传统等社会因素的综合体现。在进行包装设计的时候，要精确地反映出产品的档次，向消费者直观地传递出商品价格与价值相符。

（4）农产品使用时间定位。即使产品同属一种类型，但使用时间的差异也能作为产品的特色定位，定位设计时可从这一角度出发考虑。特殊商品的需求决定了产品的使用时间定位，例如：特殊纪念日、农业博览会、丰收节等专用的饮料包装及纪念品包装等。

（5）农产品用途定位。对产品进行特定用途的定位是一种非常聪明的营销方式，它可以将产品的使用情况说清楚，并将其表现出来，这是包装设计中最直接的一种定位方式。然而，在进行具体用途的定位时，还需要对消费者在购买一件物品时的消费心理进行拓展。例如极具代表性的道明竹编工艺品、明月村陶艺品、蜀绣工艺品等都可作为赠送外地亲朋的佳品。

2. 消费者定位

以消费群体为中心进行品牌定位，弄清消费者的需求，是企业在市场上脱颖而出的关键。包装设计将消费者的审美诉求作为风向标，使美学附加值成为品牌营销的有力支撑。在品牌的定位下进行包装设计时，首先要保证产品的包装设计与消费者的审美诉求、消费诉求、购买诉求和信任诉求一致。

（1）审美诉求是指与消费群体的年龄层次、社会层次、文化背景相适应的商品特质。包装装饰是由文字、图形和色彩三部分组成的一个整体，其中文字的属性可以根据消费者的"个性"选用合适的字体。也可以按照商品的特性来选用文字，让颜色、图案起到体现观众"性格"的作用，增加对比、差异化和趣味性。

（2）消费诉求是目标客户群体对产品包装的价格承受能力，它很大程度上左右了包装的尺寸、印刷工艺、制作材料的选择，影响上述因素变化的弹性空间。

（3）购买诉求指的是在不同的时空中，消费者对包装是否有主动购买的欲望和真实需求，这直接决定了包装设计量产与否，以及它进入市场的时间点。所以，一定要基于对目标群体的实际需求进行购买诉求调查，而不是主观想象和臆断。

（4）信任诉求是基于消费者对地域农产品品质安全的考虑，在包装设计上完善产品的介绍信息，突出原产地、绿色品牌、有机品牌等认证，提高购买群体对包装品牌的安全信任度。

3. 销售渠道定位

（1）线上包装在视觉效果、包装材料上，并不逊色于线下，甚至更胜一筹，通过"超乎惊喜"的客户体验，让消费者有一种"物超所值"的感觉，营造一种让人舒服的品牌购物体验，从而提高品牌的知名度和可信度。

（2）线上包装材料应关注包装耐压、抗震、抗摔等物理特性，此外还应规避农产品潜在的"化学性变质"，使其完全满足农产品的物流运输条件。

（3）线下销售应立足于原产地的文化品质，包装的文字、图案和色彩等视觉要素，必须打上明显的来源地"烙印"。文字可以结合本地区农产品的名人和典故，图案和色彩则可从本地区特色的民俗艺术形态中提取，强化包装的地域印记。

（4）包装外观上可放置地理标志、保护产品专用标志、原产地证明商标，凸显产品的地域正宗性，力证产品是消费者可信赖的产品。

4. 综合定位

除了以上三种基础定位方式之外，还有品牌定位、价值定位、服务定位、概念定位、情感定位、文化定位等定位方法，随着经济的发展，商业经济的持续变化，也可以根据特定的产品和市场条件来进行多种不同的定位，比如，产品和品牌定位、产品和顾客定位、品牌和顾客定位等。无论采取何种形式的设计定位，最重要的是建立起一个行为焦点。没有重心就是没有内容，太多的重心就是不存在重心，这两个方面都会丧失设计方向的意义。

总之，农旅商品包装设计的定位是商家与消费者沟通的策略性指导原则，没有明确的定位，任何设计都是没有目的的，应根据不同产品具体分析，具体对待，适当运用，准确表现。

二、农旅商品包装设计定位的原则

1. 了解品类预期的本质

品类预期指的是大部分消费者对于某种产品所具有的质量的预判和期望。

生活中的经验让我们知道，消费物品之后我们必然会对其给出或好或坏的评价。生活经验也表明，对于某种类型的物品，人们的评判标准是大致相同。即对于某一类别的产品，如果评价良好，可视为"积极预期"，如果评价不好，可视为"消极预期"。

2. 寻找差异化优势

在农旅商品包装中，要实现差异化并不困难，但要实现差异化优势却很困难。要想赢得市场竞争，就必须在这种普遍的市场定位中，寻找自身的差异化优势，从而使自身在市场上脱颖而出。

3. 进入消费者心智

"酒好也需要吆喝"，这是一个很简单的营销原理，尤其是在当今这个充满竞争及信息爆炸的市场中，"酒香不怕巷子深"的道理很多时候已不再受用。包装设计的正确之路，就是以一种独特的、满足"积极预期"的方式来吸引顾客，以有特色的、有价值的东西来让顾客"货比三家"，然后挑选自己满意的产品。

4. 价格、渠道、形象、品质四位一体

包装应该跟产品价格、售卖渠道、形象品质一脉相承。

任务二　农旅商品包装的艺术风格

🏠 活动1：获取信息

农旅商品包装设计的艺术风格。

❓ 引导问题：如何确定农旅商品的包装设计风格？

_____

_____

_____

【知识储备】

一、农旅商品包装风格的定位依据

1. 包装对象的基本属性

在进行设计之前，设计师必须知道需进行包装的农旅产品的基本属性，知道该农旅商品是什么、有什么意义、有什么特征等。具体来说，就是其品类和种类、原料和成分、理化性质、使用方法和功能，品质和价值、制造和加工方法等。

2. 产品的市场定位

以竞争对手已有的产品在市场中的地位为基础，以消费者对产品一些特点或特性的关注为基础，为产品创造出一个明显的、独特的形象，并把这个形象传达给消费者，进而在市场中找到一个合适的位置。

3. 目标消费群的审美

设计师必须全面地积累生活经验并多方面地考量设计要素，利用必要的调研，对商品的市场定位进行准确把握，对商品目标消费群特定的审美偏好进行准确理解并呈现。这样，就能让商品的包装更好地与消费者"沟通"，得到他们的认可；相反，这将为"沟通"造成无谓的阻碍。

4. 预期的生产成本

包装设计的款式和制作费用存在一定的关系，但这绝非必然。包装的生产成本主要对包装的材质和工艺有较大的影响，而对能够反映包装风格的图文信息的形式则没有太大的影响。不过，设计师在进行前期调查时，仍然需要对企业的包装生产成本有一个大概的了解与把控。

🏠 活动 2：工作计划

农旅商品包装风格的设计流程。

❓引导问题：农产品包装设计风格的设计流程有哪些？

_____

_____

_____

【知识储备】

二、农旅商品包装风格设计的流程

包装风格设计的常规流程：确定风格方向—找准着力点—多种形式推演—确定最佳风格—原创与深化设计—印前技术处理。下文分别介绍各流程环节的作用、常用方法及需要重视的事宜。

1. 确定风格方向

设计前期阶段确定设计风格是最重要的一点，必须要做好市场调查并加以论证。产品设计时，应从产品的内容和产品的特征入手，结合产品目标市场的需要来确定产品的设计方向。决定包装设计风格走向的关键在于对产品进行准确的定位，而有价值的定位需要通过深入地研究市场和探究消费需求。

2. 找准着力点

找准着力点是指设计时主要依靠哪些包装语言及元素来体现。比如，一款茶具的包装，想要体现出质朴、简约雅致的格调，可以从核心视觉信息的形态、整体色调、盒型、开启结构、内部结构的构架形式、材质以及印刷工艺等方面展开系统设计。一种包装设计的样式，其表达方式通常是以容器外形、核心图文元素、开启结构、材料以及整体色彩等包装设计语言为重点。

3. 多种形式推演

在包装设计初稿阶段，需要对确定的设计风格的具体表现内容及形式进行相似风格的设计推演，从而得出最佳的方案。同一趋向的风格，由于表现形式和色彩关系的不同，表现设计的手法、工具和材料的不同，会有明显差异。比如，在表达"中国传统"的时候，有绘画、书法、图案、符号、实景照片等，而每一种表现形式在表达手法上又存在千变万化的可能性。例如，以传统书法形式设计字体样式，同一文字有篆、隶、真、草、行等不同的字体。在具体的表现形式上，既可以是用毛笔书写在宣纸上，也可以是用计算机模拟，或者二者结合，又可以是用其他的手法书写。即使是同样的工具，同样的材料，同样的技巧，也会有不同的墨色，不同的力道，呈现出不同的视觉效果和风格特征。

4. 确定最佳风格

在确定的方向下，对不同类型的设计进行了推演与论证，并从中选出最有开发价值的一种方案，进行设计深化。最优选一定是满足商品的内涵，市场的需要，客群的需要，艺术表现力等方面的结果。

5. 原创与深化设计

原创设计是每一个设计师最基本的职业道德和职业素养，它是让包装设计作品具备独创性竞争力的根本方法，也是让设计作品拥有合法版权的重要保障。

深化设计是对方案进行改进和完善的重要步骤，在进行深化设计时，应始终遵循已有的设计风格倾向，对各种包装语言以及它们之间的关系进行推敲、调整和完善，从而使设计能够准确、高质量地达到预定的设计目的。

6. 印前技术处理

在设计完稿阶段，乃至深化设计阶段，设计师都应该对具体的印刷工艺和材料所要表现出来的设计结果有充分的预见。并在设计完稿阶段，对印刷工艺图进行必要的设计和说明，从而保证后续的印刷加工环节可以对设计意图有一个更好的了解。因此，在设计深化阶段，就应该对印刷技术进行有针对性的调研，这样不仅可以依据所选择的印刷工艺来完善设计，而且还可以从印刷生产中得到意想不到的设计灵感。印刷技术在包装设计中起着举足轻重的作用，而最终的结果则是包装产品的最终效果。

【评价反馈】

各位同学展示小测试任务单，并阐述自己的测试情况。完成评价表 6-2-1、6-2-2、6-2-3。

表 6-2-1　学生自评表

任　　务	完成情况记录
任务是否按计划时间完成	
课前学习完成情况	
相关理论学习情况	
任务完成情况	
引导问题填写情况	
材料上交情况	
收获情况	
合计分值	

表 6-2-2　学生互评表

序　号	评价项目	小组互评	教师评价	总　评
1	任务是否按时完成			
2	材料完成上交情况			
3	任务完成质量情况			
4	小组成员合作面貌			
5	语言表达沟通能力			
6	创新点			
合计分值				

表 6-2-3　教师评价表

序　号	评价项目	教师评价	备　注
1	学习准备		
2	引导问题填写		
3	完成质量		
4	完成速度		
5	参与讨论主动性		
6	沟通协作配合性		
7	展示汇报表达性		
合计分值			
综合评价	自评 20%	互评 30%	教师评价 50%	综合评价

【习题与思考】

运用自己喜欢的风格，做一个农产品包装设计的进度计划表。

【学习情景的相关知识点】

知识点 1：包装设计的定位依据是什么？

知识点 2：包装设计定位的策略有哪些？

知识点 3：包装风格设计的定位依据是什么？

知识点 4：包装风格设计的流程是什么？

知识点 5：掌握有效沟通获取设计要求的方法，学习制作、梳理工作任务单。

------ 项目三 农旅商品包装的设计开发 ------

任务一 农旅商品包装设计的步骤

🏠 **活动 1：工作计划与实施**

❓引导问题：农旅商品包装设计的步骤有哪些？

_____

_____

_____

_____

【知识储备】

农旅商品包装设计的步骤

1. 市场调查

市场调研在包装设计的各个阶段都起着非常重要的作用，是包装设计成功的先决条件。没有市场调研，包装设计的成果就是无源之水、无本之木，其设计结果与消费者的要求相差甚远，不能满足市场的要求。设计师在接到客户的委托时，应根据客户所提供的产品基本资料，对产品进行市场调研。

2. 确定包装的材料和造型

有了创造性的构想，并在预算成本内，便可着手执行包装设计的计划。设计师应该在了解产品的性质、形状、价值、结构、重量以及尺寸等方面的基础上，通过对产品的市场调研，选择适宜的包装材料。在这些因素中，材质的选择和包装的造型是最关键的。

确定了包装材质之后，就可以进行具体的包装外形结构的设计。在设计时，既要考虑商品的保护，又要考虑运输方便，更要考虑商品的制造过程和自动化包装生产线的装备状况，进而确定包装的成形结构。

3. 设计创意和草图

明确了上述因素之后，设计师便可展开一系列的创作活动，如确定包装的颜色、挖掘与之相关联的图案元素、图文元素排版。在创意设计阶段，设计人员需要尽可能多地表达出自己的设计概念和想法，通常情况下，设计人员可以以草稿的形式来展示自己的作品，但是要尽量将包装的结构特点、编排方式和主体形象造型都表达出来。

4. 小批量生产

企业会仔细挑选出各种风格的设计图稿，进行仔细的推敲之后，再进行进一步的修改和加工。可以展开小批量的印刷包装，并将其拿到市场上去试销，以对消费者的反馈进行充分的了解，测试包装的实用性和包装设计的合理性。

5. 定稿

进行了市场的试销之后，再以消费者反馈的信息为基础，企业可以确定出最受消费者欢迎的一种包装，然后就可以进行大批量生产和销售。

【评价反馈】

各位同学展示小测试任务单，并阐述自己的测试情况。完成评价表 6-3-1、6-3-2、6-3-3。

表 6-3-1 学生自评表

任 务	完成情况记录
任务是否按计划时间完成	
课前学习完成情况	
相关理论学习情况	
任务完成情况	
引导问题填写情况	
材料上交情况	
收获情况	
合计分值	

表 6-3-2 学生互评表

序　号	评价项目	小组互评	教师评价	总　评
1	任务是否按时完成			
2	材料完成上交情况			
3	任务完成质量情况			
4	小组成员合作面貌			
5	语言表达沟通能力			
6	创新点			
合计分值				

表 6-3-3　教师评价表

序　号	评价项目	教师评价	备　注
1	学习准备		
2	引导问题填写		
3	完成质量		
4	完成速度		
5	参与讨论主动性		
6	沟通协作配合性		
7	展示汇报表达性		
合计分值			
综合评价	自评 20%	互评 30%	教师评价 50%	综合评价

【习题与思考】

收集和查阅不同风格的创意包装设计案例。

【学习情景的相关知识点】

知识点 1：农产品包装设计的步骤。
知识点 2：对农产品包装设计进行项目分析时主要考虑的要素。
知识点 3：农产品包装设计的市场调研主要内容。
知识点 4：能独立完成某项农产品的市场调研并进行详尽且深入的分析。

任务二　农旅商品包装设计的要素

活动 1：获取信息

引导问题：农旅商品包装设计的要素有哪些？

_____

_____

_____

_____

【知识储备】

农旅商品包装设计的要素

1. 包装设计材料

不同材料的特性、功能、表面肌理、质感各不相同，带给人们的视觉效果也不相同。随着科学技术的不断发展，新材料不断涌现，越来越多的环保材料、多功能材料、复合材料被运用于包装设计上。同时，新材料也为现代包装的视觉设计带来了新的视觉语言和时尚美感。

包装材料是对用于制造包装容器和构成产品包装的材料总称，包括运输包装、销售包装、包装形象的视觉设计、包装印刷等有关材料及包装辅助材料，如纸、金属、塑料、玻璃、陶瓷、木材、漆器、竹与野生藤草类、天然纤维与化学纤维、复合材料等，也包括缓冲材料、涂料、胶粘剂、捆扎用的绳和带以及其他辅助材料等。

值得一提的是，中国传统包装材料丰富多彩，如竹叶、竹筒、竹皮均可用作包装材料，有的是直接用作包装容器，既有很好的实用价值，又有良好的视觉效果。

2. 包装设计造型

包装造型设计主要是指包装容器的造型设计，是指经过构思，运用艺术和科学的手段，将玻璃、陶瓷、金属等材料加工制作成具有实用功能和符合美学原则的三维立体的器皿样式。所以，要用三维立体的概念来分析、解读包装容器造型的形态设计。

生活中所见的形态有三种，即自然形态、人造形态和偶发形态，这三种形态可称为现实形态。另外还有抽象形态，抽象形态是由抽象的点、线、面、体构成的，它不表现任何具体形象，只表现其本身美。

包装造型设计的创意思路可考虑以下几个点：（1）实用性；（2）造型时尚性；（3）符合人体工学；（4）个性化设计；（5）环境适应性；（6）民族文化性；（7）体现附加值设计；（8）仿生学设计。

3. 包装设计结构

包装结构设计就是根据包装产品的特征、环境因素和用户要求等，采用一定的技术方法，从科学原理出发，按照不同包装材料、不同容器的成型方式以及容器各部分的不同要求，对包装的内外结构所进行的设计。包装结构设计在整个包装设计体系中占有重要位置，可以说是包装设计的基础。包装结构性能如何，直接影响包装的强度、刚度、稳定性和实用性，即决定包装结构在流通中是否具有可靠保护产品、方便运输、销售等各项实用功能，同时，还涉及是否能为造型设计和视觉设计创造良好的条件。

4. 包装设计文字

文字是信息传达最直接的体现，一个好的包装设计是不能缺少文字表达的。农旅商品包装上的文字分为：基本文字，主要是产品的名称和企业名称；信息文字，包括产品成分、容量等；广告文字，主要是一种艺术性的表达。

5. 包装设计图形

农旅商品包装的图形设计是创意表达的视觉语言，会给人带来充分的视觉享受和强烈的冲击感。精美的图形能够增强产品对人的吸引力，进而引起消费者的购买欲望，同时又能用一种符号的形式传达出商品所要表达的信息。

6. 包装设计色彩

包装的色彩设计，就是运用色彩学的基本理论，根据市场、产品及消费者的需求，进行有意义的色彩企划，通过包装的色彩表现达到准确传达信息、吸引消费者注意的目的。在包装设计中，色彩可以营造醒目、清晰的效果，能帮助人们更好、更快地阅读，可以吸引人们的视线。

【评价反馈】

各位同学完成评价表 6-3-4、6-3-5、6-3-6。

表 6-3-4　学生自评表

任　务	完成情况记录
任务是否按计划时间完成	
课前学习完成情况	
相关理论学习情况	
任务完成情况	
引导问题填写情况	
材料上交情况	
收获情况	
合计分值	

表 6-3-5　学生互评表

序　号	评价项目	小组互评	教师评价	总　评
1	任务是否按时完成			
2	材料完成上交情况			
3	任务完成质量情况			
4	小组成员合作面貌			
5	语言表达沟通能力			
6	创新点			
合计分值				

表 6-3-6　教师评价表

序　号	评价项目	教师评价	备　注
1	学习准备		
2	引导问题填写		
3	完成质量		
4	完成速度		
5	参与讨论主动性		
6	沟通协作配合性		
7	展示汇报表达性		
合计分值			
综合评价	自评 20%	互评 30%	教师评价 50%　综合评价

【习题与思考】

进行农旅商品包装设计时，各要素间应该如何配合？

【学习情景的相关知识点】

知识点：掌握农旅商品包装设计的要素。

项目四 农旅商品创意包装设计的实践推广

任务一 农旅商品创意包装设计的实践

🏠 **活动1：任务发布**

教师发布任务：请同学们阅读农旅商品创意包装设计策略单，根据策略单要求进行农旅商品创意包装设计。

包装设计任务选择单
1. 您选择的农旅包装设计项目序号为（   ），您的选择理由是_____

《港味人鲜产品包装设计》

🏠 **活动2：获取信息**

教师发布任务：请同学们收集调研信息，确立调研内容，完成包装设计调研任务。

_____

_____

_____

【知识储备】

一、农旅商品创意包装设计调研

1. 收集调研信息

收集调研信息是一项关键性任务，它通过多种渠道和方法来搜集关于市场、目标受众、竞争对手以及行业趋势的数据和见解。这些信息有助于企业深入了解市场需求，指导产品开发，优化营销策略，制订战略决策，以确保在竞争激烈的商业环境中取得成功。

2. 农旅商品创意包装市场调研内容

（1）目标市场分析：定义目标市场，包括受众的特征、规模、地理位置等。

（2）受众人群洞察：描述目标受众的特征，包括年龄、性别、收入、兴趣等。了解受众的需求、问题、偏好和行为模式。

（3）竞争产品分析：研究竞争对手，包括产品、定价、市场份额和营销策略。了解产品或服务在竞争市场中的优势和劣势。

（4）产品服务定位：确定产品或服务在市场中的定位，以及它们如何满足受众需求。了解受众对产品或服务的期望和反应。

（5）定价服务策略：研究市场上类似产品或服务的定价，以制定合理的定价策略。了解受众对不同定价水平的反应。

3. 农旅商品创意包装市场调研方法

① 问卷调查；② 深度访谈；③ 观察分析：通过实地观察受众在真实环境中的行为，了解他们的购买习惯、使用情况等；④ 数据分析：利用现有的市场数据，如销售数据、市场份额、消费趋势等，进行统计分析和模式识别；⑤ 社交媒体分析：监测社交媒体平台上关于产品和品牌的讨论，获取消费者的反馈和看法。

🏠 活动 3：巩固任务

学生完成任务：农旅商品包装设计调研任务单。

农旅商品包装设计调研任务单
1. 请采用问卷星等软件，制作农旅商品创意包装设计调研表，并进行设计调研。 2. 你是否还采用了其他的调研方法？它是_____方法。

学生完成任务单：包装设计定位任务单。

农旅商品包装设计定位任务单	
1. 本农旅产品包装设计的产品是什么？品牌是什么？	2. 本农旅产品包装设计的目标受众是谁？年龄阶段如何分布？

农旅商品包装设计定位任务单	
3. 本农旅产品价格定位区间是什么？	4. 本农旅产品包装设计选择什么颜色？
5. 你看重本包装设计哪方面的品质？（如实用性、美观性、材料、质量等）	6. 本农旅产品包装设计打算选择什么材料？
7. 当地有何文化特色，请提取关键词。	8. 在设计本农旅商品包装时，你认为还有哪些重要因素？

【知识储备】

二、农旅商品创意包装设计的定位

以下是包装设计定位的一些关键内容。

1. 品牌标识和 Logo

包装上的品牌标识和 Logo 是识别和认可品牌的重要元素。确保它们在包装上清晰可见，能够让消费者快速识别产品。

2. 颜色和配色方案

选择与品牌形象相符合的颜色和配色方案。不同的颜色可以传达不同的情感和情绪，因此选择适合目标受众的颜色很重要。

3. 包装的形状和结构

包装的形状和结构应该与产品的特点相匹配，并能够在货架上引起消费者注意。例如，高端产品可能采用精致的结构设计，而实用产品可能更注重便利性。

4. 图像和插图

使用图片、插图或图形来展示产品的特点、用途或优势，可以帮助消费者更好地理解产品，并产生情感共鸣。

5. 文字和信息

提供清晰而简洁的文字信息，包括产品名称、功能、用途、成分、使用说明等。确保文字易于阅读，避免过度拥挤。

6. 定位语或口号

创造一个简洁而有力的定位语或口号，可以传达产品的独特价值和特点，帮助消费者快速理解产品的优势。

7. 材料和质感

包装的材料和质感可以影响消费者对产品的感知。选择合适的材料和质感，以更好地传达品牌形象。

8. 目标受众

确保包装设计与目标受众的喜好和价值观契合。不同年龄、性别、文化背景的消费者可能对视觉元素有不同的反应。

9. 创意和创新

不要害怕尝试新颖的创意和设计元素，以吸引消费者的注意，并让你的包装在市场中与众不同。

在设计包装定位时，关键是要确保包装能够忠实地传达产品的核心价值和品牌形象，同时与目标受众的期望和喜好相符合。进行市场调研，与设计师合作，进行测试和反馈，以打造出一个吸引人的包装设计。

活动 4：展示汇报

❓引导问题：学生展示汇报调研数据与定位结果。

_____

_____

_____

活动 5：设计视觉实践

根据前期调研与定位情况，完成农旅商品创意包装设计的视觉创意。

教师案例分析：从产品 Logo 设计到农旅产品包装，如何进行视觉创意？

案例："山里红"山楂产品包装设计（见图 6-4-1），作者：杨玉洁、谭靓、袁徐，成都农业科技职业学院，指导老师：李文佳。

教师案例分析：从产品 Logo 设计到农旅产品包装，如何进行视觉创意？

案例：德昌花椒包装设计（见图 6-4-2），作者：史存宇、刘琴、阿罗小红，成都农业科技职业学院，指导老师：李文佳。

教师案例分析：从插画到农旅产品包装，如何进行视觉创意？

案例：寻乌脐橙包装设计（见图 6-4-3）（未来设计师 NCDA 大赛一等奖），作者：张钰芊，四川长江职业学院，指导老师：柏清。

教师案例分析：包装设计从插画到农旅产品包装，如何进行视觉创意？

案例：雷波脐橙包装设计（见图 6-4-4），作者：周静、王静、马浩，成都农业科技职业学院，指导老师：李文佳。

图 6-4-1 "山里红"山楂产品包装设计

图 6-4-2 德昌花椒包装设计

图 6-4-3　寻乌脐橙包装设计

图 6-4-4　雷波脐橙包装设计

教师案例分析：从插画到农旅产品包装，如何进行视觉创意？

案例：德椒记包装设计（见图 6-4-5），作者：王婉如、李红琪、苏雪，成都农业科技职业学院。

图 6-4-5　德椒记包装设计

【评价反馈】

各位同学根据任务完成情况，完成评价表 6-4-1、6-4-2、6-4-3。

表 6-4-1　学生自评表

任　　务	完成情况记录
是否完成包装设计任务选择单	
是否完成包装设计调研任务单	
是否完成包装设计定位任务单	
是否完成调研问卷	
学生互动情况	
相关理论学习情况	
展示汇报情况	
合计分值	

表 6-4-2　学生互评表

序　号	评价项目	小组互评	教师评价	总　评
1	任务是否按时完成			
2	材料完成上交情况			
3	任务完成质量情况			
4	小组成员合作面貌			
5	语言表达沟通能力			
6	创新点			
合计分值				

表 6-4-3　教师评价表

序　号	评价项目	教师评价	备　注
1	学习准备		
2	引导问题填写		
3	完成质量		
4	完成速度		
5	参与讨论主动性		
6	沟通协作配合性		
7	展示汇报表达性		
合计分值			
综合评价	自评 20%	互评 30%	教师评价 50%	综合评价

【习题与思考】

完成农旅商品包装创意设计任务。

【学习情景的相关知识点】

知识点 1：学习并梳理制作工作任务单。

知识点 2：梳理农旅商品创意包装设计的主题创意方法。

知识点 3：学习色彩与图形的运用。

任务二　农旅商品创意包装设计的推广

🏠 活动 1：课前准备

课前学习资料：观看六神花露水品牌故事视频。

❓引导问题：观看视频，了解六神花露水品牌故事，你认为六神花露水品牌故事中传达了哪些重要信息？

_____

_____

_____

❓引导问题：如何对进行了创意包装设计的农旅商品进行推广呢？

_____

_____

_____

🏠 活动 2：完成任务

为你设计的农旅产品包装创作一个品牌故事，不低于 300 字。

表 6-4-4　农旅产品包装品牌故事任务单

_____农旅产品包装品牌故事

【知识储备】

农旅商品创意包装设计的推广

1. 推广内容创作

内容创作是指创造和制作各种形式的文本、图像、视频和音频等内容，以满足特定目标受众的需求和兴趣。成功的内容创作需要考虑目标受众、内容类型、风格和目标，并与目标受众建立连接，以提供有价值、有吸引力和有意义的内容。

2. 推广传播渠道选择

传播渠道是用于传递信息、消息和内容的特定渠道或平台。在市场营销和传播策略中，选择正确的传播渠道非常关键，它决定了信息如何传达到目标受众。以下是一些常见的传播渠道：

① 社交媒体：包括各类互联网社交媒体平台，用于发布内容、互动和建立品牌声誉。

② 电子邮件：通过电子邮件发送信息、营销内容、新闻或客户服务信息。

③ 网站：公司网站用于提供产品信息、在线购物、博客内容和联系信息。

④ 搜索引擎营销（SEM）：使用搜索引擎广告，如 Google AdWords，以在搜索结果中显示广告。

⑤ 传统媒体：包括电视、广播、杂志、报纸和户外广告等传统媒体渠道。

⑥ 口碑营销：依靠客户口碑和推荐，以传播品牌声誉和产品价值。

⑦ 社交传播：通过口口相传、分享和讨论，将信息传播给更广泛的受众。

⑧ 展会：参加或主办行业展览会和研讨会，以展示产品或服务。

⑨ 直邮和小册子：通过邮寄小册子、目录或宣传册，直接传达信息给目标受众。

⑩ 手机应用：通过移动应用程序向用户提供信息、服务或互动体验。

⑪ 社交媒体广告：通过社交媒体平台的付费广告来推广品牌和产品。

【评价反馈】

各位同学根据任务完成情况，完成评价表 6-4-5、6-4-6、6-4-7。

表 6-4-5　学生自评表

任　务	完成情况记录
是否完成包装设计任务选择单	
是否完成包装设计调研任务单	
是否完成包装设计定位任务单	
是否完成调研问卷	
学生互动情况	
相关理论学习情况	
展示汇报情况	
合计分值	

表 6-4-6　学生互评表

序　号	评价项目	小组互评	教师评价	总　评
1	任务是否按时完成			
2	材料完成上交情况			
3	任务完成质量情况			
4	小组成员合作面貌			
5	语言表达沟通能力			
6	创新点			
合计分值				

表 6-4-7　教师评价表

序　号	评价项目	教师评价	备　　注
1	学习准备		
2	引导问题填写		
3	完成质量		
4	完成速度		
5	参与讨论主动性		
6	沟通协作配合性		
7	展示汇报表达性		
合计分值			
综合评价	自评 20%	互评 30%	教师评价 50%	综合评价

【习题与思考】

1. 你认为品牌故事对一款产品的打造重要吗？为什么？
2. 有哪些农旅商品推广的传播渠道？

【学习情景的相关知识点】

知识点 1：撰写农旅商品创意包装设计品牌故事。

知识点 2：梳理农旅商品创意包装设计传播渠道。

任务一　包装材料与印刷工艺

活动1：引入课堂

❓引导问题：在生活中，你所见到的包装材料有哪些？

_____

_____

_____

【知识储备】

一、农旅商品包装设计的材料

1. 材料的种类

农旅商品包装材料有不同种类，包括纸、塑料、金属、玻璃、竹木、陶瓷、野生藤类、天然纤维、复合材料等主要材料，以及黏合剂、涂料、印刷材料等辅助材料。在包装设计过程中，选择合适的材料至关重要，因为被包装的产品通常会影响到最终材料的选择。因此，在选择材料时，需要考虑产品的性质，以确保产品得到妥善保存、运输和展示等。同时，还需要了解不同包装材料的特点。换句话说，包装材料的选择是一个综合考虑产品特性和材料特性的重要过程。常用的包装材料有如下几种：

（1）纸张和纸板：纸张和纸板（见图6-5-1），是常见的包装材料，适用于包装干货、茶叶、酒类、果蔬等产品。它们可以是单层或多层，具有不同的厚度和质地，以满足不同产品的保护和展示需求。

图6-5-1　纸张包装材料（学生：张钰芊、周静、王静、马浩等，指导教师：柏清等）

（2）塑料：塑料材料，如聚乙烯（PE）和聚丙烯（PP）常用于包装冷冻食品、果蔬、液体产品和小食品。塑料袋、瓶子、罐子和封口袋是常见的塑料包装形式（见图6-5-2）。

（3）金属：金属包装（见图6-5-3）通常用于保鲜食品、饮料和调味品。铝罐、锡罐和金属瓶子是金属包装的典型形式，可以提供优异的保护性能。

图 6-5-2　塑料包装材料（学生：周静、王静、马浩等，指导教师：李文佳）

图 6-5-3　金属包装材料（学生：张彩兴，指导教师：李文佳）

（4）玻璃：玻璃容器（见图 6-5-4）通常用于饮料、果酱、蜂蜜等农旅产品。它们具有卓越的保持食品质量和口感的特性，但比较易碎。

图 6-5-4　玻璃包装材料（学生：万敏、陈帆、汪鑫、张馨月、龙顺舟，指导教师：李文佳、杨子莹）

（5）竹木：竹木包装常见于传统农产品，如茶叶、坚果、蔬菜和水果。它们在可持续性和生态友好性方面具有优势。

（6）陶瓷：陶瓷容器可用于包装特殊的农产品，如特色酱料、精油等。它们不仅具有良好的保鲜性能，还能增加产品的美感和附加值。

（7）天然纤维：天然纤维如麻布、棉布和亚麻布可用于制作可重复使用的包装袋、袋子和包裹，适用于一次性包装或礼品包装（见图 6-5-5）。

图 6-5-5　天然纤维包装材料（学生：王静、周静、马浩等）

（8）复合材料：复合材料是多种材料的组合，通常具有优异的保鲜性能和耐用性，适用于要求高度保鲜的产品，如冷冻食品（见图 6-5-6）。

图 6-5-6　复合包装材料（学生：万敏、陈帆、汪鑫、张馨月、龙顺舟，指导教师：李文佳、杨子莹）

农旅商品包装的选择应考虑产品的特性、保鲜需求、可持续性和品牌形象等因素。同时，了解法规和环保要求也很重要，以确保产品的包装符合相关标准。

2. 材料的优缺点

（1）纸张和纸板。

优点：可降解，环保；适用于印刷和定制；轻便，易于携带；成本较低。缺点：不适用于液体或湿度较高的产品；抗撕裂性和防水性较差。

（2）塑料。

优点：轻便，防水，抗腐蚀；适用于各种产品，包括食品、饮料和化妆品；可重复封口。缺点：环保问题，难降解；某些类型的塑料对环境有害；可耐受温度限制。

（3）金属。

优点：优异的保鲜性能；高度耐用，可重复使用；提供产品高端感。缺点：重量较重，运输成本较高；容易生锈；金属资源有限。

（4）玻璃。

优点：不影响产品味道或质量；可重复使用，可回收；提供高级感觉。缺点：易碎，不适用于大部分快速运输；相对重量较大；制造和运输成本高。

（5）竹木。

优点：可再生和可降解；天然美观；可用于特色包装。缺点：不适合液体产品；易受湿度和虫害影响；不如其他材料坚固。

（6）陶瓷。

优点：优美，耐用，不会影响产品味道；提供高度的产品保鲜性。缺点：相对脆弱，容易破碎；重量较大；制造成本较高。

（7）天然纤维。

优点：可再生，环保；适用于礼品包装；可定制和印刷；可重复使用。缺点：不适用于液体或湿度较高的产品；强度相对较低。

（8）复合材料。

优点：结合了多种材料的优点，提供较好的保鲜性能；可用于多种产品类型。缺点：制造成本较高；可降解性和环保性取决于复合材料的具体组成。

选择包装材料时，重点考虑产品的特性、可持续性、运输需求和品牌形象。可以考虑使用多种材料的组合，以充分利用各种材料的优势，同时减少其缺点的影响。

❓引导问题：包装的印刷工艺程序是什么呢？

_____

_____

_____

【知识储备】

二、农旅商品包装设计的印刷工艺

农旅商品包装设计的实用价值主要在于大量复制和印刷。印刷是将设计的文字、图形和色彩应用到包装材料上的关键方法。因此，作为包装设计师，必须了解设计与印刷之间的紧密关系，不同印刷方法的特点，印刷与各种工艺的相互影响，印刷制件的流程以及印刷成本的核算等基本知识。

印刷工艺流程如下所示。

（1）设计：设计师确定印刷品的外观、排版、颜色、图像和文字等元素。设计可以使用专业的设计软件完成。

（2）打样：为了验证设计效果和印刷质量，用材料在打样机上进行少量试印。这些样品用于与设计原稿进行比对、校对，并为调整印刷工艺提供参考依据。

（3）制版：制版是印刷的关键步骤，可以通过不同的方法实现，包括晒版、电子制版、CTP（计算机到板）技术等。制版的方式取决于印刷工艺的类型，如胶印、凹印、丝网印刷等。

（4）印刷：根据要求，使用相应的印刷设备进行大规模生产。印刷机会使用特定颜色的油墨或染料，将图像和文字传输到印刷材料上。印刷过程中，印刷材料通常会经过压辊或印刷滚筒，以确保油墨均匀覆盖。这一步骤中，设计的图像和文本将被印刷到包装材料上，创建大量相同的包装。

（5）加工成型：印刷成品经过一系列加工工艺，如压凸、烫金（银）、上光过塑、打孔、模切、除废、折叠黏合、成型等，这些加工步骤确保包装的最终形态符合设计要求，还可以增强包装的视觉吸引力和功能性。

🏠 **活动3：案例赏析**

赏析下列案例
❓引导问题：说明这些农旅商品包装设计有哪些创新点。

_____

_____

案例1：德昌香米

1-1标志展示

種米人

　　"春种一粒粟，秋收万颗子"。春天，农民播种，秋天收获粮食。本LOGO设计采用文字、图形结合的方式进行标志设计，整体外观呈现粮仓形态，再将大米、饭碗、筷子等元素进行组合设计，形成最终标志的造型，同时大米呈一字型排列，表现出汗水滴落的语言寓意，丰收给农民带来喜悦，这喜悦蕴满了汗水，也串给农民对大自然的感恩之心。

　　颜色主要以绿色为主，绿色中融入黄色，自然简朴，给人一种可靠，又健康的感觉，logo元素象征着绿色无公害健康绿色生态产品，简约大气易识别。

1-2标志释义

碗　　　　大米　　　　筷子

图 6-5-7　德昌香米包装设计 1（学生：张钰芊，指导教师：柏清）

图 6-5-8　德昌香米包装设计 2（学生：张钰芊，指导教师：柏清）

图 6-5-9　德昌香米包装设计 3（学生：张钰芊，指导教师：柏清）

三、农旅商品包装设计创新特效

1. 地域文化呈现

包装设计可以融入当地独特的文化元素，如传统图案、民间故事或当地特色的字体和颜色，以突出农旅商品的地域性。这种文化呈现不仅吸引游客的眼球，还强化了产品与地方的联系，增加了情感共鸣。

2. 生态友好材料

选择可持续和环保的包装材料，如可降解纸张或可回收的塑料，以减少环境影响。这种做法反映了品牌对生态保护的承诺，吸引了越来越注重可持续性的消费者。

3. 视觉吸引力

采用高质量的印刷和设计，将农村景观、特色动植物或当地风光融入包装，增加视觉吸引力。精美的包装能够引起消费者的好奇心，激发购买欲望。

4. 故事叙述

通过包装上的故事叙述或标签信息，向消费者讲述农旅商品的来源、生产过程或当地传统，从而增加产品的情感价值。

5. 互动元素

在包装上添加互动元素，如扫描二维码获取更多信息、参与抽奖或分享社交媒体活动，以增加消费者与品牌的互动和参与度。

综合考虑这些创新特效，可以为农旅商品包装带来更大的吸引力和价值，同时强调了品牌的地域性和可持续性，有助于吸引游客和提升产品的市场竞争力。

四、农旅商品包装设计生态环保措施

1. 可降解材料

选择可降解的包装材料，如可生物降解的纸张或玉米淀粉制品，以减少对环境的影响。这些材料可以在一定时间内自然分解，减少塑料垃圾的产生。

2. 可回收材料

使用可回收的包装材料，如可再生的纸板或玻璃瓶，以促进资源的循环利用，减少废物排放。

3. 最小化包装

精心设计包装，使用最少的材料，减少浪费。避免过度包装，只使用必要的材料来保护产品。

4. 环保墨水和标签

使用环保墨水和标签，以减少印刷对环境的负面影响。选择可降解的标签或印刷材料。

5. 可重复使用包装

推广可重复使用的包装选项，如布袋、玻璃容器或不锈钢瓶子，以减少一次性包装的需求。

6. 教育和认证

在包装上提供环保信息和认证标志，以告知消费者产品的生态友好性。教育消费者如何正确处置或回收包装。

7. 供应链可持续性

与供应链合作伙伴合作，确保他们也采取了环保措施，以减少包装过程中的环境影响。

8. 减少运输碳足迹

选择轻量化包装，减少产品运输的能源消耗，降低碳足迹。

通过采取这些生态环保措施，农旅商品包装可以减少对自然环境的负面影响，同时满足消费者对可持续性和环保的需求。这不仅有助于保护环境，还可以提高品牌的声誉，吸引更多注重生态环保的消费者。

【评价反馈】

请同学们完成表 6-5-1、6-5-2、6-5-3。

表 6-5 1　学生自评表

任　务	完成情况记录
是否完成包装设计任务选择单	
是否完成包装设计调研任务单	
是否完成包装设计定位任务单	
是否完成调研问卷	
学生互动情况	
相关理论学习情况	
展示汇报情况	
合计分值	

表 6-5-2　学生互评表

序　号	评价项目	小组互评	教师评价	总　评
1	任务是否按时完成			
2	材料完成上交情况			
3	任务完成质量情况			
4	小组成员合作面貌			
5	语言表达沟通能力			
6	创新点			
合计分值				

表 6-5-3 教师评价表

序 号	评价项目	教师评价	备 注
1	学习准备		
2	引导问题填写		
3	完成质量		
4	完成速度		
5	参与讨论主动性		
6	沟通协作配合性		
7	展示汇报表达性		
合计分值			
综合评价	自评 20%	互评 30%	教师评价 50%	综合评价

【习题与思考】

1. 常见的包装材料有哪些?
2. 包装的印刷工艺流程是什么?
3. 包装有哪些生态环保方式?

【学习情景的相关知识点】

知识点 1:掌握农旅商品创意包装设计的材料种类及优缺点。
知识点 2:熟识农旅商品包装设计的印刷工艺。
知识点 3:运用农旅商品包装设计创新特效措施。
知识点 4:运用农旅商品包装设计生态环保。

任务二 包装设计的多元化

活动 1:课堂引入

引导问题:在多元化时代,你认为还有哪些包装创意设计的新颖点?

农旅商品包装设计的多元创意

1. 农旅商品创意包装设计文化融合

农旅商品创意包装设计的文化融合是一种独特而强大的方式，它可以将产品与当地文化融合。

首先，包装可以融入当地的传统元素，如民间艺术、手工艺品或特色图案，以体现产品的地域性和文化底蕴。这些元素可以传达出独特的品牌身份，吸引消费者的兴趣。

其次，包装上的故事叙述成为关键，通过讲述产品的起源、生产工艺和当地传统，可以为商品赋予更多的情感和故事性。这不仅创造了与产品相关的情感联系，还有助于消费者更好地理解和珍视产品。

再次，视觉设计在文化融合中发挥着重要作用。包装的颜色、图案和整体设计可以融合不同文化的视觉元素，创造出引人注目的视觉效果。这使得包装本身成为一种艺术品，增强了品牌的视觉吸引力。

最后，包装设计可以根据不同的季节或当地的庆典活动进行定制，以适应不同时间段的需求。这样，产品可以与当地文化密切相关，并在特殊时刻提供额外的吸引力。

农旅商品包装的文化融合是一项创新性的工作，它将产品与当地的历史、传统和艺术连接在一起，为品牌打造了更具吸引力和认同感的形象。这种文化融合不仅提升了产品的市场价值，还为消费者提供了更加丰富和有意义的购物体验。

2. 农旅商品创意包装设计个性化定制

农旅商品创意包装设计的个性化定制是将包装与消费者需求和品牌价值相契合的关键。通过根据不同消费者的喜好、文化和时机定制包装，品牌可以建立深厚的情感联系，提高产品的吸引力和认可度。这种个性化定制不仅创造了独特的品牌体验，还为品牌在竞争激烈的市场中脱颖而出提供了有力支持。

3. 农旅商品创意包装设计数字化体验

农旅商品创意包装设计的数字化体验是通过数字技术和在线互动，为消费者提供与产品和品牌互动的机会，以丰富他们的购物体验。

第一，可以通过扫描包装上的二维码或使用手机应用程序，使消费者能够获取有关产品的详细信息，包括生产过程、农场背景和可持续性实践等。这种数字信息的访问使消费者更深入地了解产品的来龙去脉，增加信任感。

第二，数字化体验可以通过虚拟现实（VR）或增强现实（AR）技术来提供。例如，消费者可以使用 VR 头盔来进行虚拟农场游览，感受真实的农村环境，了解农产品的种植和采摘过程。或者使用 AR 应用程序，通过扫描包装上的图像或标志，触发互动式的体验。

第三，数字化体验还可以提供在线购物功能，允许消费者直接从包装上的 QR 码或应用程序中购买产品。这种便利性可以促进销售，同时提供更方便的购物方式。

第四，社交媒体也可以作为数字化体验的一部分，消费者可以分享他们的包装体验、产品评价和照片，从而增加产品的社交传播效应。

数字化体验为农旅商品创意包装设计提供了更多的交互性、个性化和参与性，不仅增强了品牌与消费者之间的联系，还为产品的推广和销售提供了新的可能性。这种数字化体验可以使农旅商品更具吸引力，与时俱进，提高用户满意度。

4. 农旅商品创意可持续包装的意义

农旅商品创意可持续包装的意义不仅在于降低对环境的不良影响，还在于与现代消费者的价值观和期望保持一致。通过采用环保友好的包装材料、减少过度包装、提倡循环利用和推动资源节约，农旅商品表明其对地球可持续性和环境保护的承诺。这不仅增强了品牌的社会责任形象，还吸引了越来越多重视可持续性的消费者，从而促进了销售和品牌忠诚度的增长。

此外，可持续包装也有助于企业遵守日益严格的环保法规和法律要求，减少了潜在的法律风险。这种以可持续性为导向的包装设计不仅反映了企业对环保的责任感，还为未来提供了长期的竞争优势，因为消费者和市场越来越注重可持续性，选择更环保的产品和品牌。因此，农旅商品创意可持续包装不仅对企业有益，还有助于塑造更可持续的未来。

【评价反馈】

请同学们完成以上任务并填写表 6-5-4、6-5-5、6-5-6。

表 6-5-4　学生自评表

任　务	完成情况记录
是否完成包装设计任务选择单	
是否完成包装设计调研任务单	
是否完成包装设计定位任务单	
是否完成调研问卷	
学生互动情况	
相关理论学习情况	
展示汇报情况	
合计分值	

表 6-5-5　学生互评表

序　号	评价项目	小组互评	教师评价	总　评
1	任务是否按时完成			
2	材料完成上交情况			
3	任务完成质量情况			
4	小组成员合作面貌			
5	语言表达沟通能力			
6	创新点			
合计分值				

表 6-5-6　教师评价表

序　号	评价项目	教师评价	备　注	
1	学习准备			
2	引导问题填写			
3	完成质量			
4	完成速度			
5	参与讨论主动性			
6	沟通协作配合性			
7	展示汇报表达性			
合计分值				
综合评价	自评 20%	互评 30%	教师评价 50%	综合评价

【习题与思考】

1. 什么是农旅商品创意包装设计个性化定制？
2. 农旅商品创意包装设计数字化体验有哪些形式？

【学习情景的相关知识点】

知识点 1：掌握农旅商品创意包装设计文化融合。
知识点 2：明确农旅商品创意包装设计个性化定制。
知识点 3：熟识农旅商品创意包装设计数字化体验。
知识点 4：明确农旅商品创意可持续包装的意义。

农旅商品视觉品牌设计

学习情景	模块七：农旅商品视觉品牌设计			
姓　名		学　号		班　级

背景案例

农旅商品品牌设计是一种针对农业和旅游业相结合的品牌设计，旨在通过视觉元素将农业和旅游业结合的理念传达给消费者，从而提升品牌价值和市场竞争力。

这种品牌设计通常会以农业和旅游业的结合为主题，将自然、生态、文化、健康等元素融入设计中，以传达绿色环保、健康、品质等理念。设计中还会体现简约、权威、客观等风格，以体现企业理念和当地文化的融合，设计积极向上、内涵丰富。

在实际操作中，农旅视觉品牌设计应该结合行业属性和客户定位，从全案设计入手，注重品牌调性。例如，在标志设计中，要体现农业和旅游业的结合，同时注重简单、权威、客观等风格，以提升品牌价值。此外，在色彩选择上，多采用绿色、蓝色、黄色等自然色调，以凸显绿色环保、健康、品质等理念。

学习情景　农旅商品视觉品牌设计

学习情景描述

按照某乡村的要求，需要针对某乡村的农产品进行视觉品牌的设计。需要构思农旅商品的视觉品牌，创意策划农旅商品视觉方案，深度完成农旅商品视觉设计效果，实践落地农旅商品品牌的制作，并进行相关宣传推广。

学习目标

知识目标：

1. 学习农旅视觉品牌设计，掌握相关的基本概念、设计原理和行业知识；
2. 学习农业和旅游业的基本知识、品牌策划与营销的基本原理；
3. 学习视觉传达的基本要素、农旅视觉品牌设计的原则和方法。

能力目标：

1. 通过学习农旅视觉品牌设计，掌握相关的设计技能和创新能力；
2. 掌握设计软件的使用技巧、视觉元素的创意与制作；
3. 能够掌握品牌策略的分析与制定、创意与创新的思维能力等。

素质目标：

1. 培养良好的职业素养和协作能力；
2. 培养求真务实、踏实严谨的从业观；
3. 培养服务乡村、扎根土地的使命感。

学习情景实施过程

项目一　农旅商品视觉品牌的概念构思

任务一　品牌与品牌设计

🏠 **活动 1：获取信息**

❓引导问题：什么是品牌？

_____

_____

_____

【知识储备】

一、品牌的概念

品牌可以具体化、视觉化为标志，中世纪欧洲手工艺人以品牌的方式在自己的作品上留下标记，方便顾客找出设计者和原产地。我国古代则用招牌进行宣传，说明每家店铺的功能。经济不断发展过后，品牌的概念便开始扩大和延伸，慢慢变得比较抽象了。美国的广告大师大卫·奥格威的观点是，品牌其实是一种融合体，它包括了品牌的性质、名称、文化、定价、名声等，受到了消费者习惯和偏好的影响。

品牌是一个产品的形象，它沟通和链接了消费者和企业，是两者之间互动的总和。如果在此过程中，没有形成与消费者之间的良好互动，那么品牌就失去了价值，也就不能称其为品牌。

二、品牌形象设计

简单地说，就是在充分调研和市场分析的前提下，找准品牌定位，用巧妙的构思和精妙的策划与设计，体现出品牌的特性，打造品牌在消费者心目中的特别形象。品牌形象设计是一种战略方式，主要包括三种方式：前期调研分析、设计和策划、打造品牌形象。

调研分析包括大环境的分析和同类竞争对手的分析、对受众的分析以及对自身品牌的分析。策划与设计，就是要提升、美化品牌的形象，提升品牌的美誉程度。打造品牌形象就是要在公众心中形成特定的形象，自带品牌的价值和卖点。

三、品牌结构

品牌结构指的是一家企业不同产品品牌构成，不同的子品牌具体的作用和各个品牌之间形成一定的关系，在整个品牌构成中充当了不同的角色。合理的品牌结构，可以从子品牌当中找到品牌的共性，同时不同的子品牌又具有差异性。合理的品牌构成有助于企业更清晰地管理品牌，并在各品牌中更好地进行资源分配。同时，有助于消费者正确有效地认识和选择这些品牌。

品牌结构主要分为以下几种：

1. 单一的品牌

单一的品牌指的是一个企业产品多样但是只采取同一种视觉品牌方案，比如尼康公司生产的所有产品线都使用同一种视觉识别标志，包括打印机、穿着及投影仪等。

2. 主副式品牌结构

主副式的品牌构成一般是为了区分一些功能、等级、特色不完全一样的同类型产品。雅诗兰黛和倩碧，后者隶属于雅诗兰黛旗下，同为化妆品品牌，但是两者在产品功能和档次上，形成了明显的区别。雅诗兰黛更强调抵抗衰老的功能和高档化妆品的品牌形象，而倩碧则相对年轻态很多。两个品牌面对的目标消费群体完全不同。在广告宣传资源的分配上，也明显倾向于主品牌雅诗兰黛。对于主副式品牌结构来说，能够通过产品不同的功能特点和档次，更好地细分消费市场，主品牌带动副品牌的销售。同样地，如果副品牌具有一定的市场地位和品牌价值，也能够反哺主品牌。

3. 多品牌结构

多品牌结构指的是一家公司规模扩大后，不同产品使用不一样的品牌，用这种方式把产品等级区分开来，为顾客提供更多的选择。这些品牌相互独立，而又存在一定的关联，所有子品牌都是为企业品牌的建设和发展服务的。例如著名的日化用品生产企业宝洁和联合利华，就成功地使用了这一品牌结构。以宝洁的洗发水为例，有飘柔、海飞丝、潘婷、沙宣，不同的洗发水产品使用了不同的品牌。但是它们都是同一个企业的洗发水品牌，它们之间会不会出现互相竞争，抢占消费市场的情况呢？这就需要企业制定合理的品牌结构，在广告宣传中突出各品牌产品的个性和特色，在消费者头脑中形成稳定的品牌形象。比如宝洁公司在品牌定位和宣传时，突出飘柔柔顺头发的功能、海飞丝去除头屑的功能、潘婷修复滋养的功能和沙宣的专业性，通过不同的功能定位，帮助消费者选择最需要的产品。多品牌结构能够使各品牌获得更加精准的定位，也便于更好地细分消费市场。但是，由于对每一个品牌，都要进行单独的推广和管理，因此该品牌结构比较适用于产品线丰富而又实力雄厚的企业。

4. 多模式品牌结构

多模式品牌结构是指以上两种模式的组合。比如可口可乐公司旗下有主品牌可口可乐，也有雪碧、芬达、美汁源等多个产品品牌，各品牌都有自己的产品特色和定位，品牌宣传也自成体系，多模式品牌结构能够结合多种品牌结构的优势。

四、品牌定位的概念

当前的社会是一个信息传播速度过快的社会，人们每天要接收各种各样的信息。想要在各种信息当中脱颖而出，就必须要有所创新，形成让人过目不忘的精准信息。美国营销战略大师艾里斯和杰克·特劳特，经过缜密分析于 1969 年首次提出定位概念。他们认为定位是从一个产品开始，这个产品也许一项商品或一种服务，还有可能是一个活生生的人。品牌定位就是从消费者所认知的品牌出发，打造产品在消费者心目中的形象，从而给消费者带来满足。

品牌定位的概念

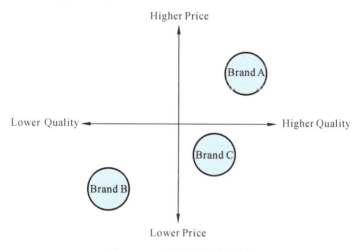

图 7-1-1　品牌定位坐标图

五、品牌定位的维度

品牌定位的目标是获取行业的竞争优势，品牌形象设计的定位主要从以下几个维度进行：

1. 消费者群体定位

以某群体消费者为服务对象，强化此类产品是专为某一类消费者打造，从而获得消费群体的认可，将消费者和品牌更好地结合有助于增强消费者的认同感，打造独属于该类消费者的专有品牌。

国内厨房调料品牌之一的太太乐鸡精，取得了不俗的市场表现。成功的关键是找准了市场的选择和定位。太太这一名称表明了使用该产品的用户大多是女性，一改其他调味品宣传的策略，使得品牌具备了一定的文化属性，与消费者产生共情，增强了关联性，也让该品牌产生了更强的品牌传播力。

2. 消费者感受定位

每一样产品都具备它独特的功能，一个消费者在购买该产品之前，就会产生期望和特殊的生理和心理感受。很多产品就是用给予消费者独特的感受来进行定位的。例如钟薛高的目标客户群体，是注重生活品质，追求精神享受的年轻群体以及都市白领。这类人有自己独到的生活方式，追求的是品质生活和精神愉悦，愿意用符号化的消费来增强和强调个性。钟薛高作为高端、年轻化的冰激凌产品，它的定价策略较高，吃钟薛高冰激凌是年轻、个性且高品质生活的标志，通过消费者感受定位，形成特定的高端消费市场。

3. 情感形象定位

情感定位指的是用产品来强化消费者的情感体验。用适宜的情感来勾起消费者内心的认同感，产生共鸣。潜移默化地培养和影响消费者的心理感受。娃哈哈是食品饮料市场大获成功的产品，娃哈哈的品牌名称表达出了产品消费群体为少年儿童，而且对目标群体寄予了美好的希望和祝福。很显然，情感定位是品牌重要的支撑点，满足消费者情感的需求，用适当的情感定位与消费者共情，增强了品牌的影响力和营销力。

4. 观念定位

当今社会中充满着各种各样的观念，每个人都有着截然不同的消费理念，很多品牌带给消费者新的消费理念，突出产品新的意义和价值，重新打造消费者消费习惯，建立新的价值观念，从而引导消费市场的变化。

锐澳鸡尾酒从一个默默无闻的品牌，发展成最畅销的鸡尾酒品牌之一。传统的鸡尾酒有着复杂的调配工序和严苛的调配技巧要求，锐澳鸡尾酒开发的鸡尾酒口味多样，设计花样百出，但又贴近人们的生活。产品采用易拉罐包装，开罐即可饮用，创新的口味让人新鲜感十足。这些新观念的培养和建立，也更拉近了与年轻消费群体的距离，让锐澳鸡尾酒畅销全球。

5. 产品形式定位

产品形式定位就是根据产品的形态来进行定位。在产品的形式方面，可以下足文章来形成独到的优势，让人过目不忘。比如在感冒药市场，白加黑品牌就采用了不同的服用方式，该形式本身就是一种优良的宣传策略。形式定位还可以体现在产品的标志上，比如汽车品牌中的标志，奔驰、奥迪、三菱不同形状简洁清晰，让消费者很难忘却。

六、农村品牌建设与"一村一品"

"一村一品"是指在一定区域范围内，以村为基本单位，按照国内外市场需求，结合本地资源优势、传统优势和区位优势，通过大力推进规模化、标准化、品牌化和市场化建设，形成一个（或几个）市场潜力大、区域特色明显、附加值高的主导产品和产业。

"一村一品"应该满足以下几个条件：一是最能体现当地优势，二是最能占领消费市场，三是能创造最好的经济效益，四是靠质量打响产品的知名度。通过"一村一品"运动，可以大幅度提升农村经济整体实力和综合竞争力，是我国农村经济发展的重要模式之一。在实施过程中，各地将"一村一品"发展与农业多种功能开发紧密结合，将产业、生态、文化、人才、组织等统筹起来转化为农业农村发展优势，体现了区域优势特色、拓展了多种功能、延伸了产业链条，是促进农民增收致富的重要途径。

"一村一品"不仅是一个农村经济发展的概念，也是一个推进农村产业结构优化、提高农民收入、促进乡村振兴的重要战略。

案例：日本马路村位于四国岛高知县的东北部，是一个以盛产柚子产品而闻名的小村庄，被誉为"柚子村"。马路村地处山区，海拔约 260 米，周围群山环绕，村里 96% 的面积是森林。在 1960 年之前，马路村的经济主要依赖于砍伐树木。然而，随着日本立法保护森林，禁止砍伐，这里的经济陷入了困境。为了寻找新的发展道路，村长和农协会长确定了发展柚子产业的方向。马路村开始在山地上用有机循环种植法栽种柚子，这种种植方式不使用农药和化肥，保证了柚子的高品质。柚子在日本国内享有很高的声誉，马路村的柚子产品销售量超过 1000 万件，销售额超过 2 亿元人民币。除了直接销售柚子，马路村还对柚子进行深加工，如制作柚子果汁、柚子酱等，甚至利用柚子皮和柚子籽提取生产化妆品所需的原材料。

马路村在发展柚子产业的同时，也注重完善村子的基础设施建设。村里建立了温泉酒店、农庄、森林小火车、加工厂和农产品专卖店等，吸引了大量游客前来观光和购物。这些举措不仅增加了村民的收入，也提升了马路村的知名度和美誉度。

马路村通过发展柚子产业，成功实现了从伐木村到柚子村的转型。如今，马路村已经成为日本名副其实的美丽富裕乡村，其成功经验对于其他地区的乡村振兴具有一定的借鉴意义。

【评价反馈】

各位同学根据任务完成情况，完成评价表 7-1-1、7-1-2、7-1-3。

表 7-1-1　学生自评表

任　务	完成情况记录
任务是否按计划时间完成	
课前学习完成情况	
相关理论学习情况	
任务完成情况	
引导问题填写情况	
材料上交情况	
收获情况	
合计分值	

表 7-1-2　学生互评表

序　号	评价项目	小组互评	教师评价	总　评
1	任务是否按时完成			
2	材料完成上交情况			
3	任务完成质量情况			
4	小组成员合作面貌			
5	语言表达沟通能力			
6	创新点			
合计分值				

表 7-1-3　教师评价表

序　号	评价项目	教师评价	备　注	
1	学习准备			
2	引导问题填写			
3	完成质量			
4	完成速度			
5	参与讨论主动性			
6	沟通协作配合性			
7	展示汇报表达性			
合计分值				
综合评价	自评 20%	互评 30%	教师评价 50%	综合评价

【习题与思考】

1. 品牌的概念是什么?
2. 什么是品牌形象设计?

【学习情景的相关知识点】

知识点 1:品牌的概念。
知识点 2:品牌形象设计。
知识点 3:品牌的定位。

任务二　农旅商品视觉品牌的概念

🏠 活动 1:获取信息

❓引导问题:农旅商品视觉品牌设计应该包括哪些内容要素?

_____

_____

_____

【知识储备】

一、农旅商品的品牌概念

农旅商品的品牌是为了满足消费者日益提高的需求，为了提升传统农业的附加值，把文化、旅游融入现代科技中，凸显企业优势和特色，进一步开发、拓宽农业的功能，增强农业的活力，不断发挥品牌的影响力和带动力，实现企业不断发展。

二、农旅商品视觉品牌的作用

之所以要努力打造农旅商品品牌，是因为它具有很好的作用，主要体现在以下三个方面：

1. 文化的传承与更新

农旅商品的开发使得相关文化被发掘和转化，最后成功推动了文化发展。文化的发展需要着眼长远处，把新的思想和历史传承结合起来，让经典的文化以全新的方式进行呈现。

2. 打造新的生活情境

用现代的手法再现美好的生活场景，比如经典的蜂蜜包装，品牌的标志山粗麻绳和木质的蜂窝图形构成，企业的性质一目了然，展现了蜂蜜天然无污染的理念，还能勾起消费者儿时对蜂窝的回忆。

3. 增加农产品溢价能力

好的农旅商品品牌可以形成地理标志产品，带来更多的流量，进一步促进当地加工产业和服务业迅速发展，更好地发挥联农带农机制，实现农民增收。

三、农旅商品视觉品牌设计原则

第一条是品牌主线。想要做好企业的宣传，品牌就必须有经典、令人印象深刻的形象。为使品牌脱颖而出，就要选择特征明显，选择相应的设计元素进行加工，强化其在消费者心目中的地位。要梳理好品牌系列产品线，一以贯之地强化品牌的形象，所有产品都保持跟主线一致。

第二是文化性。农旅商品的品牌设计离不开文化性，特别是农耕文化的研究。传统文化怎样跟现代人的需求和审美结合是我们需要讨论和解决的问题，不同时期的农业有其不同的特点，反映了一个时期人民的思想和情感变化。农旅商品品牌要守正创新，避免原封不动地输出，将时代的特点纳入设计中。

第三是要强调环保意识。农旅商品品牌立足农业，更重要的是围绕"三农"进行服务，不断提升农业的活力，保护农村环境，带动农民增收，所以无论是品牌的理念、包装或是衍生品，均应考虑绿色环保、可回收的理念，保护自然资源，维护生物多样性。

第四是要使用友好。使用友好也是农旅商品开发另一重要的原则，要从产品的色彩、造型、图案包装等方面下功夫，体现出简洁、舒适的设计理念，同时要能准确传递信息。在设计产品的包装时，还要考虑到不同定位的产品简装和精装的要求，同一产品的外包装、内包装、个装、散装的关系。

四、农旅商品视觉品牌的内容

基本要素设计包括标志、标准字、识别色、象征图形、印刷字体、IP形象以及各要素之间的规范组合设计。

（1）标志。

品牌的视觉核心，通常是图形和/或文字的组合，用于快速识别和记忆品牌。

（2）标准字。

选择或设计特定的字体，以在品牌传播中保持一致性。

（3）识别色。

代表品牌情感的色彩组合，通常与品牌标志一起使用，以强化品牌的视觉识别。

（4）辅助图形。

辅助图形，是标志、标准字、标准色的延伸和补充，是出现频率最高的附属要素。标志、标准字等造型要素具有点的特征，而象征图形具有线、面展开后的造型意义，可以弥补前者的不足，加强版面的对比效果，丰富版面的形式美感。

（5）印刷字体。

印刷字体是专门用于印刷或数字显示的字体设计。这些字体通过特定的字形、字号、字重（也称为粗细）和风格（如斜体）来展现，以满足不同的印刷或显示需求。印刷字体通常由字体设计师设计，并经过专业的排版师在印刷品或数字媒体上进行排版使用。

（6）IP形象。

企业或其某个品牌在市场上、在社会公众心中所表现出的个性特征，它体现了公众特别是消费者对品牌的评价与认知。IP形象是品牌表现出来的特征，反映了品牌的实力与本质，并与品牌不可分割。

【评价反馈】

各位同学根据任务完成情况，完成评价表 7-1-4、7-1-5、7-1-6。

表 7-1-4　学生自评表

任　　务	完成情况记录
任务是否按计划时间完成	
课前学习完成情况	
相关理论学习情况	
任务完成情况	
引导问题填写情况	
材料上交情况	
收获情况	
合计分值	

表 7-1-5　学生互评表

序　号	评价项目	小组互评	教师评价	总　评
1	任务是否按时完成			
2	材料完成上交情况			
3	任务完成质量情况			
4	小组成员合作面貌			
5	语言表达沟通能力			
6	创新点			
合计分值				

表 7-1-6　教师评价表

序　号	评价项目	教师评价	备　注
1	学习准备		
2	引导问题填写		
3	完成质量		
4	完成速度		
5	参与讨论主动性		
6	沟通协作配合性		
7	展示汇报表达性		
合计分值			
综合评价	自评 20% 	互评 30% 	教师评价 50% 综合评价

【习题与思考】

为什么要进行农旅商品视觉品牌设计?

【学习情景的相关知识点】

知识点 1:农旅商品视觉品牌的作用。

知识点 2:农旅商品视觉品牌的设计原则。

知识点 3:农旅商品视觉品牌的内容。

任务一　品牌形象策划

活动1：课前学习

请根据课前学习资料，完成表7-2-1课前小测试任务单。

表7-2-1　课前小测试任务单

课前学习资料	
1.品牌形象策划视频资料。	
课前小测试	
1.品牌策划的概念。	2.品牌策划的重点。

【知识储备】

一、品牌策划的概念

策指的是策略，划讲的是谋划。策划是为了达到某种目的，在充分调研的基础之上，按照一定规律和方法，对快要发生的事情进行科学的测算并制定详实可行的计划方案。

品牌形象的策划指的是，以打造或宣传企业品牌为目的，凭借一定的科技和艺术手法，缜密构思、精心设计，制定切实可行的计划方案，让企业形象和产品品牌与其他品牌区分开，在消费者心目中留下特定的符号。对市场和消费者的需求进行准确画像，防止因为不了解市场或误判了需求而导致的投资失败，带来经济损失。品牌形象策划简单来说就是通过科学合理的手段，使得企业在消费者心目中的品牌形象清晰明了。

二、品牌策划的重点

品牌策划的重点一般放在以下几点上：

第一是企业现状与目标分析。主要分析与评估企业现状与品牌发展现状，包括品牌结构是否合理，品牌的外观和视觉形象是否清晰，消费群体定位是否正确，消费者对于品牌的认识和印象是否明确，企业发展与品牌形象建设的目标是什么，同时明确和总结企业在品牌发展和建设中存在的不足和问题。

第二部分是行业分析。主要对竞争对手的品牌定位、品牌策略及行业竞争格局展开市场调研，通过对企业发展和品牌建设现状的调研，对竞争对手和行业竞争格局的调研，明确企业的竞争优势和发展方向，确定品牌建设总目标。

第三部分是品牌策划的核心环节。包括品牌类别定位、品牌结构、市场消费人群定位等各层面的规划，通过细分消费者市场，明确该品牌的目标消费群体，提炼品牌价值观和独特的品质，规划品牌结构和品牌战略，最终确定品牌形象。

第四部分是品牌管理。为了品牌未来更好地发展，需要制定品牌发展各阶段的目标，细分各阶段的发展要求通过科学的品牌管理，使品牌能够在市场竞争中一直占据有利的地位。

第五部分为品牌推广与营销策略。通过广告宣传、公关活动、服务沟通等方式，不断宣传品牌形象，建立有鲜明个性与核心价值、高品牌溢价能力、高知名度的大品牌。

【评价反馈】

各位同学根据任务完成情况，完成评价表 7-2-2、7-2-3、7-2-4。

表 7-2-2　学生自评表

任　务	完成情况记录
任务是否按计划时间完成	
课前学习完成情况	
相关理论学习情况	
任务完成情况	
引导问题填写情况	
材料上交情况	
收获情况	
合计分值	

表 7-2-3　学生互评表

序　号	评价项目	小组互评	教师评价	总　评
1	任务是否按时完成			
2	材料完成上交情况			
3	任务完成质量情况			
4	小组成员合作面貌			
5	语言表达沟通能力			
6	创新点			
合计分值				

表 7-2-4 教师评价表

序 号	评价项目	教师评价	备 注
1	学习准备		
2	引导问题填写		
3	完成质量		
4	完成速度		
5	参与讨论主动性		
6	沟通协作配合性		
7	展示汇报表达性		
合计分值			
综合评价	自评 20%	互评 30%	教师评价 50%	综合评价

【习题与思考】

　　1. 品牌结构有哪些?

　　2. 品牌策划的定义。

【学习情景的相关知识点】

　　知识点 1:品牌策划的含义。

　　知识点 2:品牌策划的重点。

任务二　农旅商品视觉品牌策划流程

🏠 活动 1:获取信息

　　❓引导问题:在进行农旅品牌设计前需要做什么工作?

_____

_____

【知识储备】

　　对农旅商品视觉品牌进行策划构思,首先要对农旅商品进行调研、受众行为分析等。

一、农旅商品市场调查

市场调查一般可分为以下几个主要阶段。

1. 明确调查目标

在开始市场调查之前，首先要明确调查的目标和目的。这包括了解农旅商品的市场需求、竞争情况、消费者偏好等，以便为产品开发、定价、营销策略等提供决策依据。

2. 制订调查计划

根据调查目标，制定详细的调查计划。这包括确定调查的时间、地点、样本量、调查方法（如问卷调查、访谈、观察等）以及调查工具（如问卷设计、访谈提纲等）。

3. 收集资料

通过各种途径收集与农旅商品市场相关的资料，包括行业报告、政策文件、统计数据、消费者评价等。这些资料可以帮助你更全面地了解市场情况，为后续的实地调查和分析提供支持。

4. 实地调查

按照调查计划进行实地调查，可以通过以下方式进行：

（1）访谈。与农旅商品的生产者、经销商、消费者等进行深入交流，了解他们的需求、期望、意见和建议。

（2）观察。参观农旅商品的生产基地、销售场所等，观察产品的生产流程、销售情况等。

（3）问卷调查。向目标消费者发放问卷，收集他们的购买意愿、购买频率、购买场所等信息。

5. 数据分析

将收集到的数据进行整理和分析。可以使用统计软件或数据分析工具对数据进行处理，提取有用的信息。通过数据分析，可以了解农旅商品市场的规模、结构、消费者特征等，为市场预测和决策提供数据支持。

6. 撰写调查报告

根据数据分析的结果，撰写农旅商品市场调查报告。报告应包含调查的目标、方法、结果和结论等，以便为决策者提供全面、准确的市场信息。

7. 反馈与应用

将调查报告的结果反馈给相关部门和决策者，以便他们根据市场情况制定相应的产品开发、定价、营销策略等。同时，也可以将调查结果用于指导未来的市场调查工作，不断提高市场调查的准确性和有效性。

二、农旅商品受众行为分析

1. 明确分析目标

确定希望通过受众行为分析了解什么信息，比如消费者的购买偏好、消费习惯、价格敏感度等。

2. 数据收集

通过问卷调查、访谈、社交媒体监测、销售数据追踪等方式收集关于受众行为的数据。确保数据收集的广泛性和代表性，以反映真实的受众行为。

3. 数据清洗与整理

对收集到的原始数据进行清洗，去除无效或错误数据。将数据整理成可用于分析的格式，如 Excel 表格或数据库。

4. 受众细分

根据不同的标准（如年龄、性别、地域、消费习惯等）将受众细分为不同的群体。分析每个细分群体的特点和行为模式。

5. 行为分析

分析受众的购买频率、购买时间、购买渠道等消费行为。研究受众对农旅商品的偏好，如对有机、绿色、健康等属性的重视程度。分析受众的信息获取渠道和决策过程，了解他们是如何得知并选择购买特定农旅商品的。

6. 竞争分析

分析竞争对手的受众群体和行为模式，找出差异点和优势。比较自家产品与竞争对手产品在受众心目中的定位和形象。

7. 情感分析

通过分析社交媒体评论、客户反馈等，了解受众对农旅商品的情感倾向（正面、中性、负面）。识别受众的痛点和不满，以便改进产品或服务。

8. 结果呈现与决策支持

将分析结果以图表、报告等形式直观展示，便于决策者理解。根据分析结果提出具体的营销策略建议，如目标市场定位、产品优化、促销活动等。

9. 持续改进与迭代

定期重复受众行为分析过程，以便及时捕捉市场变化和受众需求的变化。根据新的分析结果调整营销策略和产品策略。

【评价反馈】

各位同学根据任务完成情况，完成评价表 7-2-5、7-2-6、7-2-7。

表 7-2-5　学生自评表

任　务	完成情况记录
任务是否按计划时间完成	
课前学习完成情况	
相关理论学习情况	
任务完成情况	
引导问题填写情况	
材料上交情况	
收获情况	
合计分值	

表 7-2-6 学生互评表

序　号	评价项目	小组互评	教师评价	总　评
1	任务是否按时完成			
2	材料完成上交情况			
3	任务完成质量情况			
4	小组成员合作面貌			
5	语言表达沟通能力			
6	创新点			
合计分值				

表 7-2-7 教师评价表

序　号	评价项目	教师评价	备　注
1	学习准备		
2	引导问题填写		
3	完成质量		
4	完成速度		
5	参与讨论主动性		
6	沟通协作配合性		
7	展示汇报表达性		
合计分值			
综合评价	自评 20%	互评 30%	教师评价 50%	综合评价

【习题与思考】

收集多个不同类型的农旅视觉品牌设计案例。

【学习情景的相关知识点】

知识点：农旅视觉品牌的策划流程。

------- 项目三　农旅商品视觉品牌的设计开发 -------

任务一　标志设计

🏠 活动 1：方案构思

小组分工，从不同角度对标志设计进行构思。

❓引导问题：各组在进行 Logo 设计时进行了哪些多角度探索？

❓ 引导问题：Logo 设计的差异化如何体现？

【知识储备】

一、标志方案设计构思

在对标志方案进行设计构思时，要从企业的文化、企业的属性、企业的偏好等入手，考虑标志在不同应用场景下都能适用。

【案例分析】

案例一：

陈幼坚设计的"竹叶青"品牌标志，充分体现了他的设计理念和艺术追求。竹叶青作为茶叶品牌，其标志设计巧妙地融合了中华传统文化与现代审美观念。

首先，陈幼坚从"竹叶青"这一名字中汲取灵感，将"竹"作为设计的核心元素。在中国传统文化中，"竹"象征着君子，代表着正直、高雅、纯洁、谦虚和有气节的品质。陈幼坚利用竹叶的形态，将其巧妙地拼凑成一个"竹"字，不仅体现了产品的属性，也展现了品牌的文化内涵和个性。

其次，在色彩选择上，陈幼坚并没有直接使用茶叶本身的绿色，而是选择了黄绿色作为品牌的主色调。这种颜色既沉稳又有价值感，更能代表一种清新、豁达的理想人生状态。同时，黄绿色也与茶叶的自然属性相呼应，给人一种自然、健康的感觉。

在图案设计上，陈幼坚采用了简约而流畅的线条，将竹叶的形态进行抽象和提炼，形成了一种独特的视觉美感。同时，他还在标志中巧妙地融入了圆形的线条，象征着品尝竹叶青时专用的透明玻璃茶杯。这种设计不仅增加了标志的趣味性，也让人在欣赏之余能够联想到品茶的场景，进一步加深了品牌与消费者之间的情感联系。

此外，陈幼坚在字体设计上也下足了功夫。他采用了半衬线体来设计"竹叶青"这一名称，字体修长而有力，既符合品牌的定位，也体现了品牌的个性和气质。同时，他还将"中国绿茶"这一字样进行了现代化处理，使其与整体设计风格相协调。

总的来说，陈幼坚设计的竹叶青品牌标志，不仅具有独特的视觉美感，更蕴含了深厚的文化内涵和品牌理念。这种设计不仅提升了品牌的价值和影响力，也为消费者带来了更加美好的消费体验。

案例二：

李永铨为"谭木匠"设计的品牌形象，无疑是他设计生涯中的又一经典之作。他成功地将谭木匠的传统手工艺精华与现代设计理念相结合，打造出了一个既富有文化底蕴又不失时尚感的品牌形象。

在设计中，李永铨注重细节和美学，以简洁而精致的设计手法，将谭木匠的品牌理念和产品特性完美地融合在一起。他巧妙地运用了色彩、图案和字体等元素，创造出了一个独特且易于识别的品牌形象。

色彩方面，李永铨选择了温暖而自然的木色调作为主色调，这不仅与谭木匠的产品特性相契合，还传递出一种温馨、舒适的感觉。同时，他巧妙地运用了一些亮色进行点缀，使得整个设计更加生动、活泼。

图案设计上，李永铨采用了富有中国传统特色的元素，如云彩、花鸟等，将其巧妙地融入品牌标志和产品包装中。这些图案不仅美观大方，还富有文化内涵，让人一看便能感受到谭木匠品牌的独特魅力。

在字体设计上，李永铨也颇费心思。他选用了既有古典韵味又不失现代感的字体来呈现谭木匠的品牌名称和产品信息，使得整个品牌形象更加统一、和谐。

总的来说，李永铨为谭木匠设计的品牌形象，不仅彰显了品牌的核心价值和文化底蕴，还赋予了其现代感和时尚气息。这种设计不仅提升了谭木匠在市场上的竞争力，也让消费者更加喜爱和信赖这个品牌。

案例三：

航趣 App 是一款主打农业产品海上运输的软件，用手写字母的大写拼音作为标志设计元素，加上纸飞机的造型，表达运输速率高、农产品送达新鲜的含义。

图 7-3-1　航趣品牌标志设计（设计师：陈浩宇）

活动 2：方案表现

小组分工，针对前期构思的不同方案，进行标志设计的手绘草图表达及细节资料图文补充。

？引导问题：在对标志设计方案进行手绘表达时应该注意哪些细节？

【进行决策】

（1）各小组内进行讨论，针对本组的方案做内容完善，并组内预选最佳方案。

（2）各小组分享汇报本组设计方案，其他小组针对其方案提出问题与建议。

（3）师生讨论共同决定各组最佳方案，以便在下一步进行深化。

🏠 **活动 3：方案深化设计**

小组分工，将最佳方案进行深化设计。

❓引导问题：在对标志设计方案进行深化设计时应该注意哪些细节？

_____

_____

_____

【知识储备】

二、标志设计方案深化

这个阶段是进一步将构思的草图和搜集的设计资料融为一体，使之进一步具体化的过程。由构思开始到最后完成设计前，需要经过反复研究与讨论，不断修正，才能获得较为完善的设计方案。设计者对于设计要求的理解，不同场景的应用，比例的缩放等都要有很好设计与安排，它们之间矛盾的协调、处理、解决，设计者的艺术观点等，最后都要通过设计方案的深化而得到全面的反映。

标志设计初稿完成以后，为了保持其图形的标准和统一，就要进行更精细化的设计，以便在推广过程中能更系统规范地使用。标志的尺寸一定要有明确的规范，在设计和运用过程中始终保持完整和统一，保证在任何应用场景下标志都不会产生形变。

1. 标志的制图标准

确保不同范围应用时，标志保持准确和一致，同时保证在施工过程中更好地进行参考，避免因施工人员、材料、工艺的不同而导致图形发生形变。标志设计主要采用的是网格化和比例标识、圆弧标示法等，在实际运用时，根据标志复杂程度和造型的不同也可同时采用三种方式。在网格和数值的标识下，尺寸和比例一目了然，设计的原则是方便快速计算和作业。

2. 标志制图法

标志制图法的要点，在于将图形线条进行数值化的确定，这样更加方便标志的制作，一般采用以下几种方法。

（1）网格标示法。网格标示法即在正方的格子线上配置标志，以说明线条的宽窄、相对位置等关系。

（2）比例尺法。用图案造型的整体尺寸来表示各个部分的尺寸。

（3）圆弧、角度标示法。为了说明标志图形，线条的倾斜程度，辅助以量角器等工具，来更准确地进行说明。

3. 进行细致化打磨

标志设计结束后，要针对实际的运用场景进行更细致化的打磨，目的在于更好地维护品牌形象。标志设计定稿后，必须进行有效的造型上的细节的处理，标志的精致化作业必须花费许多时间，这也是把精致化作业放在设计定稿之后的主要原因。

4. 标志的修正

许多标志在完成以后，视觉上会出现错觉的情况，完稿之后的修正就显得必不可少。第一，对标志以及负形过于尖锐的部分进行修正。第二，对标志的透视变形进行修正。第三，对标志自身的线条，比如点、线、面等造型的视觉误差做相应的修正。第四，对色彩造成的视觉差异进行修正。第五，对标志的缩放稿进行修正，在较大的应用场景当中，就需要重新修订，以符合场景的要求，将图形数值化以后，便于今后品牌推广中正确地使用。

5. 变体设计的原则

在不同媒体的设计表现上，需要根据实际情况做各种尺寸的变体设计，以达到更好的视觉和宣传效果。变体设计的原则是，不损害原有标志设计的理念和标准，具有一定的延展性和灵活性，经常使用的方式有几个，第一可以对线条粗细程度进行改变，第二进行黑白与色彩的变化，第三用正负形相互转换。

【案例分析】

案例一：正负图形

平面设计当中的正负图形由卢宾于 1915 年最开始使用，因为他最早采用了正负图形的方式来表现，所以这种图形又称为卢宾反转。很多时候，当你凝视着玻璃杯的时候，玻璃杯就是图，黑色部分则为背景。反过来，当你注视着两个人头时，它们就成了图形，白色的部分却成为背景。这样的例子数不胜数，中国古代的八卦太极图是一种典型的正负形，正负形既是一种充满艺术的图案，更加充满了遐想的空间，这正是正负图形的魅力所在。

案例二：减笔留形

减笔留形是在文字原有的基础上，减去或省去某一笔画，依然可以识别标志字体的处理手法。减笔留形类似书法的留白，留白的地方要讲究字体的用笔力度，前提是要保留好书法作品的分量，在空间中抒发畅然之气，留白的空间更增加了灵动之感。如中国美术学院的校徽设计，当中隐藏了中国的"国"，美字则是采用去掉笔画的方式来表现，整体的"国美"两个字好似一枚印章，蕴含着传统之美和文化之美。简单的横线处理，让人看到了太极八卦的影子，同样也象征着古老文明，设计十分巧妙。

案例三：符号置换同构图形

符号置换同构图形指的是把两个或者两个以上的图形进行嫁接或重组，形成一种新的组合方式，创造出新的组合图形，传递新的含义。但是图形的组合并非简单的加法，而是要实现 1+1 > 2 的目的。比如北京 2008 年奥运会会标，起舞的北京采用的是中国传统的大红色，张开了双臂，欢迎世界各地的奥运健儿和游客共赴北京奥运盛会。标志设计采用的是中国印的表现方式，又如奔跑的人形，象征着北京"人文奥运"的口号，将人文精神融入奥林匹克运动之中，采用了符号置换的方法。

活动 4：巩固任务

小组组内讨论，查漏补缺进行修正，对设计方案进行调整。

引导问题：各小组农旅商品标志方案设计进度。

_____

_____

_____

_____

【评价反馈】

各位同学根据任务完成情况，完成评价表 7-3-1、7-3-2、7-3-3。

表 7-3-1　学生自评表

任　务	完成情况记录
课前学习完成情况	
任务完成情况	
合计分值	

表 7-3-2　学生互评表

序　号	评价项目	小组互评	教师评价	总　评
1	任务是否按时完成			
2	材料完成上交情况			
3	任务完成质量情况			
合计分值				

表 7-3-3 教师综合评价表

序　号	评价项目	教师评价	备　注
1	参与讨论主动性		
2	沟通协作配合性		
3	展示汇报表达性		
合计分值			

综合评价	自评 20%	互评 30%	教师评价 50%	综合得分

【习题与思考】

标志是怎么被设计出来的?

【学习情景的相关知识点】

知识点:标志的规范设计。

任务二　字体设计

⌂ 活动 1:课前学习

请根据课前学习资料,完成表 7-3-4 课前小测试任务单。

表 7-3-4 课前小测试任务单

课前小测试	
1. 标准字体的设计原则是什么?	2. 色彩管理的要素有哪些?
3. 标准字体的特征是什么?	4. 如何为品牌标准字体注入"个性"?

⌂ 活动 2:获取信息

❓引导问题:怎么运用标准字体和标准色增加标志特色?

【知识储备 】

一、农旅商品视觉品牌的字体类型

1. 标准字体设计

标准字体设计主要指的是将产品或企业的名称用独到的创意和新颖的设计，形成个性化、有标识性的组合字。一般标准字的类型有：文字型标志；企业或者品牌名称标准字；产品名称的标准字；活动的标准字；广告用语的一些标准字。创造风格独特的字体，以此来塑造更好的企业形象，增进大众对企业的好感度，达到宣传和推广的目的。标准字体与普通字体、书法字体有很大的不同，标准字体设计是根据企业的名称、企业的内容进行设计，对于字间距、线条的细节、造型的要求都做了细致的规划。

2. 文字标志

文字标志就是直接使用中文、汉语拼音和外文单词或者是三者的组合构成标志。由于标准字代表着特定的品牌形象，因此必须具备独一无二的风格和明显的个人特征，才能使企业在众多竞争对手中脱颖而出。容易识别是标准字体最基本的特点，造型优美是标志出类拔萃的关键所在，保持系统性则是为了让标志可以适用于各种场合。标准字是品牌形象设计的关键因素之一，因种类多、运用广，几乎涵盖了品牌相关的各种要素，它与标志设计同样重要。文字本身就有明确的解释说明性，在文字设计中就包含了品牌名称和品牌的个性。再通过视觉、听觉的强化，品牌的形象就更加深入人心。

3. 印刷字体

印刷字体（Print Font）是指用于印刷或数字显示的字体设计。这些字体是预先设计好的字符集合，包括字母、数字、标点符号等，用于在各种印刷品（如书籍、杂志、海报等）或数字媒体（如网页、应用程序、电子书籍等）中呈现文本。印刷字体通常具有特定的样式、大小和格式，旨在提高文本的可读性和视觉吸引力。

印刷字体的种类繁多，包括传统的衬线字体、无衬线字体、手写字体、装饰性字体等。每种字体都有其独特的风格和用途，适用于不同的设计场景和读者群体。

在印刷和数字出版领域，选择合适的印刷字体对于传达信息、营造氛围和树立品牌形象至关重要。因此，设计师和出版人员需要了解各种字体的特点，以便根据需要选择合适的字体来呈现文本。

4. 定制字体

定制字体是指企业在塑造品牌形象的过程中，为确立一个既强烈且统一的形象，而固定选用一款或多款符合品牌形象的专属字体。这种字体作为品牌的可视化呈现和品牌体验的重要一环，旨在传递品牌精神，使品牌更具辨识性，并在用户心中形成特有的认知。例如，美团与方正字库联合打造的"美团体"就是一款定制字体。

这些定制字体可以用于各种品牌传播物料、广告宣传、产品包装等，有助于统一品牌的视觉形象，增强品牌的识别度和记忆度。同时，定制字体也可以体现品牌的独特性和个性，有助于在激烈的市场竞争中脱颖而出。

此外，定制字体还需要考虑字体的易读性和美观性，以确保在传递品牌形象的同时，也能提供良好的阅读体验。因此，定制字体的设计通常需要结合品牌的特点和目标受众的需求进行综合考虑。总的来说，定制字体是企业塑造品牌形象的一种重要手段，有助于提升品牌的认知度和影响力

二、农旅商品视觉品牌的字体特点

1. 识别性

由于企业的经营理念不一样，标准字所体现的风格特点也不相同，与其他企业产生较大的差异，才能易于识别。

2. 易读性

标准字体的设计还要遵循识别的原则，虽然字体可以做修饰变化，但如果过于追求变化失去了辨别的效果，就失去了标准字体易读的基本特性。

3. 造型性

企业标准的基本要求是要清晰度高、辨识度高。在这个基础之上进行造型的创新和美感度的提升，不但要表达品牌的个性，更要追求美感。在字体的结构上、笔画的粗细变化上、字体空间韵律上着手，发挥设计者的创意，符合时代审美的要求。

4. 系统性

标准字在导入整体品牌形象时，要与其他的视觉要素相呼应，进行和谐的搭配，并且适用不同的组合。

5. 延展性

因为标准字在不同媒体上的应用广泛，但对不同的材料、不同的技术要求较多，它要在缩放等多种表现方式时都保持字体的清晰。

三、农旅商品视觉品牌的字体设计原则

第一标准字体是品牌 Logo 的重要组成部分。就算品牌使用了图案标志，完整品牌标志还是包含"品牌标志+图形标志"的组合。对一个低知名度品牌来讲，只是凸显和运用图形标志，基本不能实现识别和认知的功能。

第二标准字体设计风格的决定性因素。标准字体在品牌识别发挥中的作用，形成了设计的风格，标准字体就应当具有鲜明的个性。

第三品牌标准字体可以表达的含义。

第四如何为品牌标准字体注入"个性"。

四、农旅商品视觉品牌的字体设计技巧

农旅商品字体设计的技巧主要包括以下几个方面：

1. 主题与风格一致性

字体设计应与农旅商品的主题和风格保持一致。比如，如果农旅商品主打绿色、环保、自然的概念，那么字体设计就应该体现清新、自然的感觉，避免使用过于复杂或现代的字体。

2. 易于阅读与识别

农旅商品的字体设计要考虑消费者的阅读体验，字体需要清晰易读，避免使用过于花哨或难以辨认的字体。同时，字体的尺寸和间距也要合理，以便消费者能够快速获取商品信息。

3. 融入文化元素

农旅商品通常与地域文化、农业文化等密切相关，因此在字体设计中可以融入相关的文化元素。比如，可以借鉴传统书法、篆刻等艺术形式，或者采用具有地方特色的图形、符号等元素，以突出商品的文化特色。

4. 创新设计

在保持一致性和可读性的基础上，可以进行一些创新设计。比如，可以尝试使用新的字体样式、颜色搭配或排版方式，以吸引消费者的注意。同时，也可以结合现代设计理念和科技手段，如使用 3D 效果、动态字体等，增强商品的视觉冲击力。

5. 考虑实际应用场景

在设计字体时，还需要考虑实际应用场景。比如，如果商品需要在户外环境中展示，那么字体材质就需要具备较好的抗风、抗雨、抗晒等性能；如果商品需要在网络上销售，那么字体就需要具备良好的屏幕显示效果。

总之，农旅商品字体设计需要综合考虑多个方面，精心设计的字体可以更好地传递农旅商品的信息和价值，提升商品的竞争力和吸引力。

【评价反馈】

各位同学根据任务完成情况，完成评价表 7-3-5、7-3-6、7-3-7。

表 7-3-5 学生自评表

任　务	完成情况记录
课前学习完成情况	
任务完成情况	
合计分值	

表 7-3-6 学生互评表

序　号	评价项目	小组互评	教师评价	总　评
1	任务是否按时完成			
2	材料完成上交情况			
3	任务完成质量情况			
合计分值				

表 7-3-7　教师综合评价表

序　号	评价项目	教师评价	备　注
1	参与讨论主动性		
2	沟通协作配合性		
3	展示汇报表达性		
合计分值			

综合评价	自评 20%	互评 30%	教师评价 50%	综合得分

【习题与思考】

什么样的字体风格更能表现自然、健康的农旅商品品牌?

【学习情景的相关知识点】

知识点 1:了解字体的分类、原则。

知识点 2:农旅商品品牌设计的字体技巧。

任务三　IP 形象设计

🏠 活动 1:获取信息

❓引导问题:IP 形象设计对农旅商品视觉品牌设计有什么帮助?

_____

_____

_____

【知识储备】

一、品牌 IP 形象设计

品牌 IP 形象指的是企业或某个品牌在市场上、在社会公众心中所表现出的个性特征。这种形象体现了公众特别是消费者对品牌的评价与认知,同时也是品牌实力和本质的反映。简单来说,品牌 IP 形象就是企业或品牌树立的一个类似动画人物形象,通过这个形象,品牌可以与受众进行更近距离的沟通。

二、农旅商品视觉品牌的 IP 形象设计

农旅商品 IP 形象设计是设计时提取代表该乡村的独特地域文化元素,包括自然环境、建筑、习俗等,对其进行概括取舍,以卡通造型的方式呈现出来,用来活跃品牌形象,建立亲

切感，拉近品牌与消费者之间的距离。乡村文创 IP 形象的表情和姿势应符合品牌性格和乡村地域文化，具体设计内容包括彩色稿及造型说明、立体效果图、基本动态造型、展开使用规范。IP 形象设计可以引领乡村潮流风尚，扩大宣传当地的文化资源，确立农旅商品品牌特色，拓宽与相关产业如旅游业的融合，走品牌化 IP 之路，提高村庄文化软实力，进而为乡村带来经济发展，推动乡村振兴。

1. 地域特色原则

结合农旅商品所在地的地域特色，如农产品种类、自然风光、历史文化等，将这些元素融入 IP 形象设计中，体现地域的独特性和文化魅力。

2. 易于识别与记忆原则

设计简洁明了、形象生动的 IP 形象，便于消费者快速识别并记住。避免设计过于复杂或模糊的 IP 形象，以免降低品牌的辨识度。

3. 文化融合原则

在设计过程中，将农业文化和旅游文化相融合，创造出既有农业特色又有旅游魅力的 IP 形象，这有助于增强品牌的文化底蕴和吸引力。

4. 创新性与趣味性原则

打破传统思维，运用创新思维和创意元素，设计出富有创意和趣味性的 IP 形象。这样的设计能够吸引更多年轻消费者的关注和喜爱。

5. 适应性原则

设计具有适应性的 IP 形象，能够适用于不同的媒介和场景，如平面广告、包装设计、数字媒体等。这样的设计能够充分发挥 IP 形象的商业价值，提高品牌的曝光度和传播效果。

6. 情感共鸣原则

在设计过程中，关注目标受众的情感需求，创造出能够引起情感共鸣的 IP 形象。这样的设计能够增强消费者对品牌的认同感和忠诚度。

7. 可持续发展原则

在设计过程中，考虑环境保护和可持续发展的要求，选择环保材料和生产方式，降低对环境的负面影响。这样的设计能够提升品牌的环保形象和社会责任感。

8. 一致性原则

确保 IP 形象与品牌形象、产品特点等保持一致，形成统一的品牌视觉识别系统。这有助于增强品牌的整体感和一致性，提高品牌的辨识度和记忆度。

【评价反馈】

各位同学根据任务完成情况，完成评价表 7-3-8、7-3-9、7-3-10。

表 7-3-8 学生自评表

任 务	完成情况记录
课前学习完成情况	
任务完成情况	
合计分值	

表 7-3-9 学生互评表

序 号	评价项目	小组互评	教师评价	总 评
1	任务是否按时完成			
2	材料完成上交情况			
3	任务完成质量情况			
合计分值				

表 7-3-10 教师综合评价表

序 号	评价项目	教师评价	备 注
1	参与讨论主动性		
2	沟通协作配合性		
3	展示汇报表达性		
合计分值			
综合评价	自评 20%	互评 30%	教师评价 50%	综合得分

【习题与思考】

农旅商品视觉品牌的 IP 形象设计的设计原则有哪些?

【学习情景的相关知识点】

知识点:农旅商品视觉品牌的 IP 形象设计。

任务一　农旅商品视觉品牌的设计实践

🏠 **活动 1：农旅商品视觉品牌设计流程**

针对农旅商品品牌，梳理设计流程。

❓引导问题：农旅商品视觉品牌设计一共有几个流程？

_____

_____

_____

【知识储备】

农旅商品品牌设计流程

第一是图形。农旅商品图形的提取。第一层是找到最小的元素单位：点、线、面，还有一些简单的几何图形。延展性丰富，可以作为辅助图形表达抽象的艺术性。第二层是用文化元素进行转化，对文化元素的内在理念和外在轮廓进行提炼，得到一些文化相关的图形。第三层是仿生图形，包括动植物纹样，这些纹样出现在我们生活的场景当中，可以增加作品的亲和力，建立起用户对企业的信任感。

第二是颜色的搭配。颜色对人的视觉和心理的冲击力是最强的，带来最强烈的情感感受。在农旅商品品牌设计中，色彩要具备明显的文化特征。农业文化资源具有其典型的色彩，可以提取出相应的颜色。设计品牌时，可以选用农作物本色的颜色和近似色进行设计，可将其移植到品牌设计上。

第三是文案设计。在农旅商品开发中，会涉及品牌标志的解读和企业文化的表达，这时就要发挥文案设计的作用。文案设计分为内容的提取和表现方式两部分。文案内容依据农旅商品品牌的种类，可以从历史典籍、人文故事、民间传说等，对内容进行文学化处理。

【案例一】　果果儿童艺术品牌

果果儿童艺术品牌考虑客户群体天真无邪、纯真可爱的特点，用简洁的名称和柔和的线条（见图 7-4-1、7-4-2）进行设计，增加亲和力。

该作品设计主要分为三部分，一是文字的标准化设计，二是图案标准化设计，三是品牌形象运用。

1. 文字的标准化设计

文字的标准化设计采用了网格标识法，采用了色彩管理的方式，应用了简洁明快的单色设计（见图 7-4-3）。

图 7-4-1　果果儿童艺术品牌设计草图 1（设计者：陈浩宇）

图 7-4-2　果果儿童艺术品牌设计草图 2（设计者：陈浩宇）

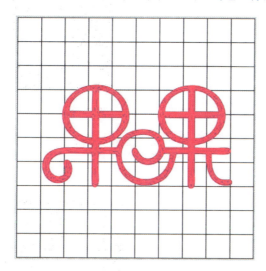

图 7-4-3　果果儿童艺术品牌标准字（设计者：陈浩宇）

2. 图案标准化设计

图案设计采用了多彩色的设计方式，元素采用卡通动物图案进行组合，形成种子发芽后经过时间的沉淀成长成参天大树的设计效果（见图 7-4-4）。

图 7-4-4 果果儿童艺术品牌标志（设计者：陈浩宇）

3. 品牌形象运用

将品牌形象运用到实际场景中，检验是否符合公司的定位以及消费者的审美。

图 7-4-5 果果儿童艺术品牌视觉形象识别系统 1（设计者：陈浩宇）

图 7-4-6 果果儿童艺术品牌视觉形象识别系统 2（设计者：陈浩宇）

【案例二】 "喜德有喜"农产品品牌设计

喜鹊是喜德县地区标志性的动物，故以喜鹊为标志设计灵感的来源。标志外形由喜鹊的外轮构成，外形形似"喜"字拼音的大写首字母"X"。两只喜鹊环抱，寓意彝族人家互帮互助、相亲相爱。

图 7-4-7　彝族老家·喜德有喜品牌标志（学生：何金蓬、周虹含、王秋萍等，
指导教师：陈浩宇、李文佳、李谦）

辅助图形是由学生根据彝族传统文化中涉及的习俗、纹样进行整理，提炼出了一系列特色图形，并根据彝族漆器中的颜色进行配色，极具彝族特色。

图 7-4-8　彝族老家·喜德有喜品牌标志（学生：何金蓬、周虹含、王秋萍等，
指导教师：李文佳、李谦、陈浩宇）

【案例三】 椒游记

椒游记品牌标志将花椒拟人化，让花椒去世界各地旅游。品牌 Logo 以花椒树的形象特点为基础，进行创意设计，着重突出"椒"字，并配有具有花椒外形特征的小插图进行点缀（见图 7-4-9）。

图 7-4-9 椒游记品牌形象设计（学生：陈帆、万敏，指导教师：李文佳）

【案例四】 "蒜老大"

"蒜老大"选取温江农业特产紫皮独蒜和入选温江伴手礼的黑蒜为设计基础元素，打造形象 IP，进行拟人化设计。

图 7-4-10 "蒜老大" IP 形象设计（学生：陈丽，指导教师：李文佳、杨铱）

【案例五】 初心澜园

通过文字转变和元素融入的方法，设计出此 Logo。将"游，探，学"几个重点分别用脚印、放大镜和铅笔来替代，可生动形象地体现企业研学的主题，采用绿色无穷符号可凸显企业绿色循环的经营理念（见图 7-4-11）。

"初心澜园"农场的视觉品牌设计

图 7-4-11 "初心澜园"农场的视觉品牌设计（学生：陈帆、万敏，指导教师：李文佳）

任务二 农旅商品视觉品牌的推广

🏠 活动1：农旅商品视觉品牌设计评价

❓引导问题：为什么要进行农旅商品视觉品牌设计评价？

_____

_____

_____

【知识储备】

一、农旅商品视觉品牌的设计评价

设计评价是对设计价值的一种衡量和判定。设计评价的目的是使决策者最大可能把握品牌定位，为产品进一步开发或改进提供有效参考。对农旅商品的品牌设计评价有两大原则：一是使用者、特定的适用人群对该品牌感受如何；二是该品牌设计对企业在市场上的销售有何意义。

通过邀请用户进行测试，设计师可以获得真实的用户评价反馈。所以，设计评估的重要价值在于，不仅可以让潜在目标用户了解品牌概念，而且可以让设计团队客观了解品牌设计定位与目标是否吻合，以及找到存在的差距。

🏠 **活动 2：农旅商品视觉品牌发布推广**

❓ 引导问题：农旅商品视觉品牌的推广方式有哪些？

_____

_____

_____

❓ 引导问题：农旅商品视觉品牌的推广应包括哪些内容？

_____

_____

_____

【知识储备】

二、农旅商品品牌的推广方式

农旅商品品牌的推广方式，可分为互联网线上推广、店铺渠道线下推广及品牌发布活动。互联网技术的发展，催生出一批新产业、新业态、新商业模式。传统的网络营销不足以满足市场需求，新型的线上营销逐渐成为主流。

手机已成为人们日常社交的重要工具，也是年轻人获取资讯、搜索信息的必备工具，结合当下大众以"碎片化"为主的信息获取模式，新发布的农旅品牌应当充分借助 App、小程序、公众号等，积极开发网络营销推广新模式，实现线上线下混合式发展，推动资讯的双向交流。

【评价反馈】

各位同学完成评价表 7-4-1、7-4-2、7-4-3。

表 7-4-1　学生自评表

任　务	完成情况记录
任务是否按计划时间完成	
课前学习完成情况	
相关理论学习情况	
任务完成情况	
引导问题填写情况	
材料上交情况	
收获情况	
合计分值	

表 7-4-2　学生互评表

序　号	评价项目	小组互评	教师评价	总　评
1	任务是否按时完成			
2	材料完成上交情况			
3	任务完成质量情况			
4	小组成员合作面貌			
5	语言表达沟通能力			
6	创新点			
合计分值				

表 7-4-3　教师评价表

序　号	评价项目	教师评价	备　注
1	学习准备		
2	引导问题填写		
3	完成质量		
4	完成速度		
5	参与讨论主动性		
6	沟通协作配合性		
7	展示汇报表达性		
合计分值			
综合评价	自评 20%	互评 30%	教师评价 50%	综合评价

【习题与思考】

　　各小组需在不同平台上发布推广农旅商品视觉品牌任务。

【学习情景的相关知识点】

　　知识点：农旅商品视觉品牌的推广方式。

项目五 农旅商品视觉品牌的拓展案例

任务一 农旅商品视觉品牌案例赏析

【案例一】 扑克牌·喜上眉梢

喜上眉梢是中国传统吉祥纹样之一。古人以喜鹊作为喜的象征，常以所爱的梅花谐音"眉"字，画喜鹊站在梅花枝头，即组成了"喜上眉（梅）梢"的吉祥图案。

喜上眉梢作为中国元素，以扑克牌为载体（见图 7-5-1）。作品旨在宣传中国传统文化，让更多的人了解中国，爱上中国传统文化。

图 7-5-1 喜上眉梢扑克品牌设计（设计者：陈浩宇）

参考文献

[1]　王俊涛. 文创开发与设计[M]. 北京：中国轻工业出版社，2019.

[2]　周承君，何章强，袁诗群. 文创产品设计[M]. 北京：化学工业出版社，2019.

[3]　蔡跃. 职业教育活页式教材开发指导手册[M]. 上海：华东师范大学出版社，2020.

[4]　左靖. 碧山 07：民艺复兴（续）[M]. 北京：中信出版社，2015.

[5]　于洪波，胡儒栋，王霞. 农村传统手工艺制作实用技术[M]. 北京：中国农业科技技术出版社，2020.

[6]　赵妍. 产品设计程序与方法[M]. 北京：北京出版社，2020.

[7]　许继峰，张寒凝. 产品设计程序与方法[M]. 北京：北京大学出版社，2019.

[8]　许子昂，张曦之. 文旅融合背景下旅游文创产品设计研究[J]. 包装工程，2024.

[9]　卓娜. 基于用户体验的文创产品设计探究[J]. 包装工程，2024.

[10]　李君梓. 乡土元素在文创产品设计中的应用[J]. 中国农业资源与区划，2023.

[11]　黄顺红，梁陶，王文彦. 乡村旅游开发与经营管理[M]. 重庆：重庆大学出版社，2015.

[12]　郑莹，何艳琳. 乡村旅游开发与设计[M]. 北京：化学工业出版社，2018.

[13]　曹银娣. "五谷"营养及其在中国的历史演变[J]. 粮油加工（电子版），2015，（04）：39-42.

[14]　陈天翔. 五谷粮食艺术的形式与意蕴[J]. 明日风尚，2021，（08）：158-159.

[15]　陈卫贞. 五谷粮食艺术的审美特征[J]. 牡丹，2021，（20）：149-150.

[16]　岳花娟，高晋. 五谷画的艺术表现形式[J]. 艺术科技，2015，28（11）：19.

[17]　霍雁南. 民间非物质文化遗产手工艺品经济价值开发现状——以重庆粮食画为主要研究案例[J]. 经济研究导刊，2013，（18）：64-65.

[18]　徐华铛. 中国竹编[M]. 北京：北京工艺美术出版社，2022.

[19]　董泓. 传统工艺研究与鉴赏·四川竹编[M]. 四川：四川大学出版社，2023

[20]　张明，李华. 植物染料在纺织品染色中的应用与发展[J]. 纺织科技进展，2022（5）：1-5.

[21]　王丽，陈伟. 植物染料提取工艺及其染色性能研究[J]. 染料与染色，2023，60（2）：22-26.

[22]　张晓丽. 基于植物染料的环保纺织品染色技术研究[D]. 上海：东华大学，2021.

[23]　李明. 传统植物染色技艺的传承与创新研究[D]. 北京：北京服装学院，2020.

[24]　刘晓霞. 植物染色技艺[M]. 北京：中国纺织出版社，2019.

[25]　小川浩. 染出自然之色：在家就能做的植物染[M]. 杨本明，译. 北京：中国轻工业出版社，2020.

[26]　李春. 荣昌陶器[M]. 重庆：重庆出版社，2015.

[27]　黄春平，丁瑜欣，王忠. 陶艺设计[M]. 北京：化学工业出版社，2023.

[28] 李芳. 商品包装设计手册[M]. 北京：清华大学出版社，2016.

[29] 舒咏平. 品牌传播论[M]. 武汉：华中科技大学出版社，2010.

[30] 闫承恂. 乡村文创设计[M]. 北京：兵器工业出版社，2012.

[31] 刘心. 浅析视觉传达设计与品牌形象的有效整合 EFFECTIVE INTEGRATION OF GRAPHIC DESIGN AND BRAND IMAGE[J]. 设计，2015，12（9）.

[32] 王克利. 浅谈中小企业的广告宣传策略[J]. 商场现代化，2010，12（1）.

[33] 李燕枫. 平面设计中的图形与文字元素研究[J]. 科技信息，2009，12（10）.